SOCIÉTÉ D'ÉTUDES

DE LA

PROVINCE DE CAMBRAI

(Fondée en 1899)

RECUEIL

1.

GÉNÉALOGIES ROUBAISIENNES

FAMILLE LE ZAIRE

ROUBAIX

IMPRIMÉRIE REBOUX

1914

LE RECUEIL PARAIT TOUS LES DEUX MOIS

RECUEIL

DE

LA SOCIÉTÉ D'ÉTUDES

DE LA

PROVINCE DE CAMBRAI

1

GÉNÉALOGIES ROUBAISIENNES

FAMILLE LE ZAIRE

SOCIÉTÉ D'ÉTUDES

DE LA

PROVINCE DE CAMBRAI

(Fondée en 1899)

RECUEIL

1.

GÉNÉALOGIES ROUBAISIENNES

FAMILLE LE ZAIRE

ROUBAIX

IMPRIMERIE REBOUX

GÉNÉALOGIES ROUBAISIENNES

PAR

LE CHANOINE TH. LEURIDAN.

I.

GÉNÉALOGIE

DE LA

FAMILLE

LE ZAIRE

1480-1913

ROUBAIX

IMPRIMERIE REBOUX

1914

PUBLICATIONS

DE LA

SOCIÉTÉ D'ÉTUDES

au 19 Mai 1914

I. — **BULLETIN MENSUEL.** — Dix-huit volumes in-octavo 5.935 pages, 1.114 gravures dont 824 armoiries et 22 ex-libris.

II. — **MÉMOIRES.** — Vingt volumes in-octavo. 9.007 pages, 574 gravures, dont 404 armoiries et 70 ex-libris. (Tomes I à VI, *Cartulaire, documents et histoire de Saint-Pierre de Lille*, par Mgr HAUTCŒUR. — Tome VII, *Les salons de Lille*, par M. L. LEFEBVRE. — Tomes VIII à XI, *Epigraphie de l'arrondissement de Lille*, par M. le Chanoine Th. LEURIDAN. — Tomes XII à XV, *Généalogies lilloises*, par M. DENIS DU PÉAGE. — Tomes XVI et XVII, *Histoire de la Sayetterie à Lille*, par M. Maurice VANHAECK. — Tomes XVIII et XIX, *Histoire de la Chirurgie à Lille*, par M. Edm. LECLAIR. — Tome XX, *Valenciennes au XVIIIe siècle*, par M. le Chanoine J. LORIDAN).

III. — **RÉPERTOIRE BIBLIOGRAPHIQUE.** — Il comprend actuellement 791 fiches contenant 5.393 mentions.

IV. — **FÉDÉRATION D'ART et D'HISTOIRE RÉGIONALE.** — Ce bulletin comprend actuellement 96 numéros et 228 pages.

V. — **ANNALES.** — Tome I, *Armorial des communes du département du Nord*, par M. le Chanoine Th. LEURIDAN (in-octavo, VIII-344 pages, 672 gravures, dont 662 armoiries). — Tome II et III, *Archives de la famille de Beaulaincourt*, par MM. R. RODIÈRE et Ch. DE LA CHARIE (in-octavo, VIII-1258 pages, 24 gravures, dont 1 ex-libris). — Tomes IV et V, *Tables de la série B des Archives du département du Nord*, par M. le Chanoine Th. LEURIDAN (in-octavo, XII-796 pages). — Tome VI, *Histoire de Wazemmes*, par M. l'abbé A. SALEMBIER (in-octavo, VIII-460 pages, 130 gravures, dont 55 armoiries). — Tome VII, *Le Clergé du Diocèse de Cambrai, 1802-1913*, par M. le Chanoine Em. MASURE (in-octavo, VIII-528 pages). — Tome VIII, *Histoire de Wavrin*, par M. A. MATHIAS (in-octavo, VIII-348 pages, 203 gravures, dont 182 armoiries). — Tome X, *Les Rues de Roubaix*, par M. le Chanoine Th. LEURIDAN, 1er volume (in-octavo, 334 pages, 240 gravures, dont 96 armoiries et 2 plans in-plano).

Les tomes IX et XI sont en impression.

GÉNÉALOGIE

DE LA

FAMILLE

LE ZAIRE

La famille LE ZAIRE (1), dont la venue à Roubaix remonte au XVIᵉ siècle, peut être rangée parmi les familles échevinales sinon les plus anciennes, du moins les plus recommandables. De 1594 à 1784, cinq Le Zaire se sont succédé de père en fils dans les fonctions d'échevins. A Wasquehal, à Sailly, à Hem, à Forest, les listes des lieutenants contiennent plus d'un nom de Le Zaire, et plus tard nous en retrouvons parmi les maires de Wattrelos, de Croix, de Roncq, de Leers et de Cysoing.

Cette famille, lignée féconde de cultivateurs, que l'on rencontre dans les grandes censes seigneuriales de Roubaix et des environs, a fourni au clergé plusieurs prêtres estimés, une religieuse à l'hôpital de Sainte-Elisabeth de Roubaix et plusieurs autres à diverses congrégations.

Une de ses branches s'est illustrée par son alliance avec les de Bisschop ; Pierre de Bisschop, bailli de Wattrelos, fonda en ce village, de concert avec sa femme, Marie-Anne Lezaire, l'hospice des Vieux Hommes ; les descendantes de ces deux époux s'allièrent à la noblesse du pays.

---

(1) Telle est l'orthographe de ce nom dans les plus anciens documents. Depuis le XVIIIᵉ siècle, l'usage a prévalu de l'écrire en un seul mot. — On sait qu'autrefois l'orthographe des noms n'était pas fixée comme de nos jours ; aussi aurons-nous soin de reproduire toujours la forme des noms exactement telle que nous l'avons trouvée dans les actes paroissiaux antérieurs à 1800.

G. R.   1.

Nous avons pu donner au complet et avec beaucoup de détails le tableau des douze générations de Lezaire, jusqu'à nos jours, grâce aux papiers de famille et aux nombreux documents que M. Denis Lezaire-Lezaire, brasseur à Loos, et membre titulaire de la Société d'études de la Province de Cambrai, a recueillis de tous côtés avec un soin pieux. Pour la partie postérieure à la Révolution, nous nous plaisons à reconnaître que cette généalogie est son œuvre.

I. — Jacques LE ZAIRE, né dans le dernier quart du XVe siècle, censier de Meurchin à Sailly-lez-Lannoy (1), épousa *Jacqueline* SIX. Le 15 octobre 1548, ces deux époux fondèrent, au moyen d'une rente de 41 sols 6 deniers, constituée au profit de

LA CENSE DE MEURCHIN, DITE D'OUTRE-WASNES,
A SAILLY-LEZ-LANNOY

l'église de Sailly, un obit perpétuel qui devait être célébré chaque année, le mercredi de la semaine sainte, et auquel on devait distribuer 13 miches de pain aux pauvres assistants (2).

II. — Henri LE ZAIRE, que nous croyons fils des précédents, eut, à notre connaissance, et peut-être entre autres enfants, cinq fils et une fille :

1. — Henri, cité comme fils de feu Henri dans plusieurs actes des registres de Sailly, en 1639 et 1640.

2. — Noël, qui suit, III.

(1) Notes et documents, n° 1.
(2) TH. LEURIDAN, *Un compte de l'église de Sailly-lez-Lannoy*, dans le *Bulletin de la Société d'études de la Province de Cambrai*, t. XV, p. 230.

3. — Jacques, auteur de la *Première branche*. — Voir page 23.

4. — Josse, cité comme parrain de son neveu Josse en 1595.

5. — Pierre, qui suivra, III bis. — Voir page 14.

6. — N..., épouse de Jacques Bataille, qui figure comme témoin au mariage de son neveu Martin Lezaire, le 5 avril 1614.

III. — Noël LE ZAIRE épousa Suzanne DE BEAUCARNE, dont il eut six enfants. Il mourut avant le 18 août 1651.

1. — Pierre, qui suit, IV.

2. — Marie, qui épousa Etienne Leclercq, fermier du Busqueau à Willems (1), fils d'Antoine, et en eut :

LA CENSE DU BUSQUEAU A WILLEMS.

a. — *Antoine Le Clercq*, baptisé à Willems le 22 janvier 1610 (p. : Antoine Le Clercq, son grand-père ; m. : Suzanne Beaucarne).

b. — *Marguerite Leclercqz*, baptisée à Willems le 18 février 1612 (p. : Martin Le Zerre ; m. : Marguerite Leclercq).

c. — *Marie Leclercqz*, baptisée à Willems le 27 janvier 1614 (p. : Pierre Le Zerre ; m. : Marie Le Clercqz) ; confirmée en 1627.

d. — *Jeanne Le Clercqz*, baptisée à Willems le 17 avril 1616 (p. : Guillaume Marissal ; m. : Lucie Lezerre) ; confirmée en 1627.

e. — *Lucie* alias *Jacqueline Le Clercq*, baptisée à Willems le 19 avril 1621 (p. : Gilles Lezerre ; m. : Marie Lezerre); confirmée en 1633.

---

(1) Notes et documents, n° 2.

f. — *Michelle Le Clercq*, baptisée à Willems le 23 février 1624 (p. : Pierre Le Clercq ; m. : Jeanne Maurice).

g. — *Suzanne Le Clercq*, baptisée à Willems le 28 décembre 1627 (p. : Antoine Rousé ; m. : Adrienne Le Zer).

3. — GILLES, qui suivra, IV bis. — Voir page 11.

4. — MARTIN épousa par contrat du 5 avril 1614, Marguerite DE LA DERRIÈRE, fille d'André, demeurant à Cobrieux au Bois, et d'Anne LE SECQ. Parmi les témoins de ce contrat sont cités le père et la mère de Martin, ses frères Gilles et Pierre, son oncle Jacques Bataille, et ses beaux-frères Jean Meurice et Etienne Le Clercq. (1)

5. — JEHANNE épousa Jean MEURISSE, qui fut bailli d'Annappes. Le 18 août 1651, Pierre Lezaire, son frère, censier de Meurchin, dit fils de « feu » Noël, s'engageait à payer au sergent de la Gouvernance de Lille une somme de 1.023 livres parisis « à la décharge dudit Jean Meurisse, bailly d'Annappes, de Jehenne Lezaire, sa femme, et de Pierre, Noël et Toussaint Meurice, leurs fils » (2). Par cet acte nous savons donc que Jean Meurisse eut au moins trois fils :

a. — *Pierre Meurisse.*

b. — *Noël Meurisse.*

c. — *Toussaint Meurisse.*

6. — LUCETTE ou LUCIE, qui épousa en 1620 Antoine ROUZÉ, censier du Carnoy à Templeuve en Dossemer (3) et en eut onze enfants, tous baptisés en cette paroisse :

a. — *Suzanne Rouzé*, le 27 mars 1621 (p. : Simon Fourmentrau ; m. : Suzanne Broquart).

b. — *Jacques Rouzé*, le 12 mai 1625 (p. : Jacques Prouvost ; m. : Marie Lezaire).

c. — *Marguerite Rouzé*, le 19 février 1628 (p. : Paul de Lannoy ; m. : Marguerite Lezaire).

d. — *Pierre Rouzé*, le 17 juin 1629 (p. : Paul Delattre ; m. : Antoinette Catclle), décédé en bas âge.

e. — *Charles Rouzé*, le 12 septembre 1630 (p. : Charles Leclercq ; m. : Marguerite Leclercq).

f. — *Marie Rouzé*, le 28 août 1632 (p. : Pierre ... ; m. : Adrienne Lezaire).

g. — *Jeanne Rouzé*, le 16 janvier 1634 (p. : Pierre Lezaire ; m. : Antoinette Delattre), décédée à Tournai le 2 mars 1695, épousa à Templeuve, le 13 juillet 1661, Denis *de Rasse*, laboureur, fils de

---

(1) Notes et documents, n° 51.

(2) Arch. départ. du Nord, *Tabellion*, liasse 3875, n° 316.

(3) Notes et documents, n° 52.

Denis et de Jeanne *Béghin,* baptisé à Tournai, le 17 janvier 1635. Elle en eut : Denis (17 juillet 1662) ; Marie-Jeanne (7 mars 1664) ; Gaspar ou Jaspard (10 mai 1665), curé d'Evregnies ; Simon (16 janvier 1669) ; Marie (5 septembre 1670) ; Catherine-Louise (1672) et Marie (19 septembre 1674). Denis De Rasse descendait d'une vieille famille tournaisienne qui portait : *d'or à trois chevrons de sable.*

DE RASSE

h. — *Guillaume Rouzé,* le 7 juin 1635 (p. : Guillaume Rouzé ; m. : Marguerite Meurisse).

i. — *Françoise Rouzé,* le 9 février 1638 (p. : Pierre Blauwart ; m. : Honorée Le Lièvre).

j. — *Antoine Rouzé,* le 16 mai 1639 (p. : Antoine Hollbecq ; m. : Jeanne Hollbecq).

k. — *Pierre Rouzé,* le 23 octobre 1641, épousa à Templeuve, le 21 août 1665, Catherine-Louise *Dugardin,* dont il eut : Anne (4 juillet 1668) ; Antoine (13 janvier 1672) ; Marie-Jacqueline et Marie-Jeanne (20 janvier 1674) ; Gaspar (5 mars 1679) ; Pierre (18 février 1681) ; Anne-Marie (8 avril 1683) ; Catherine-Cécile (23 novembre 1685) ; Marie-Jeanne (3 mai 1688) et Jean-François (7 juillet 1691).

IV. — PIERRE LE ZAIRE, censier et brasseur de Mœurchin, mourut avant le 14 juillet 1666 (1). On lui connaît cinq enfants :

1. — JACQUELINE, qui épousa à Sailly, le 2 juin 1640, *Jean* LE BLANCQ, en présence de Pierre Lezaire, son père, et de Jacques Agaice.

2. — PHILIPPE, qui suit, V.

3. — MARGUERITE, qui épousa à Sailly, le 1er février 1643, *Jean* DESTOMBES ou DE LE TOMBE, de Roubaix, décédé avant 1685, dont elle eut, entre autres enfants que la lacune de nos registres ne nous permet pas de citer :

a. — *Louise Des Tombes.*

b. — *Adrien Des Tombes.*

c. — *Marie Des Tombes.* — Ces trois enfants sont indiqués par le dénombrement de Roubaix en 1673. (2)

---

(1) Arch. départ. du Nord. *Tabellion,* liasse 2590, n° 20.

(2) Chan. Th. LEURIDAN, *Un dénombrement de Roubaix en 1673,* p. 36.

d. — *Jean-Baptiste Des Tombes*, baptisé à Roubaix, le 1ᵉʳ février 1657 (p. : Gilles Tiberghien ; m. : Adrienne Castel).

e. — *Anne Des Tombes*, baptisée à Roubaix, le 1ᵉʳ juin 1660 (p. : Jean Fauvarcq, fils de Jacques ; m. : Anne Le Zerre, fille de Pierre).

f. — *Marguerite Des Tombes*, baptisée à Roubaix, le 10 juin 1664 (p. : Pierre des Tombes, pour Guillaume du Ponchel ; m. : Anne du Jardin).

g. — *Philippe Des Tombes*, baptisé à Roubaix, le 14 janvier 1668 (p. : Adrien des Tombes ; m. : Louise des Tombes).

4. — JEAN.

5. — LOUISE, qui épousa à Sailly, le 1ᵉʳ juillet 1648, en présence de Pierre Lezaire, son père, *Floris* MEURISSE, de Sailly. Ils reprirent la cense de Nœufville (1), occupée jusqu'alors par Antoine Bataille. Leurs enfants furent :

LA CENSE DE NŒUFVILLE A SAILLY

a. — *Antoinette Meurisse*, baptisée à Sailly, le 24 mai 1649 (p. : Pierre Lezaire, fermier de Meurchin, son grand-père ; m. : Catherine Rousée).

---

(1) Notes et documents, n° 3.

b. — *Marie Meurisse,* baptisée à Sailly, le 11 mars 1650 (p. : Quentin Meurisse, d'Ascq ; m. : Marie Lezaire, de Sailly).

c. — *Jean Meurisse,* baptisé à Sailly, le 28 février 1651 (p. : Jean de le Tombe, de Roubaix, son bel oncle ; m. : Philippine Gadenne, de Flers).

d. — *Marie-Anne Meurisse,* baptisée à Sailly le 4 janvier 1653 (p. : Andrieu Cattel ou Castel, censier de la Haye à Roubaix ; m. : Anne Catelle ou Castel, de Flers).

e. — *Pierre Meurisse,* baptisé à Sailly, le 22 décembre 1656 (p. : Jacques Meurisse, d'Ascq ; m. : Anne Lezaire, de Sailly).

LA CENSE DE LA HAYE A ROUBAIX

V. — PHILIPPE LE ZAIRE, de Sailly, épousa à Roubaix le 1er juillet 1640, *Jossine* CASTEL, fille de Jean, censier de la Haye (1), et de Marguerite *Lezy.* Il en eut :

1. — MARGUERITE, baptisée à Sailly, le 18 mai 1641 (p. : Pierre Lezaire, son grand-père ; m. : Marguerite Lesi, de Roubaix, sa grand'mère). Elle mourut avant 1693, ayant épousé Josse DESPLANCQUE, dont elle avait eu :

____

(1) Notes et documents, n° 4.

a. — *Philippe Desplancque*, demeurant à Sailly en 1693, mentionné dans le testament de son oncle, Jean Lezaire.

2. — JEAN, baptisé à Sailly, le 28 avril 1643 (p. : Jean Catelle, son grand-père ; m. : Lucie Lezaire), s'engagea, avec son père, le 14 juillet 1666, à acquitter une somme de 83 livres due au collecteur de Sailly pour arrérages de tailles (1). Il alla se fixer d'abord à Annappes (2) puis à Templeuve en Dossemer, où il fit son testament le 5 mai 1693 (3).

3. — MARIE, baptisée à Sailly, le 3 février 1646 (p. : Jacques Lezaire, de Blandain ; m. : Louise Lezaire, de Sailly). Elle mourut à Sailly, le 24 avril 1713 ; l'acte de sépulture la dit veuve, mais ne donne pas le nom de son mari. Celui-ci s'appelait Jean-Baptiste MERLIN et avait habité Toufflers, comme nous l'apprend le testament de Jean Lezaire.

4. — PIERRE, dit l' « aîné » ou le « premier ».

5. — ANNE, baptisée à Sailly, le 18 avril 1652 (p. : Procope Lezaire, de Sailly ; m. : Marie Courouble, de Flers), épousa Gilles VANDER MEULLE, demeurant à Pottes-Escanaffles.

6. — PIERRE, dit le « second » ou le « cadet » demeurant à Hem en 1689 (4).

7. — CHARLES, qui habitait Lille en août 1689, venant de Lomme, où il avait épousé, par contrat du 16 février de cette année, Jeanne SAINT-LÉGER, fille de Philippe et de Péronne DE LINSELLES ; à ce contrat figurent et signent Pierre Lezaire, l'aîné, habitant Sailly, et Pierre Lezaire, le cadet, habitant Hem, ses frères (5). Il eut au moins cinq enfants :

a. — MARIE-THÉRÈSE, baptisée à Lille, Sainte-Catherine, le 28 août 1689 (p. : Jacques Grugeon ; m. : Marie Saint-Léger).

b. — PIERRE-CHARLES, baptisé à Lille, Sainte-Catherine, le 28 octobre 1694 (p. : Pierre Cordier ; m. : Catherine-Jeanne Lezaire).

c. — MARIE, baptisée à Lille, Sainte-Catherine, le 20 février 1697 (p. : Jean Jonbare ; m. : Marie de Loz).

d. — JEAN-FRANÇOIS, baptisé à Lille, Sainte-Catherine, le 11 juin 1701 (p. : Louis-François Lecat ; m. : Jeanne-Thérèse Lezaire).

e. — PHILIPPE-IGNACE, baptisé à Lille, Sainte-Catherine, le 15 décembre 1704 (p. : Pierre Lorthioir ; m. : Marie-Marguerite

---

(1) Arch. départ. du Nord, *Tabellion*, liasse 2590, n° 20.
(2) Ibidem, liasse 4171, n° 8.
(3) Notes et documents, n° 53.
(4) Notes et documents, n° 54. — Ces deux frères, portant le même nom de Pierre, sont très clairement désignés ainsi dans cet acte. Il est probable que le cadet possédait un second prénom, tombé sans doute en désuétude, à cause de sa résidence différente de celle de l'aîné.
(5) Notes et documents, n° 54.

Bailleul), bourgeois de Lille par achat du 5 décembre 1732 (1), laboureur et vacher en cette ville, y avait épousé Marie-Antoinette LANTOIN, dont il avait :

aa. — MARIE-ANTOINETTE, née avant 1732, décédée à Lille, Saint-Etienne, le 24 mai 1762.

8. — MICHEL, cité dans le testament de son frère, le 5 mai 1693.

VI. — PIERRE LEZAIRE, baptisé à Sailly le 24 août 1648 (parrain : Guilbert Mullier, de Bourghelles ; marraine : Marie Catelle, de Willems), épousa *Marie* ROUZÉ, d'Hem. Il fut, croyons-nous, le fondateur de la messe de « Missus » en l'église de Sailly ; pour cette messe le curé recevait 20 sols, le clerc 12 sols, et on y faisait aux pauvres une distribution de 4 livres en argent (2). On lui connaît deux filles :

1. — MARIE-MARGUERITE, baptisée à Sailly le 22 septembre 1676 (p. : Jean Lezaire, de Sailly, son oncle ; m. : Marguerite Rouzé, d'Hem), confirmée à Lannoy le 25 août 1686, épousa à Sailly, le 4 avril 1701, *Pierre* LORTHIOIR, de Templeuve, et mourut à Sailly, le 8 mai 1717. Sa pierre tombale se voit encore à l'entrée de la nef de l'église paroissiale ; on y lit l'épitaphe suivante : « *Ici reposent les corps de Pierre Lorthioir, qui mourut le* (en blanc) ; *et de Marie-Marguerite Le Zaire, sa femme, décédée le 8 de may 1717, âgée de 41 ans ; et de* (en blanc). *R. I. P.* » Ses enfants connus sont :

a. — *Pierre-Philippe-Joseph Lorthioir,* baptisé à Sailly le 16 juillet 1715 (p. : Ignace Lorthioir ; m. : Catherine Le Zaire).

b. — *François-Joseph Lorthioir,* baptisé à Sailly, le 15 juillet 1716 (p. : Joseph du Ponchel, de Templeuve ; m. : Jeanne-Thérèse Lezaire, de Lille).

2. — CATHERINE-JEANNE, baptisée à Sailly le 4 septembre 1678 (p. : Georges Brassart, de Tournai ; m. : Madeleine du Trieulx, d'Hem), confirmée à Lannoy le 25 août 1686, épousa à Sailly, le 16 juin 1699, après avoir obtenu dispense de parenté au troisième degré de consanguinité, Martin *Castel,* d'Hem. Devenue veuve, elle revint à Sailly et y épousa, en novembre 1710, Josse *Le Maire* ou *Le Haire,* de Sailly.

---

(1) Arch. munic. de Lille, *Registre aux bourgeois,* n° 11. f° 156.

(2) Th. LEURIDAN, *Un compte de l'église de Sailly-lez-Lannoy,* dans le *Bulletin de la Société d'études de la Province de Cambrai,* t. XV, p. 230.

IV bis. — GILLES LE ZAIRE, fils de Noël, épousa *Jeanne* DE LE RUE, fille de Nicolas, censier de Wasnes (1), à Toufflers, reprit la ferme de son beau-père, fut, après lui, bailli de Wasnes, et mourut à Toufflers le 21 décembre 1650. Il fut inhumé le lendemain

LA CENSE DE WASNES A TOUFFLERS.

dans l'église « avec messe et solemnité, par M⁰ Jean Blevenave, prêtre, chapelain à Lannoy, pour lors desserviteur de la cure de Toufflers. » Il avait fondé un obit avec distribution de secours aux pauvres ; les rentes destinées au paiement de cet obit étaient assises sur des terres qui lui appartenaient et l'on percevait encore de ce chef, en 1806, une somme annuelle de 61 francs, d'après le chasserel des pauvres de cette année. Gilles Lezaire eut de Jeanne de le Rue :

(1) Notes et documents. n° 5.

1. — Suzanne, baptisée à Toufflers le 1er août 1612 (p. : Nicolas de le Rue, son grand-père ; m. : Jeanne Lezaire).

2. — Eustache, baptisé à Toufflers le 13 mars 1616 (p. : Eustache de Lannoy, fils de messire Adrien, chevalier, seigneur de Wasnes ; m. : Lucette Lezaire).

3. — Marie, baptisée à Toufflers le 2 mars 1621 (p. : Toussaint Libert, censier du Pret à Blandain ; m. : Marie Le Zaire, censière du Busqueau à Willems).

4. — Jacques, qui suit, V.

5 — Noël, baptisé à Toufflers le 10 avril 1627 (p. : Jacques Lézy ; m. : Marie-Catherine-Alexis de Fiennes, dame de Wasnes, comtesse de Lannoy et dame d'Espierres), épousa à Templeuve-en-Dossemer, le 25 janvier 1649, Marthe COMARTIN, veuve de Simon Fauvel. (1). Il en eut :

LA CENSE DE WASNES.

a. — Noël, né à Templeuve, dans les derniers mois de 1649, épousa au même lieu, le 17 juillet 1671, Marguerite DELATTRE.

V. — JACQUES LE ZAIRE, qui avait repris une ferme à Blandain, épousa à Sailly, le 13 juin 1650, Maris WIS ou VAS, dont il eut :

1. — Marguerite, baptisée à Blandain le 29 mars 1651 (p. : N... Pollet ; m. : Jossine Castel).

2. — Jacques.

3. — Henri, qui suit, VI.

4. — Antoine, baptisé à Blandain le 4 mai 1659 (p. : Antoine Roty ; m. : Françoise Trialle).

VI. — HENRI LE ZAIRE, baptisé à Blandain, le 13 avril 1655 (p. : Gérard Marchand ; m. : Marguerite du Coulombier), décédé à Blandain le 15 janvier 1711, épousa Marie DE PONTHIEU, dont il eut :

---

(1) Archives départ., Tabellion, liasse 3874. p. 61.

1. — ERNESTINE, baptisée à Blandain le 5 avril 1682 (p. : Antoine Lezaire, son oncle ; m. : Ernestine Franchomme).

2. — MARIE-JOSEPH, baptisée à Blandain le 2 novembre 1683 (p. : Pierre Deponthieu ; m. : Marie...).

3. — MARIE-FRANÇOISE, baptisée à Blandain le 16 février 1685 (p. : Hubert Deponthieu ; m. : ...), y épousa, le 4 juillet 1724, *Jacques* HENNION, veuf de Marie *Plouquet,* décédée le 14 février de la même année ; elle mourut à Blandain, le 21 décembre 1756, ayant eu deux enfants :

    a. — *Henri-Joseph Hennion,* baptisé à Blandain le 6 avril 1726 (p. : Joachim Lezaire ; m. : Marie-Jeanne Delcour).

    b. — *Marie Hennion,* baptisée à Blandain le 2 avril 1728 (p. : Joachim Lezaire ; m. : Marie-Flore Quevalet), y décédée le 1er février 1793, épousa, le 14 septembre 1751, Jean-Louis-Joseph *Delecœuillerie,* né à Roubaix, décédé à Blandain le 9 février 1788. Dont postérité et alliance avec Arthur *Agache-Delecœuillerie,* brasseur à Templeuve.

4. — JOACHIM, qui suit, VII.

VII. — JOACHIM LE ZAIRE, baptisé à Blandain le 21 août 1687 (p. : N... Deponthieu ; m. : Antoinette de Ponthieu), y épousa, le 4 juillet 1724, *Marie-Thérèse* CARETTE et mourut le 15 janvier 1767, ayant eu six enfants :

1. — MARIE, baptisée à Blandain le 10 avril 1725 (p. : Roland Carette ; m. : Marie-Françoise Lezaire), y épousa, le 22 septembre 1761, *Jean-Jacques* WARBECK, laboureur à Sailly, fils d'Antoine (témoins : Henri-Joseph Lezere et Dominique Lezy). Elle en eut :

    a. — *Marie-Anne-Joseph Warbecq,* baptisée à Sailly le 16 août 1763 (p. : Henri-Joseph Lezair ; m. : Marie-Marguerite Warbecq).

2. — MARIE-ELISABETH, baptisée à Blandain le 14 février 1727 (p. : Jacques Hennion ; m. : Marie-Elisabeth Carette), y épousa, le 30 janvier 1759, *Pierre-Joseph* LECLERCQ, fils de Pierre (témoins : Jean-Baptiste Leclercq et Henri Lezère).

3. — HENRI, qui suit, VIII.

4. — JEAN-BAPTISTE, baptisé à Blandain le 3 janvier 1732 (p. : Jean-Baptiste Descamps ; m. : Marie Grujon), épousa *Marie-Joseph* MARISSAL, dont il eut :

    a. — MARIE-AGNÈS, baptisée à Blandain le 28 octobre 1763 (p. : Henri-Joseph Lezaire ; m. : Marie-Agnès Marissal).

5. — PIERRE-JOSEPH, baptisé à Blandain le 9 avril 1735 (p. : Pierre Carette ; m. : Marie Carette), décédé le 7 mai de la même année.

6. — PIERRE-JOSEPH, baptisé à Blandain le 13 septembre 1736 (p. : Pierre Carette ; m. : Marie Carette), décédé le 1er décembre de la même année.

VIII. — HENRI-JOSEPH LE ZAIRE, baptisé à Blandain le 22 septembre 1728 (p. : Maximilien Crowain ; m. : Marie-Joseph Carette), épousa à Toufflers, le 4 mai 1767, *Jeanne-Rose* BRAYE, de Sailly, fille de Jean-Baptiste et de Marie-Rose *Willoqueau* (témoin : Jean-Baptiste Warbecq, beau-frère), et mourut à Toufflers le 7 mars 1787, ayant eu six enfants. Sa femme mourut à Sailly, le 8 juin 1828, âgée de 88 ans.

1. — Une fille, ondoyée et morte à Toufflers le 13 août 1768.

2. — MARIE-JOSEPH, baptisée à Toufflers le 24 juin 1770 (p. Jean-Baptiste Bray ; m. Marie Lezaire), confirmée le 16 juillet 1785, épousa en premières noces *Jean-Baptiste* PLOUVIER, cultivateur à Toufflers, et en secondes noces, *Ferdinand* BRUNIN, cultivateur à Toufflers ; elle mourut veuve le 26 septembre 1849.

3. — Une fille, ondoyée et morte à Toufflers le 7 avril 1773 ; inhumée dans l'église.

4. — VICTOIRE-JOSEPH, baptisée à Toufflers le 23 janvier 1775 (p. : Jean Baptiste Lezaire ; m. : Marie-Agnès-Florence Cornil), confirmée le 16 juillet 1785, décédée à Toufflers le 20 mai 1786.

5. — PIERRE-JOSEPH, qui suit, IX.

6. — JACQUES-JOSEPH, baptisé à Toufflers le 22 novembre 1778 (p. : Jacques-Joseph Delecœuillerie ; m. : Julie-Joseph Willoqueau).

IX. — PIERRE-JOSEPH LE ZAIRE, baptisé à Toufflers le 9 mars 1776 (p. : Pierre-Joseph Croin ; m. : Marie-Thérèse Bray), confirmé le 16 juillet 1785, épousa à Willems, le 21 avril 1808, *Philippine* SAMAIN, âgée de 43 ans, fille d'Antoine et de Marguerite *Bouvier*. Il mourut veuf et sans enfants le 28 août 1845, à Toufflers.

III bis. — PIERRE LE ZAIRE, cinquième fils d'Henri, eut quatre enfants connus :

1. — MARIE épousa : 1° *Jacques* DE LATTRE, de Willems ; 2° *Jean* DE HALLEWIN. Elle eut :

a. — *Péronne de Lattre*, baptisée à Willems le 14 juillet 1629 (p. : Jean de Lattre, son grand-père ; m. : Martine du Chastel).
b. — *Marie de Lattre*, baptisée à Willems le 18 juin 1630 (p. : Charles des Trompes ; m. : Marie du Bois).

c. — *Isabelle de Lattre,* baptisée à Willems le 4 novembre 1631 (p. : Jean de Lattre, son grand-père ; m. : Martine du Chastel.

d. — *Florentine de Lattre,* baptisée à Willems le 19 septembre 1633 (p. : Philippe Pottier ; m. : Florentine Lezaire).

e. — *Charles-François de Latre,* baptisé à Willems le 9 novembre 1635 (p. : Nicolas des Martins ; m. : Gillette de Lespault).

f. — *Françoise de Lattre,* baptisée à Willems le 8 novembre 1637 (p. : Antoine du Chasteler ; m. : Marie-Françoise Pottié).

g. — *Philippe de Lattre,* baptisé à Willems le 1er décembre 1639 (p. : Etienne Cambray ; m. : Marie de Lattre).

h. — *Lucie de Lattre,* baptisée à Willems le 19 juin 1644 (p. : Jean Deffrenne ; m. : Lucie Lezaire, d'Hem).

2. — PIERRE, qui suit, IV.

3. — JACQUELINE, née à Sailly, épousa : 1° *Philippe* POTIER, de Willems ; 2° à Willems, le 3 novembre 1639, *Michel* BELINGHEM (témoin : Simon Belinghem). Elle eut du premier lit :

a. — *Jean-Baptiste Potier,* baptisé à Willems le 28 octobre 1635 (p. : Toussaint Pottié ; m. : Marguerite Le Poultre).

b. — *Marie Pottié,* baptisée à Willems le 3 juillet 1637 (p. : Jean Pottié ; m. : Jeanne le Saire).

4. — JACQUES, né à Sailly, épousa *Blanda* POLLET, de Templeuve-en-Dossemer, et se fixa dans ce village. Il eut cinq enfants :

a. — JACQUES, baptisé à Templeuve le 30 décembre 1635 (p. : Jacques du Jardin ; m. : Marguerite...).

b. — PIERRE, baptisé à Templeuve le 13 janvier 1638 (p.: Philippe Le Zer ; m. : Catherine du Jardin).

c. — NICOLAS, baptisé à Templeuve le 4 novembre 1640 (p. : Joseph Pollet ; m. Lucie Leser).

d. — MARIE-MADELEINE, baptisée à Templeuve en octobre 1643 (p. : Pierre Lezer ; m. : Madeleine Pollet).

e. — JEAN, baptisé à Blandain, le 2 janvier 1648 (p. : Pierre Lorthioir ; m. : Isabelle Pollet).

IV. — PIERRE LE ZAIRE, censier et brasseur de Meurchin, à Sailly, nous paraît être le fondateur d'un obit avec distribution de secours aux pauvres ; pour cet obit, le pauvriseur de Sailly versait chaque année à l'église une somme de 10 sols (1). Pierre Le Zaire,

---

(1) TH. LEURIDAN, *Un compte de l'église de Sailly-lez-Lannoy,* dans le *Bulletin de la Société d'études de la Province de Cambrai,* t. XV, p. 230 et 232.

« paroissien de Sailly » se fiança à Roubaix, le 16 août 1621, et s'y maria, le 1er octobre suivant, avec *Antoinette* CASTEL, en présence de Jean Castel, son frère. Il eut, entre autres enfants sans doute :

1. — PHILIPPE, qui suit, V.

2. — PROCOPE (alias : PIERRE-PROCOPE), né à Sailly en 1633, y décédé le 11 mars 1705, ancien censier et brasseur de Meurchin, lieutenant d'Hem, Sailly et Forest (1), bailli d'Outre-Wasnes (2), avait épousé *Anne* DUGARDIN ou DUJARDIN, décédée à Sailly, le 3 octobre 1676, âgée de 41 ans. L'épitaphe des deux époux est conservée dans l'église de Sailly, à l'entrée de la nef : « *Ici reposent les corps de Pierre-Procope Lezaire, autrefois censier de Meurchin, décédé l'onzième de mars 1705, âgée de 70 ans ; et d'Anne Dujardin, sa femme, décédée le 3 d'octobre 1676, âgée de 41 ans. R. I. P. Amen* » (3).

LA CENSE DE MEURCHIN A SAILLY-LEZ-LANNOY

LA CENSE DE MEURCHIN A SAILLY-LEZ-LANNOY

(1) Ces trois villages formaient ensemble le marquisat d'Hem.
(2) Notes et documents, n° 6.
(3) TH. LEURIDAN. *Epigraphie du Nord*, t. III, p. 962, dans les *Mémoires de la Société d'études de la Province de Cambrai*, t. X.

L'expression « autrefois censier de Meurchin », dont se sert l'épitaphe, s'explique très bien grâce aux archives de la ferme que nous ont communiquées gracieusement les fermiers actuels, M. et Mme Darras-Bouchery. Nous y avons trouvé un bail accordé, le 10 juin 1681, à Pierre-Procope Lezaire, puis l'acte de cession par celui-ci « en avant cense », à Pierre Delobel, le 22 novembre 1684, la priserie de la ferme du 27 mars 1685 et celle de la brasserie du 28 du même mois (1).

Pierre-Procope Lezaire et Anne Dujardin avaient eu deux enfants :

a. — ADRIEN, baptisé à Sailly, le 11 novembre 1663 (p. : Jacques du Gardin, de Néchin ; m. : Adrienne de Lannoy, de Toufflers).

b. — CATHERINE, baptisée à Sailly le 19 avril 1666 (p. : Pierre Ségard, censier à Sailly ; m. : Catherine Lezi, censière à Néchin) épousa à Sailly, le 23 mai 1693, *Florentin* ou *Jean-Floris* DEL MAZURE, d'Annappes, censier de Marchenelles (2), décédé le

LA CENSE DE MARCHENELLES A ANNAPPES.

23 octobre 1709, auquel elle survécut jusqu'au 20 juillet 1742 ; elle fut inhumée dans l'église, en présence de ses deux fils, Joseph-Isidore et Jean-Antoine. De cette union naquirent dix enfants :

aa. — *Marie-Aldegonde Delemazure,* baptisée à Annappes le 6 juillet 1695 (p. : Pierre Delemazure ; m. : Elisabeth Delemazure).

bb. — *Anne-Catherine Delemazure,* baptisée à Annappes le 14 décembre 1696 (p. : André Delemazure ; m. : Catherine Rousé).

cc. — *Joseph-Isidore Florentin Delemazure,* baptisé à Annappes le 5 février 1698 (p.: Paul-Isidore-Ignace Delannoy ; m. : Marie-Joseph Defrennes), épousa le 11 janvier 1746, à Neuville-

---

(1) Notes et documents, n°s 7, 8, 9 et 10.
(2) La cense de Marchenelles a été exploitée jusqu'en 1911 par les descendants de la famille Delemazure-Lezaire, dont le dernier fermier fut Théodore Delemazure-Lepers. — Notes et documents, n° 11.

G. R.

en-Ferrain, Marie-Catherine-Joseph *Carton,* 28 ans et demi, fille de Maximilien et de Marie-Catherine *Bonte.*

dd. — *Marie-Joseph Delemazure,* baptisée à Annappes le 24 novembre 1699 (p. : Jean Castel ; m. : Lucie de le Rue), épousa le 11 avril 1728, Pierre-Joseph *Delemazure,* censier et brasseur de l'Agacherie (1) à Annappes. Leur épitaphe se voit sur le mur extérieur de l'église : « *Ici gisent les corps de Pierre-Joseph Delemazure, décédé le 7 août 1782, âgé de 81 ans ; de Marie-Joseph Delemazure, son épouse, décédée le 22 juin 1781, âgée de 83 ans ; et de Pierre-François-Joseph Delemazure, leur fils, fermier de l'Agacherie, décédé le 15 août 1782, âgé de 50 ans ; de Marie-Louise-Joseph Delerue, son épouse, décédée le 20 octobre 1833, âgée de 83 ans. Requiescant in pace.* » (2)

LA CENSE DE L'AGACHERIE A ANNAPPES.

ee. — *Jean-Antoine Delemazure,* baptisé à Annappes le 5 février 1701 (p. : Jean Liénard ; m. : Marguerite Courouble).

ff. — *Marie-Madeleine Delemazure,* baptisée à Annappes le 23 août 1702 (p. : Jean-François Obert ; m. : Marie-Claire Leuridan), épousa, en 1742, Pierre-Charles *Chombart,* veuf de Marie-Anne *Dassonville,* âgé de 48 ans, de la paroisse de Fournes-en-Weppes.

---

(1) Notes et documents, n° 12.
(2) TH. LEURIDAN, *Epigraphie du Nord,* t. III, p. 899, dans les *Mémoires de la Société d'études de la Province de Cambrai,* t. X.

gg. — *Marie-Françoise-Joseph Delemazure,* baptisée à Annappes le 10 décembre 1703 (p. : Pierre Delebecq; m.: Elisabeth Delemazure).

hh. — *Julien Delemazure,* censier de Marchenelles, à Annappes, baptisé le 15 mars 1705 (p.: Julien Lejeune; m. : Marie-Anne Delemazure), épousa à Annappes, le 28 novembre 1733, Marie-Anne-Thérèse *Béghin.* Leur épitathe se lit dans la chapelle Saint-Sébastien de l'église d'Annappes: !*Sépulture de Julien Delemazure, censier de Marchenelle, décédé le 10 février 1771 âgé de (66) ans; et de Marie-Anne-Thérèse Béghin, son épouse, décédée le... âgée de.... ans. Requiescant in pace.* » (1)

LA CENSE DE MARCHENELLES A ANNAPPES.

ii. — *Charles Delemazure,* baptisé à Annappes le 29 mars 1706 (p. : M^tre François-Valentin Loose, ancien curé de la paroisse ; m. . Marie-Jeanne Delobel).

jj. — *Evrard-Florentin-Guillaume Delemazure,* baptisé à Annappes le 8 mars 1707 (p. : Pierre du Bar ; m. : Marie-Elisabeth Hennebutte).

3. — MARIE, née à Sailly, y épousa le 8 juillet 1659, *Guillaume DU* PONCHELLE (témoin: Procope Lezaire, son frère) : elle en eut :

a. — *Marie du Ponchelle,* baptisée à Sailly, le 9 mai 1660 (p. : Antoine du Ponchelle; m.: Marie Vernier), confirmée à Templeuve le 23 juin 1676.

(1) TH. LEURIDAN, *Epigraphie du Nord,* t. III, p. 899, dans les *Mémoires de la Société d'études de la province de Cambrai,* t. X.

b. — *Anne du Ponchelle,* baptisée à Sailly le 30 octobre 1662 (p. : Adrien du Ponchelle, de Templeuve ; m. : Anne du Gardin, de Sailly).

c. — *Guillaume du Ponchel,* baptisé à Sailly le 30 août 1665 (p. : Jaspard Heddebaut, de Pecq ; m. : Adrienne Bocquet, d'Esplechin), confirmé à Templeuve le 23 juin 1676.

d. — *Pierre du Poncel,* baptisé à Sailly le 25 août 1669 (p. : Pierre-Procope Lezaire, censier de Meurchin ; m. : Gillette Leclercq, de Sailly), confirmé à Templeuve le 23 juin 1676.

e. — *Catherine du Poncel,* baptisée à Sailly le 21 avril 1672 (p. : Jean du Gruion, de Templeuve ; m. : Catherine Bras, de Sailly).

f. — *Antoinette du Poncel,* baptisée à Sailly le 15 novembre 1676 (p. : Pierre de Lattre ; m. : Marie Lezaire, de Sailly).

4. — PIERRE, né à Sailly, épousa Elisabeth DELETOMBE, dont il eut :

a. — QUENTIN, baptisé à Blandain le 15 juin 1661 (p. : Quentin Deltombe ; m. : Marie...).

b. — MARIE-THÉRÈSE, baptisée à Blandain le 11 août 1662 (p. : Jacques Lezaire ; m. : Marie Duchatelet).

5. — ANNE, née à Sailly, y épousa, le 4 juillet 1660, *Gaspard* HEDDEBAUT, de Pecq (témoin : Procope Lezaire, son frère).

V. — PHILIPPE LEZAIRE, né à Sailly, épousa *Marie* BELLEN-GHIEN, décédée veuve, à Sailly, à l'âge de 50 ans, le 12 avril 1677, ayant eu six enfants :

1. — PIERRE, qui suit, VI.

2. — PHILIPPE, baptisé à Sailly le 24 mars 1657 (p. : Philippe Mullier, de Sailly ; m. : Jeanne Battaille, de Bourghelles), décédé le 27 décembre 1686.

3. — CHARLES, baptisé à Sailly le 25 novembre 1660 p. : Charles Bellenghien ; m. : Lucie Lezaire, au nom de Christine Bataille, sa mère), confirmé à Templeuve le 23 juin 1676.

4. — MICHEL, baptisé à Sailly le 13 février 1663 (p. : Michel Locquifier ; m. : Marguerite Lezaire), confirmé à Templeuve le 23 juin 1676

5. — JEANNE, baptisée à Sailly le 8 novembre 1665 (p. : Robert de le Rue ; m. : Jeanne du Triez).

6. — JEAN, qui suivra, VI bis.

VI. — PIERRE LEZAIRE, baptisé à Sailly le 3 avril 1655 (p. : Pierre Caille, soldat au régiment de la Motterie ; m. : Paschase Hedebau, de Baisieux), épousa *Noëlle* BARBIEUX, dont il eut :

1. — MARIE-JEANNE, baptisée à Sailly le 30 janvier 1679 (p. : Philippe Barbieux, de Leers ; m. : Jeanne Bonnières, de Bourghelles).

2. — JEAN, baptisé à Sailly le 23 septembre 1680 (p. : Jean Descamps ; m. : Suzanne Dupré), mort le même jour.

3. — PHILIPPE, baptisé à Sailly le 23 octobre 1681 (p. : Philippe le Zaire, de Sailly ; m. : N... Barbieux, de Leers), décédé le 8 septembre 1683.

4. — MICHEL, baptisé à Sailly le 12 janvier 1684 (p. : Michel Lezaire, de Sailly ; m. : Jeanne Barbieur, de Leers).

5. — JOSSINE, baptisée à Hem le 7 janvier 1687 (p. : Charles Lezerre ; m. : Marie Lezerre).

6. — MARIE-AGNÈS, baptisée à Hem, le 22 janvier 1690 (p. : Martin Castel ; m. : Marie Rousé, de Sailly).

7. — PIERRE-FRANÇOIS, dont nous n'avons pas trouvé l'acte de baptême à Hem, mais qui sera mentionné ci-dessous.

8. — MARIE-JOSEPH, baptisée à Hem, le 12 mars 1694 (p. : Jean Desplanque ; m. : Marie-Joseph Mullier), épousa à Hem, le 27 mai 1726, après avoir obtenu dispense de parenté au deuxième degré de consanguinité égal, *Pierre-Joseph* DE LOBEL, de Neuville-en-Ferrain. Elle mourut veuve à Neuville, le 30 juin 1774, et fut inhumée dans la nef, près de la chapelle de la Sainte-Vierge (témoins : Pierre-Joseph Duthoit et Pierre-Roger Jonville, ses deux beaux-frères).

Ces deux époux, par un acte du 7 février 1750, avaient disposé de leur fortune en faveur de Pierre-François Lezaire, leur frère et beau-frère, à charge, par celui-ci, de pourvoir à la célébration de six obits annuels pendant cent ans, en l'église de Neuville-en-Ferrain (1).

VI bis. — JEAN LE ZAIRE, fils de Philippe, épousa 1° *Jeanne-Louise* POLLET ; 2° *Catherine* PRÉVOST, toutes deux d'Esquelmes, où il se fixa et mourut le 20 février 1711, ayant eu un fils du premier lit, deux fils et une fille du second lit :

1. — GEORGES, baptisé à Esquelmes le 2 septembre 1695 (p. et m. : illisibles).

2. — CHARLES, qui suit, VII.

3. — JEAN-JACQUES, baptisé à Esquelmes le 6 août 1698 (p. : Martin Lefebvre ; m. : Anne-Marie Prévost).

4. — ANNE-MARIE, baptisée à Esquelmes le 11 mars 1700 (p. : Philippe Prévost ; m. : Jeanne Prévost).

---

(1) Notes et documents, n° 13.

VII. — CHARLES LE ZAIRE, né à Esquelmes, en 1696 ou 1697, y décédé le 4 novembre 1734, épousa *Bonne-Antoinette* VAVRIN ou HAVRIN, qui mourut le 6 août 1740, ayant eu neuf enfants :

1. — ANTOINE-JOSEPH, né à Esquelmes en 1719, épousa à Templeuve-en-Dossemer, le 8 novembre 1745, *Marie-Madeleine* VINCENT, âgée de 32 ans, née à Wiers, fille d'Amand et d'Anne-Marie *Fourdaine*. Il mourut à Templeuve, le 23 mars 1747, ayant eu un fils :

    a. — *Louis-Joseph*, baptisé à Templeuve le 5 novembre 1745 (p. : Jean Deborde ; m. : Thérèse Fleuris), y décédé le 13 janvier 1747.

2. — JOSEPH, baptisé à Esquelmes le 2 mai 1720 (p. : Pierre-Joseph Lezaire ; m. : Marie Lezaire).

3. — MARIE-THÉRÈSE, baptisée à Esquelmes le 17 août 1721 (p. : Laurent-Joseph Luban ; m. : Marie-Thérèse Florin).

4. — JACQUES-JOSEPH, baptisé à Esquelmes le 25 octobre 1722 (p. : Jacques-Joseph Lefebvre ; m. : Marie-Catherine Bulteau).

5. — MARIE-ANNE-JOSEPH, baptisée à Esquelmes le 5 mai 1724 (p. : Jacques Cheus ; m. : Marie Pipart), y décédée le 6 novembre 1725.

6. — CHARLES-LOUIS-JOSEPH, baptisé à Esquelmes le 20 juillet 1725 (p. : Louis-Lambert Machon ; m. : Jeanne Lescrenier).

7. — MARIE-ROSE-JOSEPH, baptisée à Esquelmes le 18 janvier 1727 (p. : Joseph Vinchant ; m. : Marie-Joseph Delecourt), y décédée le 22 juin 1728.

8. — CHARLES-JOSEPH, qui suit, VIII.

9. — JEAN-BAPTISTE, baptisé à Esquelmes le 11 avril 1731 (p. : Gaspard Leplat ; m. : Marie-Anne-Joseph Carette), y décédé le 16 mai 1732.

VIII. — CHARLES-JOSEPH LE ZAIRE, baptisé à Esquelmes le 13 octobre 1729 (p. : Jean Vinchant ; m. : Marie-Joseph Delcourt), épousa à Bruges, paroisse Sainte-Anne, le 14 juin 1757, *Claire-Jacqueline* PIETERS, âgée de 27 ans, native de Bruges (témoins : Jacques-Joseph Lezaire et Louis Piéters). Il en eut :

1. — JACQUES-JOSEPH, baptisé à Bruges le 10 mai 1758 (p. : Jacques-Joseph Lezaire ; m. : Thérèse Floré).

2. — CLÉMENT, baptisé à Bruges le 27 mai 1760.

3. — JEAN-BAPTISTE, baptisé à Bruges le 9 novembre 1762.

4. — LOUIS, baptisé à Bruges, paroisse Notre-Dame, 3e portion, le 3 février 1765.

5. — MARIE, baptisée à Bruges, paroisse Notre-Dame, 1re portion, le 30 décembre 1766.

PREMIÈRE BRANCHE

III. — JACQUES LE ZAIRE, auteur de cette branche, fils d'Henri et petit fils de Jacques, censiers de Meurchin à Sailly, vint se fixer à Roubaix au plus tard en 1580 (1). A cette date nous le trouvons mentionné comme censier de Beaurewart (2). En 1596, il était un des « gros contribuables » de Roubaix ; dans l'assiette d'une taille de 4914 l. 11 s., levée le 6 avril de cette année, il occupe le second rang, avec Jean Castel, payant comme lui 157 l. 10 s. Le premier était Pierre du Hamel, censier de Maufait, taxé à 247 l. 10 s. Après eux viennent François de le Becque, de Beaurepaire ; la veuve Pierre Leuridan, de la Pontenerie ; Gilles Lepers, de la Grande Vigne (3). Jacques Lezaire fut échevin de Roubaix en 1594 et en 1612. Il avait épousé *Martine* alias *Pétronille* CASTEL, dont il eut (4) :

1. — PÉTRONILLE, baptisée à Roubaix le 23 mai 1591 (p. : Noël Lezaire; m. : Péronne Marissal), fiancée à Roubaix, le 22 octobre 1610, et mariée le 20 novembre suivant, avec *Jacques* DE LAOUTRE, dont nous n'avons pu établir la filiation.

2. — FRANÇOISE, fiancée à Roubaix le 30 juillet 1611, et mariée le 24 septembre suivant, avec *Jean* LE CAT.

3. — JOSSE, qui suit, IV.

4. — JEAN, baptisé à Roubaix le 22 février 1598 (p. : Jean de la Haye ; m. : Marguerite Le Poutre). Il mourut sans doute en bas âge, et certainement avant 1604, puisque son nom fut donné à un autre fils de Jacques, né le 10 juillet de cette année.

5. — FLORENCE, baptisée à Roubaix le 27 février 1599 (p. : messire Florent de Ligne, marquis de Roubaix ; m. : Yolande Castel), épousa à Roubaix, le 13 novembre 1620, *Jacques* POTTIER, en présence de Michel Pottier, son frère, et « de la mère de la dame des nopches. »

---

(1) Archives de Roubaix, CC. 170.
(2) Notes et documents, n° 14.
(3) Chan. TH. LEURIDAN, *Roubaix en 1596*, p. 8.
(4) D'après un arbre généalogique conservé aux archives de l'hospice de Wattrelos et intitulé : « *Généalogie par laquelle prouve que Pierre-Augustyn Meyns, postulant pour être admis à la table des Vieux hommes à Waterloo, est enfant de Augustyn... etc.* », Jacques Lezaire aurait eu un fils du nom de Charles, qui aurait épousé Marie-Anne Herbau, dont une nombreuse postérité. Ce Charles Lezaire était, non pas le fils de Jacques et de Martine Castel, mais leur petit-fils. Nous le trouverons plus loin.

6. — JÉROME, qui épousa *Lucette* DE HEM et en eut :

a. — MARIE, baptisée à Roubaix le 18 septembre 1626 (p.: Antoine de Halluin ; m. : Marie du Crocquet).

LA CENSE DE MAUFAIT A ROUBAIX.

7. — JACQUES, baptisé à Roubaix le 29 avril 1602 (p. : Pierre de Hallewin ; m. : Jeanne Lezaire), y épousa, en 1626, *Gillette* DE HALLEWIN, baptisée à Roubaix le 5 janvier 1607, fille de Jean et d'Yolande *du Hamel*, et sœur de Marie qui avait épousé Josse Lezaire, son frère. Jacques Lezaire était censier de Maufait (1) en 1633 et payait un fermage annuel de 1319 l. 6 s., tant en argent qu'en blé et en dîme. Il fut échevin de Roubaix en 1650 et 1651. De Jacques Lezaire et de Gillette de Hallewin naquirent huit enfants :

a. — HENRI, baptisé à Roubaix en août 1627 (p. : Josse Lezaire ; m. : Yolande du Hamel).

b. — CHARLES, baptisé à Roubaix le 2 octobre 1629 (p. : Charles Lezaire, lieutenant de Wasquehal; m. : Péronne de Hallewin), épousa *Marie-Anne* HEDDEBAUT. Il en eut neuf enfants, dont les deux premiers naquirent à Roubaix; les noms des sept autres nous sont indiqués par le tableau généalogique cité ci-dessus et dont nous reproduisons les renseignements fort laconiques, sans avoir pu les contrôler.

aa. — VICTOIRE, baptisée à Roubaix, le 4 janvier 1656 (p. : Antoine de Blondel ; m. : Gabrielle du Carnoy).

bb. — CHARLES, baptisé à Roubaix le 18 décembre 1657 (p. : Gaspard Heddebault ; m. : Antoinette Louage).

---

(1) Notes et documents, n° 15.

cc. — MARIE.

dd. — JACQUES.

ee. — CATHERINE.

ff. — ARNOULD.

gg. — MARIE-FRANÇOISE, épouse d'*Arnould* MAES, dont :

    aaa. — *Jacques Maes.*

    bbb. — *Marie-Claire Maes.*

    ccc. — *Jean-Baptiste Maes.*

    ddd. — *Jean-Jacques Maes,* époux de Jeanne *Delvinne,* qui lui donna six enfants.

    eee. — *Charles Maes.*

    fff. — *Arnould Maes.*

hh. — JEAN.

ii. — MICHELLE.

c. — YOLANDE, baptisée à Roubaix le 11 janvier 1632 (p. : Jean du Retz ; m. : Yolande du Hamel), épousa *Pierre* DE HALLEWIN.

d. — MARIE, baptisée à Roubaix le 29 décembre 1633 (p. : Maximilien du Hamel ; m. : Marie Lezaire).

e. — GILLETTE, baptisée à Roubaix le 3 août 1635 (p. : Jacques de Lattre ; m. : Gillette Le Pers).

f. — LOUISE, baptisée à Roubaix le 13 août 1637 (p. : Pierre de Hallewin ; m. : Louise Cornut).

g. — ADRIEN, baptisé à Roubaix le 12 novembre 1638 (p. : Adrien de le Bos ; m. : Lucie Lezaire).

h. — SIMON-JUDE, baptisé à Roubaix, le 12 novembre 1640 (p. : Simon-Jude du Retz ; m. : Marie de Lespaul).

8. — JEAN, auteur de la deuxième branche, qui suivra, IV bis (page 49).

LA CENSE DE MAUFAIT A ROUBAIX.

IV. — JOSSE LE ZAIRE, né à la cense de Beaurewart, baptisé le 27 février 1595 (p. : Josse Lezaire, son oncle ; m. : l'épouse de Jean de la Haye), se fiança à Roubaix, le 14 mars, et s'y maria le

18 mai 1619, avec *Marie* DE HALLEWIN, fille de Jean et d'Yolande *du Hamel*, et petite-fille de Pierre, brasseur au Fresnoy à Roubaix. Dès l'époque de son mariage, Josse Lezaire devint censier de la Digue du Pret (1) ; en 1624, il était imposé pour 27 bonniers et payait comme fermage annuel 866 l. et 4 moutons évalués 32 l., plus la location de la taverne de Fourqu'encroix, contenant 3 cents et un tiers, au Galon d'eau (angle de la Grande-Rue et de la rue de l'Hommelet). En 1649, sa veuve payait pour fermage 1300 livres, 50 rasières de blé et deux corvées avec chevaux et chariot (2). Josse Lezaire figure parmi les échevins de Roubaix en 1638. Sa veuve épousa en secondes noces, à Roubaix, le 9 mai 1650, Maximilien *Lorfebvre*, qui exploita la Digue du Pret jusqu'au mariage d'Antoine-Floris, en 1669. Josse Lezaire avait eu au moins douze enfants :

1. — MARIE, baptisée à Roubaix le 26 décembre 1620 (p. : Maximilien de le Val, chevalier, seigneur de Graincourt, la Hamaide, le Val, grand bailli de Roubaix ; m. : Marie de Melun, dame de Roubaix, épouse de Lamoral, prince de Ligne).

2. — LAMORAL, baptisé à Roubaix le 6 décembre 1622 (p. : Guillaume Blondel ; m. : Madeleine de Herbamez), épousa à Willems *Françoise* MARISSAL, décédée le 29 novembre 1688, et dont il eut au moins un fils :

a. — JACQUES, décédé célibataire à Willems, le 29 février 1672.

3. — MARTINE, baptisée à Roubaix, le 15 décembre 1624 (p. : Jean de Hallewin, son grand-père ; m. : Martine Castel).

4. — YOLANDE, baptisée à Roubaix le 14 juillet 1626 (p. : Charles Lezaire, lieutenant de Wasquehal (3) ; m. : Yolande du Hamel), épousa à Roubaix, 1° le 23 janvier 1651, *Eubert* HEDDEBAUT, décédé presque aussitôt après le mariage ; 2° le 1er juillet 1652, *Gaspar* BAUDESCOT, censier de la Beuvrière, à Bailleul (Belgique) ; elle mourut à la cense de La Beuvrière à Bailleul, le 28 janvier 1718, âgée de 92 ans, et fut inhumée dans l'église, à côté de son mari, décédé plus de quarante ans avant elle, le 3 septembre 1676. Voici leur épitaphe :

« *Icy gisent Jaspart Baudescot, en son temps censier de la Beuverier, lequel trespassa le 3 de septembre 1676, âgé de 66 ans ; et Yolente Lezaire, sa femme, trépassée le 28 de janvier 1718, âgée de 92 ans. Requiescant in pace.* »

Yolande Lezaire avait eu, de son second mariage, neuf enfants tous nés à La Beuvrière et baptisés à Bailleul :

---

(1) Notes et documents, n° 16.
(2) Archives de Roubaix, CC 174.
(3) Archives de Wasquehal, GG 1.

a. — *Catherine Baudescot*, baptisée le 4 novembre 1654 (p. Charles Lezaire ; m. : Catherine Baudescot).

b. — *Pierre Baudescot*, baptisé le 1er juillet 1657 (p. : Pierre Baudesco ; m. : Marie Lezer).

LA CENSE DE LA BEUVRIÈRE A BAILLEUL. (1).

c. — *Gilles Baudescot*, baptisé le 2 novembre 1659 (p. : Gilles Franchomme ; m. : Marie du Coullombier), décédé le 14 novembre 1704 et inhumé dans l'église avec cette épitaphe : « *Icy repose le corps de Gilles Baudescot, fils de Jaspart et de Yolende Lezaire, décédé le 14 novembre 1704, âgé de 44 ans. Priez Dieu pour lui.* »

d. — *Gaspard Baudescot*, baptisé le 1er mars 1663 (p. : Crépin Deldique ; m. : Yolente Baudescot), bailli de la Beuvrière, décédé le 30 novembre 1736, épousa Marie-Catherine *De le Rue*, décédée le 28 mai 1731, fille de Jean et de Jeanne *Delenest ;* les deux époux sont inhumés dans l'église de Bailleul, avec cette épitaphe : « *D. O. M. — Icy gisent les corps de Jaspart Baudescot, en son temps bailly de la Beuvrier, décédé le 30 novembre 1736, âgé de 71 ans ; et de Marie-Catherine De le Rue, son épouse, fille de Jean et de Jenne Delenest, décédée le 28 may 1731, âgée de 69 ans.* »

e. — *Marie-Thérèse Baudescot*, baptisée le 26 décembre 1665 (p. : Robert Collet ; m. : dlle Marie-Thérèse de la Broye), épousa, le 2 mai 1686, en présence de sa sœur Péronne, Gaspar *Vascheux*, natif d'Audresselles, au diocèse d'Arras. Michelle Vascheux, leur fille, épousa, en 1713, Laurent *du Bus*, né à Saint-Léger, à la ferme du Temple, en 1685, et depuis lors la Beuvrière n'a pas cessé d'être occupée par leurs descendants du nom de Du Bus.

f. — *Péronne Baudescot*, baptisée le 14 janvier 1669 (p. : Anselme Oden ; m. : Marguerite Deffrennes).

g. — *Yolente Baudescot*, baptisée le 15 mars 1671 (p. : Pierre Prouvost ; m. : Guillemette du Croquet).

---

(1) Notes et documents, n° 17.

h. — *Gillette Baudescot*, baptisée le 17 mai 1673 (p. : Jean Prouvost ; m. : Volente Prouvost), épousa, en mai 1697, à Bailleul, Robert *Vandersype*, d'Espierres.

i. — *Marie-Anne Baudescot*, baptisée le 5 février 1676 (p. : Etienne Prouvost ; m. : Yolente Prouvost).

TOUR DE LA CENSE DE LA BEUVRIÈRE À BAILLEUL.

5. — LUCIE, baptisée à Roubaix le 27 décembre 1627 (p. : Antoine Fauvarque ; m. : Lucie Le Zaire), décédée le 9 décembre 1706, épousa à Roubaix, le 14 juin 1649, *Adrien* MEURISSE, en présence de Jacques de le Rue et d'Etienne Meurisse, frère. Les deux époux habitaient Hupire (1); Adrien Meurisse était maître de la manufacture, ainsi que son fils Pierre, reçu en 1699 ; il mourut le 18 décembre 1703, ayant eu au moins treize enfants :

a. — *Maximilien Meurisse*, indiqué comme étant l'aîné au dénombrement de 1673.

b. — *Pierre Meurisse*, qui épousa, le 1er août 1695, Péronne *Roussel*, veuve.

c. — *Barthélemy Meurisse*, baptisé le 5 février 1657 (p. : Gilles Meurisse ; m. : Marie de Halewin).

d. — *Catherine Meurisse*, baptisée le 6 janvier 1659 (p. : Antoine-Florent Lezaire ; m. : Catherine Meurisse).

e. — *Jean Meurisse*.

f. — *Antoine Meurisse*.

---

(1) Hupire, petit hameau, cense et triez, à Roubaix, au-dessus des Trois-Ponts vers Leers.

g. — *Marie Meurisse*, baptisée le 12 décembre 1663 (p. : Antoine-Floris Lezaire ; m. : Catherine Willocq).

h. — *Catherine Meurisse*, jumelle de la précédente (p. : Germain de le Becque ; m. : Catherine Meurisse).

i. — *Marie-Catherine Meurisse*, baptisée le 3 mars 1665 (p. : Jean Van Reust ; m. : Catherine Willocq).

j. — *Etienne Meurisse*, jumeau de la précédente.

k. — *Jacques Meurisse*, baptisé le 11 octobre 1668 (p. : Jacques de le Becq ; m. : Jeanne Meurisse).

l. — *Marie-Marguerite Meurisse*, baptisée le 9 septembre 1671 (p.: Gilles Meurisse ; m. : Marie de le Becq).

m. — *Marie-Jeanne Meurisse*, baptisée le 25 mars 1676 (p. : Louis Meurisse ; m. : Antoinette Dorpe).

6. — CATHERINE, baptisée le 15 avril 1630 (p. : Jacques de Lattre ; m. : Catherine de Hallewin), épousa à Roubaix, le 24 avril 1650, *Pierre* DE LE BECQ, dont elle eut :

a. — *Théodore de le Becq*, baptisé le 21 avril 1657 (p. : Hugues de le Becque ; m. : M. Barbe Lezaire).

b. — *Jean de le Becq*, baptisé le 31 janvier 1660 (p. : Jacques Le Conte, fils de Jacques ; m. : Jeanne Lezer, fille de Joseph) .

c. — *Marie-Catherine de le Becq*, baptisée le 4 mars 1662 (p. : Adrien Meurisse ; m. : Marie Lezer).

d. — *Pierre de le Becq*, baptisé le 23 décembre 1663 (p. : Antoine-Floris Lezer ; m. : Madeleine de Lespaul).

e. — *Artus de le Becq*, baptisé le 27 mars 1666 (p. : Artus Hespel; m : Gillette Lezaire).

f. — *Vaast de le Becq*, baptisé le 18 octobre 1668 (p. : Vaast du Hamel ; m. : Marguerite Honoré).

g. — *Ignace-Joseph de le Becq*, baptisé le 4 septembre 1670 (p. : Maître Antoine Vasseur, chapelain ; m. : Anne Dessauvages).

7. — GILLETTE, baptisée le 29 juin 1632 (p. : Jean Lezaire ; m. : Gillette de Hallewin), décédée le 22 février 1696, épousa à Roubaix, le 7 janvier 1652, *Germain* DE LE BECQUE, manufacturier, installé dans la rue Pauvrée en 1673, décédé le 31 janvier 1694. Elle en eut :

a. — *Pierre de le Becque*.

b. — *Marguerite de le Becque*. — Les noms de ces deux aînés sont fournis par le dénombrement de 1673.

c. — *Marie de le Becque*, baptisée le 16 octobre 1656 (p. : Germain de le Becque ; m. : Lucie Lezaire).

d. — *Jean de le Becque*, baptisé le 9 octobre 1658 (p. : Pierre de le Becque ; m. : Florence Lezaire).

e. — *François de le Becque*, baptisé le 3 janvier 1662 (p. : Jean Barbet ; m. : Marie Lezere, fille de Josse).

f. — Catherine de le Becque, baptisée le 15 juin 1664 (p. : Jean Lezaire; m.: Catherine Lezaire), décédée le 12 juillet 1699.

g. — Marie-Elisabeth de le Becque, baptisée le 25 septembre 1670 (p. : Augustin de Lespaul; m.: Elisabeth-Hippolyte Du Retz).

h. — Antoine de le Becque, baptisé le 13 août 1673 (p. : Maître Antoine Vasseur, vicaire ; m. : Louise Deschamps), décédé le 26 mars 1696.

8. — FLORENCE, baptisée le 31 décembre 1633 (p.: Albert de Hallewin; m.: Florence de Laoutre), décédée le 1er janvier 1712, épousa à Roubaix, le 12 juillet 1660, *Jean* VAN REUST (1), fils de Jacques, avec lequel elle habitait, en 1673, le quartier de Maufait. Elle en eut :

a. — Jean van Reust, baptisé le 30 décembre 1660 (p.: Jacques Van Reust; m.: Jeanne Lezer).

b. — Pierre-Philippe van Reust, baptisé le 5 juillet 1663 (p. : Pierre Demetre; m.: Marie Zair).

c. — Catherine van Reust, baptisée le 22 octobre 1665 (p.: Jean Desmestres; m. : Catherine Lorfebvre), décédée le 23 janvier 1747.

d. — Marie van Reust, baptisée le 16 février 1668 (p.: Antoine van Reust; m.: Lucie Lezer).

e. — Lin-Jean van Reust, baptisé le 23 septembre 1670 (p. : Antoine Le Comte; m.: Yolande de Halluin).

f. — Claire van Reust, baptisée le 28 décembre 1673 (p.: Germain de le Becque; m.: Péronne van Reust).

g. — Anne Isbergue van Reust, baptisée le 19 avril 1676 (p. : Simon Beuscart; m.: Isbergue de Lespau).

9. — BARRE, baptisée le 6 décembre 1635 (p.: Philippe des Tombes ; m.: Marie Le Brun), épousa à Roubaix, le 4 novembre 1660, *Michel* SPRIET, d'Herseaux, fils de Pierre.

10. — MARIE, baptisée le 27 mars 1639 (p. : Adrien de le Bos ; m. : Yolande de Hallewin, la jeune), épousa à Roubaix, le 23 août 1665, *Etienne* FRUICT.

11. — JEANNE, née en 1642, épousa à Roubaix, le 17 mai 1662, *François* DE LE CROIX, fils d'Adrien.

12. — ANTOINE FLORIS, qui suit, V.

V. — ANTOINE-FLORIS LEZAIRE, né après 1641 (2), épousa à Roubaix, le 4 novembre 1669, *Isbergue* DE LESPAUL, fille de Jean, et reprit à son nom la cense paternelle de la Digue du Pret. Antoine-

---

(1) D'une ancienne famille de Roubaix qui a fourni plusieurs égards à la manufacture, et dont les descendants se sont perpétués en notre ville, sous les noms successivement altérés de Vanreus, Vanreux, Vanreust, Vaureux et Voreux; on suit visiblement la marche de cette altération.

(2) Nous n'avons pas la date de sa naissance; les registres aux baptêmes de Roubaix présentent une lacune de 1642 à 1655.

Floris et sa femme possédaient à Wattrelos un fief de 7 cents de terre, tenus de la seigneurie du lieu, près de la cense de Beaumetz et le long du chemin de Wattrelos à Roubaix ; ils vendirent ce fief, en 1698, à Arthur le Mahieu, censier de la Petite Haverie à Wattrelos (1). Ils figurent également en 1691 et années suivantes dans les comptes de l'église et des pauvres de Roubaix, comme ayant souscrit deux rentes de 300 et de 700 livres, au revenu annuel de 35 livres, dont 20 au profit des pauvres et 15 au profit de l'église (2). De leur union naquirent au moins neuf enfants :

1. — JEAN, baptisé à Roubaix le 14 octobre 1670 (p. : Jean de Lespaul, son grand-père ; m. : Lucie Lezaire), mourut à Wattrelos le 27 novembre 1747 (témoins : Josse Lezaire, son frère, et Pierre-Antoine Honcrez, son neveu).

2. — MARIE-MARGUERITE, baptisée à Roubaix le 25 décembre 1672 (p. Denis Lambelin ; m. : Gillette Lezaire).

3. — ETIENNE, baptisé à Roubaix, le 29 octobre 1674 (p. : Etienne Fruy ; m. : Marguerite Fremaux).

4. — JOACHIM, baptisé à Roubaix le 23 novembre 1675 (p. : Jacques de le Becque ; m. : Marie-Jeanne du Jardin).

5. — JEAN-FRANÇOIS, baptisé à Roubaix le 12 juillet 1678 (p. : maître Jean Clarisse, chapelain de l'hôpital Sainte-Elisabeth ; m. : Jacobine Guidin), décédé le 6 décembre 1745.

6. — MARIE-CLAIRE, baptisée à Roubaix le 22 février 1681 (p. : Jacques-Adrien d'Haffrenghes, seigneur de la Bricque à Mentque, bailli général de Roubaix ; m. : d^lle Claire de Lespaul, dame du Flos et de la Masure, veuve de Martin Castel, docteur en médecine), épousa à Roubaix, le 5 novembre 1710, *Pierre Honoré*, dont elle eut au moins un fils.

    a. — *Pierre-Antoine Honoré*, témoin à l'inhumation de Jean Lezaire, son oncle, le 27 novembre 1747.

7. — JOSSE, qui suit, VI.

8. — ISBERGUE, baptisée à Roubaix le 1er juillet 1685 (p. : Jean Lezaire; M. Marie-Elisabeth de le Becque), décédée le 28 février 1756.

9. — MARIE-AGNÈS, baptisée à Roubaix le 12 février 1690 (p. : Jean-François Lezer ; m. : Marie de Lespaul), décédée le 15 octobre 1694.

---

(1) Th. LEURIDAN, *La Seigneurie de Wattrelos et les fiefs qui en dépendaient,* p. 66.

(2) Archives de Roubaix, GG. 112. 143. 154, 227, 223.

VI. — Josse LE ZAIRE, baptisé à Roubaix le 10 juin 1682 (p. : Wallerand Descamps ; m. : Marie de Lespaul), y épousa, le 9 août 1722, *Marie-Catherine* MULLIER, fille de Martin et de Marie-Madeleine *Bayart* (1).

Josse succéda à son père dans la cense de la Digue du Pret, qu'il louait pour 1000 livres, en 1741, et que des démembrements successifs avaient réduite à la contenance de quinze bonniers. Déjà à cette époque le seigneur de Roubaix avait manifesté l'intention de démolir cette vieille cense, mais les Lezaire en avaient « par grâce » obtenu la conservation. Il semble qu'on ait voulu faire payer cette faveur, à en juger du moins par les conditions assez rigoureuses du bail que souscrit Josse Lezaire le 28 octobre 1755 (2).

De 1733 à 1745, Josse Lezaire remplit les fonctions d'échevin de Roubaix. Le 26 mars 1734, il accepte, en cette qualité, et de concert avec ses collègues, l'offre faite par la veuve de Philippe-Dominique Delebecque, marchande à Roubaix, d'une somme de 1200 florins au profit de l'église, à charge par la fabrique de fournir au bénéficier de la chapelle de Notre-Dame des Affligés toutes choses nécessaires à la célébration de la messe quotidienne fondée par cette charitable dame (3).

En 1740 et 1742, il fut un de ceux qui s'occupèrent le plus activement de la construction de la « maison orpheline ou des communs pauvres orphelins et invalides » c'est-à-dire de l'hospice de Roubaix, sis dans la rue du même nom et qui vient de disparaître sous la pioche des démolisseurs (4). La pierre d'Ecaussinnes placée sous le cintre de la porte d'entrée portait ces noms : Delaoutre, Bulteau, Delcourt, Castel, Dujardin, Lezaire, Prouvost et Destombes.

Le mandat si honorable d'échevin fut, pour Josse Lezaire, l'occasion d'une aventure que nous allons rappeler brièvement. En 1744, notre région était devenue le théâtre de la guerre de la succession d'Autriche ; le 29 août, les troupes hongroises envahirent Roubaix et frappèrent la ville d'énormes réquisitions auxquelles on refusa de satisfaire. Aussitôt le commandant ennemi s'empare de Jean de Laoutre, lieutenant de Roubaix, et décide de l'emmener comme otage. Le lieutenant, quoique malade et hors d'état de marcher, allait être conduit à Ath. La nouvelle se répand dans la ville et y

---

(1) Notes et documents, n° 18.
(2) Notes et documents, n° 19.
(3) Archives de Roubaix, GG. 159, 214.
(4) Ibidem, AA. 3 ; BB. 4 ; CC. 202, 259-261 ; DD. 7 ; GG. 287.

cause un douloureux étonnement ; quoique comprimée par la présence
de l'ennemi, la population s'émeut et s'agite. Quelques échevins
se rendent auprès du commandant ; ils en obtiennent seulement que
deux d'entre eux pourront accompagner M. Delaoutre ; tous s'offrent
à la fois, mais le commandant ordonne qu'il seront tirés au sort.
Les échevins se réunissent aussitôt à la maison commune et le sort
désigne Josse Lezaire et Pierre-François Lepers pour partager la
captivité du lieutenant (1). Ils sont conduits à Ath sous escorte,
par Philippe Delcroix qu'on a autorisé à prêter sa voiture et son
cheval.

Une députation composée du curé, M. Huleu, et des échevins
Jean-François Castel, Jean-Baptiste Dujardin et Joseph Bulteau,
est envoyée au duc d'Aremberg, généralissime de l'armée des alliés,
pour traiter de la rançon du prisonnier. Une convention avec le
comte de Sart, commissaire général de l'armée, est signée au camp
de Sainghin-en-Mélantois, le 25 septembre, et moyennant 6.000 ra-
tions de fourrage, le lieutenant Delaoutre est mis en liberté. Après
vingt-huit jours de détention, MM. Delaoutre, Lezaire et Lepers
revinrent à Roubaix ; leur retour fut l'objet de la joie générale, on
oublia pour un instant la guerre et ses calamités. Heureux administrateurs, qui appellent autour d'eux de pareilles sympathies ! (2).

Josse Lezaire vécut encore plus de vingt ans après cette aventure ;
il mourut à l'âge de 84 ans, le 3 juillet 1766, et fut inhumé dans
l'église paroissiale de Roubaix, en présence de Jean-François, son
fils. Il avait eu de Marie-Catherine Mullier, décédée le 31 mars 1753
et inhumée dans l'église, dix enfants.

1. — JEAN-BAPTISTE, baptisé à Roubaix le 31 mai 1724 (p. : Martin
Mullier, son grand-père ; m. : Isbergue de Lespaul, sa grand'mère), épousa
à Tourcoing, le 20 novembre 1763, *Elisabeth* DUMORTIER, 42 ans, née à
Tourcoing, fille de Nicolas et de Jeanne-Françoise *Vandebeuque*. Il
mourut le 19 août 1774, et fut inhumé dans l'église.

2. — JEAN-FRANÇOIS, baptisé à Roubaix le 7 août 1726 (p. : Jean-François Lezaire, son oncle ; m. : Marie-Madeleine Bayart, sa grand'mère),
épousa à Roubaix, le 1er juillet 1755, *Marie-Constance-Joseph* WACRENIER,
âgée de 32 ans, fille de feu Philippe-Lambert et de Marie-Anne *Castel*. Il
abandonna alors la culture des terres pour la fabrication des tissus et
devint même égard de la manufacture de 1772 à 1774 (3). En 1787, il

---

(1) Notes et documents. n° 20.
(2) L. E. MARISSAL. *Recherches pour servir à l'histoire de la ville de Roubaix*,
p. 44, 45. — TH. LEURIDAN, *Histoire de Roubaix*, t. IV. p. 243.
(3) Th. LEURIDAN, *Les égards de la Manufacture de Roubaix*, p. 183.

G. R.

acquittait des rentes seigneuriales entre les mains du receveur du marquisat de Roubaix. Il mourut à Roubaix le 19 juin 1790.

3. — PIERRE-JOSEPH, baptisé à Roubaix le 13 février 1728 (p. : Pierre-François Bayart ; m. : Marguerite-Jeanne Mullier), mort en bas âge.

4. — PÉLAGIE-JOSEPH, baptisée à Roubaix le 3 février 1729 (p. : Pierre-François Bayart ; m. : Marguerite-Jeanne Mullier), épousa à Roubaix, le 14 février 1752, *Allard* MESSEAN ou MESSIAN, âgé de 36 ans, de Bachy (1). Le brief de la seigneurie de Bachy, de 1783, mentionne un fief de 9 cents de terre à labour, appartenant à Allard Messean, fils de Jean Philippe, par partage du 13 juillet 1762, ledit Philippe l'ayant possédé à cause de sa femme Marie-Marguerite Derenaucourt, fille d'Antoine et d'Antoinette Pottier (2).

5. — DENIS-JOSEPH, qui suit, VII.

6. — PIERRE-ANTOINE-JOSEPH, baptisé à Roubaix le 6 juin 1734 (p. : Jean-Baptiste Faucart ; m. : Anne-Françoise Bayart), mort en bas âge et certainement avant 1763.

7. — CONSTANCE-JOSEPH, baptisée à Roubaix le 30 juillet 1736 (p. : Jean-Baptiste Lezaire ; m. : Pélagie-Joseph Mullier), épousa, le 12 février 1757, au couvent des Frères-Mineurs de Tournai, *Josse* VANDERHAGHEN, d'Hoorebeke-Sainte-Marie, au diocèse de Malines ; le mariage fut bénit par le père Bernardin Utens, délégué par le doyen de Roubaix, en présence de Jean Vanderhaghen, frère utérin. Josse Vanderhaghen figure avec sa femme dans un acte de partage du 12 novembre 1766 (3) ; il mourut, âgé de 56 ans, le 26 août 1782, à Roubaix, ayant eu, entre autres enfants sans doute nés à Courtrai :

    a. — *Constance-Joseph Vanderhaghen*, née à Courtrai, épousa à 25 ans, le 27 juin 1786, à Roubaix, Jean-Baptiste-Joseph *Lefebvre*, âgé de 40 ans, fils de Joseph-Alexandre, de Tourcoing, et de Catherine-Elisabeth *Lecomte*.

    b. — *Alexandrine-Joseph Vanderhaghen*, baptisée à Roubaix le 5 août 1762, y décédée le 19 mars 1770.

    c. — *Marie-Françoise Vanderhaghen*, qui épousa à 24 ans, le 22 mai 1787, à Roubaix, Jean-Baptiste-Joseph *Deruelle*, né à Wazemmes, âgé de 23 ans, fils de Bonaventure-Joseph et de Catherine-Joseph *Dujardin*.

    d. — *François-Célestin-Joseph Vanderhaghen*, baptisé à Roubaix, le 16 janvier 1772, chapelier, épousa à Marcq-en-Barœul, le 22 février 1795, Aimée-Constance-Joseph *Delebecque*, sa cousine germaine, fille de Georges et d'Anne-Marie *Lezaire*.

---

(1) TH. LEURIDAN, *Inventaire des archives communales de Bachy*, GG. 66 et 84.
(2) Ibidem, AA. 3.
(3) Notes et documents, nº 21.

e. — *Prudence-Séraphine-Augustine-Joseph Vanderhaghen,* baptisée à Roubaix le 4 juillet 1774, y décédée le 23 du même mois.

8. — Léger-Joseph, baptisé à Roubaix le 13 novembre 1738 (p. : Léger Leuridan, clerc de Leers ; m. : Marie-Joseph de le Rue), décédé le 29 avril 1749 et inhumé dans l'église.

9. — Anne-Marie, baptisée à Roubaix le 1er octobre 1740 (p. : Jean-François Lezaire ; m. : Marie-Joseph Mullier), épousa à Roubaix, le 26 janvier 1762, *Georges* de le Becque, natif de Wambrechies et habitant Mons-en-Barœul, fils de Martin et de Marie-Françoise *Leuridan,* de Wasquehal ; il mourut le 4 décembre 1793, à l'âge de 70 ans, ayant eu huit enfants, tous baptisés à Marcq-en-Barœul :

a. — *Jean-Baptiste-Joseph Delebecque,* baptisé à Marcq-en-Barœul, le 28 novembre 1762, épousa, à Roubaix, le 8 décembre 1801, *Marie-Albertine-Joseph* Lezaire, fille de Denis-Joseph et de Marie-Catherine *Dillies.* En 1819, il était administrateur de l'hospice de Roubaix.

b. — *Constantin-François-Joseph De le Becque,* baptisé le 4 octobre 1764 (p. : Jean-François Lezaire, son oncle ; m. : Marie-Françoise de le Becque).

c. — *Pélagie-Augustine-Joseph de le Becque,* baptisée le 17 novembre 1766 (p. : Martin de le Becque, son grand-père ; m. : Pélagie-Joseph Lezaire, sa tante), épousa à Marcq-en-Barœul, le 6 septembre 1796, Louis-Joseph *Desmons,* né à Lesquin et brasseur à Lille, âgé de 44 ans, fils d'Etienne et d'Anne-Thérèse *Despinoy.*

d. — *Denis-François-Joseph de le Becque,* baptisé le 20 mars 1769 (p. : Denis-Joseph Lezaire, son oncle ; m. : Anne-Marie de le Becque).

e. — *Aimée-Bonne-Constance-Joseph Delebecque,* baptisée le 30 novembre 1771 (p. : Jean Baptiste Joseph Delebecque, son frère ; m. : Justine-Joseph Duquesnoy).

f. — *Auguste-Célestin-Joseph de le Becque,* baptisé le 27 mars 1774 (p. : Constantin-Joseph de le Becque ; m. : Catherine Joseph de le Dicque), décédé le 4 avril de la même année.

g. — *Louis-François-Joseph de le Becque,* baptisé le 27 février 1776 (p. : Constantin-Joseph de le Becque ; m. : Catherine-Joseph de le Dicque), épousa à Wasquehal, le 10 février 1801, Marie-Angélique-Joseph *Leuridan,* née à Wasquehal le 26 juin 1679, fille de Jacques-François, censier, et de Marie-Angélique-Joseph *Duhamel.* Dont postérité.

h. — Une fille, ondoyée le 20 décembre 1778, morte le lendemain.

10. — Catherine-Joseph, baptisée à Roubaix le 22 juin 1742 (p. : Louis-Joseph Lepers ; m. : Anne-Marie-Joseph Bayart), décédée le 25 février 1787, épousa à Roubaix, le 12 juin 1764, *Jean-Dominique* des Barbieux, marchand, âgé de 22 ans, fils de Jacques-Joseph et d'Anne-Marie *Fremaux.* Elle eut :

a. — *Marie-Noëlle-Joseph des Barbieux*, baptisée à Roubaix le 25 décembre 1764, y épousa, le 14 février 1786, François-Ernest-Joseph *Destombes*, laboureur, âgé de 24 ans, fils de Jean-Joseph et d'Anne-Marie-Joseph *Lefebvre*, de Wattrelos.

b. — *Prudence-Séraphine-Joseph des Barbieux*, baptisée à Roubaix le 31 décembre 1766, décédée le 16 janvier 1767.

c. — *Augustine-Séraphine-Joseph Desbarbieux*, baptisée à Roubaix le 29 mars 1769, y décédée le 23 janvier 1773.

d. — *Louis-Dominique-Joseph Desbarbieux*, baptisé à Roubaix le 25 août 1771.

e. — *Isabelle-Séraphine-Joseph Desbarbieux*, baptisée à Roubaix le 24 mars 1774, décédée le 1er avril 1776.

f. — *Ferdinand-Marie-Joseph Desbarbieux*, baptisé à Roubaix le 28 décembre 1776.

VII. — Denis-Joseph LEZAIRE, baptisé à Roubaix le 9 août 1732 (p. : Denis-Joseph Mullier ; m. : Isberghe Lezaire), épousa par contrat du 27 janvier 1763 (1), et religieusement à Quesnoy-sur-Deûle, le 1er février, *Marie-Catherine* DILLIES, née à Quesnoy en 1733, fille de Pierre, censier, et de Marie-Catherine *Wicart*. Ce mariage fut célébré en présence de Pierre Dillies, père, de Germain Dillies, lieutenant bailli de Quesnoy, oncle, et de Pierre-Joseph Dillies, frère de Marie-Catherine.

Dès le 27 septembre 1757, Denis-Joseph Lezaire avait repris en sous-location de son père la ferme de la Digue du Pré (2). Il contracta un nouveau bail de neuf ans, le 22 septembre 1766, au loyer annuel de 1350 florins plus les charges. A l'expiration de ce bail, l'exploitation lui fut louée de nouveau, mais par deux contrats distincts ; le premier comprenait la ferme, avec ses bâtiments, la motte et les fossés, contenant ensemble 1250 verges, et loués 156 fl. 50 patars et le vingtième denier ; le second comprenait les terres à cultiver, en 15 parts s'élevant en totalité à 13 bonniers 921 verges, loués au prix de 7 livres au cent de terre. Ces deux contrats, du 26 avril 1774 et du 11 juillet 1775, sont passés par devant Louis-Nicolas Bordel de Blondel, notaire royal à Roubaix.

Denis-Joseph Lezaire fut échevin de Roubaix pendant près de vingt ans ; nous le voyons en effet signer en cette qualité dans les actes communaux de 1766 à 1784 (3).

---

(1) Notes et documents, n° 22.
(2) Notes et documents, n° 23.
(3) Th. Leuridan, *Histoire de Roubaix*, t. IV, p. 53.

En 1790, son nom figure sur la liste de la contribution patriotique pour une somme de 150 livres tournois.

Le 26 novembre 1793, sur un ordre des représentants du peuple, Chasles et Isoré, on incarcéra à Lille les notables habitants de Roubaix, arrêtés comme suspects ou trop peu avancés dans les voies du Jacobinisme. Ces honorables et paisibles citoyens étaient MM. Denis Lezaire, Louis de le Becque, Duhamel, Cornille, Bulteau, Boyaval, Lehembre, Grimonprez, Descat, J.-B. Ferret et quelques autres encore (1). Ils échappèrent heureusement à la guillotine, qui fit tant de victimes innocentes, mais ils ne furent relâchés qu'après plusieurs mois d'une dure détention.

Denis-Joseph Lezaire mourut l'année suivante, le 23 novembre 1794 ; sa femme l'avait précédé dans la tombe de plus de six années. Elle s'était rendue en 1788 avec ses six enfants, chez ses parents de Quesnoy-sur-Deûle, à l'occasion de la fête du village et se proposait d'y passer quelques jours ; mais elle y mourut subitement, peu de temps après son arrivée. On la ramena à Roubaix où elle fut inhumée le 9 juillet 1788.

De leur union naquirent huit enfants :

1. — JEAN-BAPTISTE-JOSEPH, qui suit, VIII. ·

2. — MARIE-ALBERTINE-JOSEPH, baptisée à Roubaix le 3 février 1765 (p. : Jean-Baptiste Lezaire ; m. : Marie Dillies), épousa, le 8 décembre 1801, *Jean-Baptiste* DE LE BECQUE, fils de Georges et d'Anne-Marie *Lezaire*, cité plus haut.

3. — LOUIS-FRANÇOIS-JOSEPH, baptisé à Roubaix le 10 juin 1766, ayant pour parrain Jean-François Lezaire et pour marraine Françoise Le Percq. Il fit ses humanités au Collège de Tourcoing ; il étudia ensuite la philosophie durant un an au Collège royal et la théologie durant quatre ans au Séminaire de Hennin en l'Université de Douai. Il passa ensuite quinze mois au Séminaire épiscopal de Tournai, où il fut ordonné prêtre, le 18 décembre 1790, par Mgr Louis-Charles de Machault, évêque d'Amiens. Après avoir rempli les fonctions de vicaire dans sa ville natale, il fut envoyé comme chapelain à Saint-Léger, où il résida trois ans (2).

Quand les armées françaises envahirent la région, M. Lezaire, qui ne voulut jamais prêter aucun des serments réclamés par la constitution civile du clergé, préféra prendre le chemin de l'exil. Il se trouvait à Cologne le 17 juillet 1794 ; grâce au certificat élogieux qu'il obtint de M. Gallouin, chanoine et vicaire général de Tournai (3), il fut aussitôt admis à exercer

----

(1) DERODE, *Histoire de Lille*, t. III. p. 192.
(2) Chan. Vos. *Le clergé du diocèse de Tournai*, t. III, p. 35.
(3) Notes et documents, n° 24.

les fonctions ecclésiastiques par le vicariat général de Cologne (1). Mais il poursuivit sa route ; il arriva le 1er août dans le diocèse de Mayence qu'il ne fit que traverser, le 9 août à Bamberg, et ne s'arrêta qu'à Prague le 30 août (2) ; il y fut accueilli avec bonté par le prince archevêque, Mgr de Salm-Salm, ancien évêque de Tournai. Celui-ci le nomma vicaire à Péruz « pour baptiser, enterrer et chanter la messe dans les églises filiales ».

Après cinq ans d'exil, l'abbé Lezaire revint en Belgique et se retira d'abord chez son frère Jean-Baptiste, à Espierres. En 1802, il fut nommé vicaire à Mainvault ; en 1806, à Saint-Sauveur ; en 1807, à Mont-Saint-Aubert. Il obtint en 1810 la cure de Wattripont, d'où il passa à Etaimpuis en août 1914. Il fut enfin nommé, en 1815, à la cure de Mourcourt, où il termina sa vie le 15 mai 1834, après avoir fondé en cette église un obit annuel à perpétuité.

Une pierre tombale, appliquée au mur de l'église, rappelle ainsi sa mémoire :

Exspecto resurrectionem mortuorum. — D. O. M. — Ici repose le corps de Maître Louis Lezaire, né à Roubaix le 10 juin 1766, très zélé et charitable pasteur de Mourcourt l'espace de dix-neuf ans, et y décédé le 15 mai 1834, âgé de 68 ans. — Un obit annuel sera chanté à perpétuité pour le repos de son âme. — R. I. P. — Scio quod redemptor meus vivit.

4. — Antoine-Floris-Joseph, auteur de la *troisième branche*, VIII bis, qui suivra, page 69.

5. — Un fils, né le 16 septembre 1769, ondoyé par Me Jacques Dervaux, chirurgien à Roubaix, et mort aussitôt.

6. — Florimond-Joseph, baptisé à Roubaix le 8 septembre 1770 (p. : Josse Vander Haeghen ; m. : Catherine-Henriette-Joseph Planque).

Florimond-Joseph Lezaire émigra au moment de la Révolution, probablement en même temps que son frère Louis. Ses biens furent confisqués et vendus comme « domaines nationaux » le 27 thermidor an VII, 14 août 1799, et le 13 brumaire an XI, 4 novembre 1802 (3). Ils furent rachetés plus tard par Floris Lezaire.

Il se fixa à Prague et y épousa, le 29 septembre 1801, *Anne* Zeigler, âgée de 41 ans.

D'après une lettre du 19 janvier 1817, qu'il écrivit de Prague, rue de la Poste, vieille ville, n° 322, à sa famille d'Espierres, Florimond avait beaucoup voyagé : « Je fus deux fois en France dans ces dernières guerres, et il ne me fut pas possible de venir dans vos environs, ce qui me peina extrêmement, car j'aurais pu sûrement vous être de quelque utilité, si les armées autrichiennes avaient été dans vos contrées ; mais malheureusement toujours au midi de la France. » Il se proposait « de faire avec un seigneur de Prague un voyage en France au printemps de 1826, et d'y voir en passant sa famille », mais il mourut à Prague le 1er janvier de cette

---

(1) Notes et documents, n° 25.
(2) Notes et documents. n° 26. — Les documents ci-dessus nous ont été aimablement communiqués par M. l'abbé Elie Delputte, curé d'Obigies, arrière-petit-neveu de l'abbé Louis Lezaire.
(3) Notes et documents, n° 27.

année. L'acte de son décès le qualifie « franzôsischer Sprachmeister », professeur de langue française, et ajoute qu'il mourut d'une induration de l'estomac, après avoir reçu les derniers sacrements par le ministère du Père Stanislas, dominicain. Sa femme était morte de consomption, à l'âge de 63 ans, le 31 mai 1819, dans la même paroisse de Saint-Gilles, à Prague.

Florimond Lezaire, ne laissant pas d'héritiers directs, sa famille fit savoir à M. de Boulogne, résidant à Prague et nommé curateur de sa succession par le Magistrat de la cité, qu'elle renonçait à ce qui pouvait lui revenir de ce chef. « Nous voulons que l'avoir de Florimond, notre frère, soit employé en bonnes œuvres pour le repos de son âme. »

7. — DENIS-JOSEPH, auteur de la *quatrième branche*, VIII ter, qui suivra, page 75.

8. — MARIE-CATHERINE-JOSEPH, baptisée le 4 septembre 1775, à Roubaix (p. : Gaspar-Joseph Flament, prêtre à Sainte-Catherine, à Lille ; m. : Marie-Albertine Lezaire). Elle mourut le 26 août 1776.

VIII. — JEAN-BAPTISTE-JOSEPH LEZAIRE, baptisé à Roubaix le 10 décembre 1763 (p. : Josse Lezaire, son grand-père ; m. : Marie-Catherine Wicquart, sa grand'mère maternelle). Il épousa en pre-

LA CENSE DE LA COUR D'ESPIERRES

mières noces, à Espierres, le 1er février 1791, *Amélie-Joseph* DELRUE (1), âgée de 31 ans, fille de feu Josse, fermier de la Cour

(1) Ce nom est écrit *Delrue* dans l'acte que nous citons, ainsi que dans plusieurs autres documents anciens : mais il est le plus souvent orthographié *de le Rue*. Suivant les renseignements communiqués par M. Arthur de le Mazure, d'Helchin, Amélie-Joseph appartenait à une branche de la famille de le Rue qui portait : *d'azur à trois fasces abaissées d'or, accompagnées en chef de deux fleurs de lis d'argent mouvantes de la première fasce.* Cette branche existait à Espierres dès le commencement du XVIe siècle. En 1681, Etienne de le Rue était greffier de la seigneurie, plusieurs de ses parents ou descendants furent licenciés ès lois, procureurs, avocats en la cour du Parlement. Un rameau de cette même branche fournit une série ininterrompue de censiers à la Cour d'Espierres, depuis le début du XVIIe siècle jusqu'à son alliance, en 1791, avec la famille Lezaire.

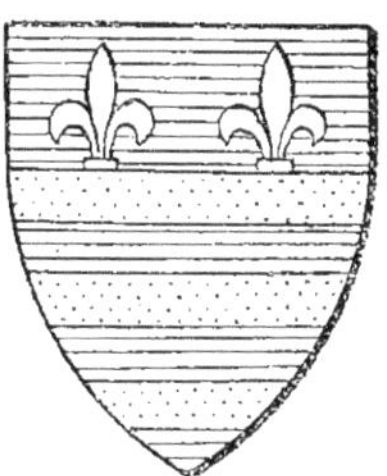

DE LE RUE.

d'Espierres (1), et de Marie-Louise *Bourgois*, de Coyghem ; ce mariage fut bénit par Louis-Joseph Lezaire, prêtre « demeurant à Roubaix », frère du contractant.

Par acte du 29 juillet 1791, la veuve de Josse de le Rue, qui avait continué à exploiter la cense, céda son bail en cours et tout le mobilier de la ferme à sa fille Amélie et à son gendre Jean-Baptiste Lezaire, au prix de 25.000 livres (2). Ce bail datait du 29 novembre 1785 (3).

La cense de la Cour d'Espierres, contenant 50 hectares de culture et appartenant actuellement à M. le baron del Fosse et d'Espierres, est située à proximité des ruines de l'ancien château des seigneurs d'Espierres dénommées aujourd'hui la « cave aux diables. »

LA CENSE DE LA COUR D'ESPIERRES.

En secondes noces Jean-Baptiste Lezaire épousa à Evregnies, en 1796, *Marie-Anne-Joseph* LEZY, fille d'Albert et d'Elisabeth *Vienne*. Il mourut à Espierres le 4 novembre 1830 ; sa seconde femme mourut, à l'âge de 75 ans, le 23 février 1848. Il avait eu deux enfants de son premier mariage et douze du second.

I. — AUGUSTINE-AMÉLIE, baptisée à Espierres le 2 avril 1792 (p. : Auguste-Félix-François-Ghislain, baron del Fosse d'Espierres ; m. : Léopoldine-Alexandrine-Joséphine Errembault, baronne d'Espierres), donna son nom, en 1801, à l'une des trois cloches de l'église d'Espierres, sur laquelle on lit l'inscription suivante : « *Je me nomme Augustine-Guilaine. J'ai pour parrain Adolphe-Auguste-Charles-Guilain Del Fosse, et pour marraine Augustine-Amélie Lezaire. Moi et mes sœurs nous appartenons à la commune d'Espierre. Faite par les Drouot père et fils l'an 1801.* »

____

(1) Notes et documents, n° 28.
(2) Notes et documents, n° 29.
(3) Notes et documents, n° 30.

Elle épousa à Espierres, par contrat du 29 juillet 1813, et religieusement le 4 août, *Norbert-Joseph* DE LE MAZURE, baptisé à Helchin le 15 mai 1785, fils de Pierre-François-Joseph et d'Alexandrine-Joseph *du Bus* (p. : Alexandre-François-Joseph Auris ; m. : Marie-Françoise de Surmont), nommé sous-lieutenant de grenadiers, 2e compagnie, 8e cohorte de la garde nationale du département de la Lys, le 17 mai 1813, décédé à Helchin le 13 décembre 1831. Augustine-Amélie Lezaire mourut le 9 novembre 1815, à Helchin, ayant eu deux enfants :

a. — *Adolphe-Norbert-Auguste de le Mazure*, baptisé à Helchin le 5 mai 1814 (p. : Pierre-François Lezy, époux de Marie-Louise-Thérèse de le Rue ; m. : Joséphine-Aimée de le Mazure, tante), décédé en célibat le 29 novembre 1836.

b. — *Edouard-Joseph de le Mazure*, baptisé à Helchin le 9 novembre 1815 (p. : Jean-Baptiste-Joseph Lezaire ; m. : Charlotte-Florence de le Mazure), fit ses études au collège de Tournai, puis à l'Université libre de Bruxelles ; il épousa, par contrat du 30 mai 1837 et religieusement à Helchin, le 6 juin, sa cousine germaine Victorine-Charlotte-Rosalie *de le Mazure*, baptisée à Helchin le 6 juin 1814 (p. : Benjamin-Norbert-Joseph Liénart, oncle maternel ; m. : Charlotte-Florence de le Mazure, tante paternelle), fille de Pierre-[Guillaume]-Joseph et de Marie-[Rosalie]-Joseph *Liénart*. Edouard de le Mazure mourut à Helchin, au château de le Mazure, le 26 mars 1881 ; sa femme, le 19 juillet 1893; ils avaient eu deux enfants : Arthur-Edouard-Joseph (11 mars 1838) et Julien-Edouard-Victor-Joseph (28 juin 1839-5 décembre 1910).

2. — Une fille ondoyée et décédée le 10 octobre 1793.

3. — ROSINE-AUGUSTINE-JOSEPH, née à Espierres le 13 février 1797 (témoins : Albert Duthoit et Jean-Baptiste Dutrieux), y épousa, le 9 janvier 1828, *François* DE SMEDT, né à Espierres, le 10 août 1800, fils de Pierre-François, natif de Peteghem-lez-Deynze (11 mars 1769), et de Marie-Constance *Ortegat*, native d'Aubechies, Hainaut (vers 1769). Rosine Lezaire mourut à Helchin le 11 mars 1842, ayant eu quatre enfants :

a. — *Adolphe-Edouard De Smedt*, baptisé à Espierres le 23 mai 1828, épousa à Sweveghem, le 28 janvier 1857, Cordule *Verheust*, née à Sweveghem le 22 mars 1831, décédée à Coyghem le 2 juin 1890. Adolphe-Edouard Desmedt mourut à Saint-Pierre-Capelle le 24 octobre 1892. Dont : Maria, Octave (prêtre), Félix, Dié, Alphonse, Elisa, Arthur (prêtre), et Adolphe.

b. — *Zélie-Joseph De Smedt*, baptisée à Helchin le 3 octobre 1829 (p. : Benoît Desmet ; m. : Marie-Anne Lezy), décédée à Péruwelz, le 28 octobre 1895, ayant épousé à Helchin, le 23 janvier 1856, Pierre-Joseph *Delputte*, dont : Oscar, Jules, Elie (curé d'Obigies), Léon, Victor et Palmyre.

c. — *Camille-Victor De Smedt*, baptisé à Helchin le 18 septembre 1833 (p. : Adolphe de le Mazure ; m. : Victorine Declercq), décédé à Saint-Gilles Bruxelles, le 18 novembre 1912, ayant épousé à Helchin, le 19 septembre 1859, Aménaïde-Alphonsine *Terryn,* décédée à Saint-Gilles, Bruxelles, le 6 novembre 1907. De cette union sont issus : [Hélène]-Marie-Joseph, née à Helchin le 18 septembre 1860, mariée le 18 septembre 1882, à Auguste-Ferdinand *Lefebvre,* docteur en médecine à Helchin, vice-président de l'Emulation Médicale de Courtrai, et président de l'Union Professionnelle des Médecins du Tournaisis, né à Lamain, le 17 janvier 1855, dont postérité ; [Gaston]-Zénon-Joseph, né à Helchin le 1er décembre 1862, et [Elvire]-Zélie, née à Helchin le 12 octobre 1864.

d. — *Elise-Rosine* dite *Elisa De Smedt,* baptisée à Helchin le 29 septembre 1835 (p. : Louis Lezaire, vicaire à Frasnes-lez-Buissenal ; m. : Elisa Desmedt), décédée à Saint-Gilles Bruxelles, le 5 mai 1904, ayant épousé son cousin Albert *De Smedt,* décédé au même lieu le 20 avril 1905.

4. — [SOPHIE]-AUGUSTINE, jumelle de Rosine-Augustine (**témoins : Denis Lezaire,** de Roubaix, et Jean-Baptiste Dutrieux), épousa à Espierres, le 29 août 1827, Pierre-Joseph BOURGOIS, né le 4 novembre 1795, décédé à Espierres le 16 février 1863, fils de Louis-Joseph et de Marie-Catherine-Joseph *Debouvrie.* Elle mourut à Barry, le 25 décembre 1881, **ayant eu trois enfants :**

a. — *Odile-Alexandre-Joseph Bourgois,* né à Espierres le 25 mai 1829, y décédé le 14 avril 1861, épousa à Warcoing, le 12 septembre 1859, Célinie-Victoire *Langie,* née à Warcoing le 3 octobre 1837, décédée à Espierres le 16 août 1885, étant veuve en secondes noces d'Henri-Joseph *Rasson.* De cette union est né à Espierres, le 4 août 1860, Léandre *Bourgois,* conseiller communal et premier échevin d'Espierres depuis vingt-cinq ans, décoré de la médaille civique de première classe le 3 mai 1913.

b. — *Apolline-Sophie-Joseph Bourgois,* née à Espierres le 23 décembre 1830, décédée à Ixelles le 6 avril 1865, ayant épousé à Espierres, le 18 août 1858, Elie-Ghislain *Van der Elst.* Dont : Elia et Laure.

c. — *Aurore-Adolphine-Louise Bourgois,* née à Espierres le 8 mars 1835, y décédée le 6 avril 1842.

5. — APOLLINE-AUGUSTINE, née à Espierres le 7 novembre 1798, y décédée le 1er juin 1839.

6. — AUGUSTE-JEAN-BAPTISTE-JOSEPH, qui suit, IX.

7. — JEAN-BAPTISTE, né à Espierres le 22 juin 1801, décédé à Leuze le 13 avril 1869, ayant épousé *Christine* WALNIER, décédée à Solesmes le 12 avril 1869, âgée de 72 ans.

8. — RUFINE-AUGUSTINE-JOSEPH, née à Espierres le 7 juin 1803, épousa à Espierres, le 3 mai 1845, son beau-frère, *Pierre-François* DE SMEDT, veuf de sa sœur Rosine-Augustine-Joseph. Elle mourut à Wasmes le 11 décembre 1896 et fut inhumée à Barry. De leur union était née une fille ondoyée et décédée à Helchin le 18 juin 1846.

9. — LOUIS-AUGUSTE, né à Espierres le 21 février 1806, ordonné prêtre en 1832 et nommé aussitôt vicaire à Mourcourt, chez son oncle le curé Louis-François-Joseph Lezaire, à la mort duquel, en 1834, il fut transféré comme vicaire à Frasnes. Deux ans plus tard, en juillet 1836, il fut nommé curé de Barry ; il ne quitta plus cette paroisse, où il mourut le 24 juin 1894, après l'avoir gouvernée pendant cinquante-huit années, ayant refusé plusieurs autres cures plus importantes, notamment celle de Blandain et celle de Bailleul. Durant ses dix dernières années, il avait eu pour coadjuteur son petit-neveu, l'abbé Elie Delputte, ancien étudiant du Collège belge de Rome.

Les fêtes de son jubilé de cinquante ans de pastorat à Barry furent organisées par la municipalité (1), avec le concours de M. le baron Gustave del Fosse et d'Espierres de Maulde, de M. le vicomte Cossée de Maulde et de M. le baron de Séjournet de Pipaix. A cette occasion, et pour récompenser les longues années de services rendus au Bureau de Bienfaisance comme membre actif et administrateur, M. Louis Lezaire reçut la croix de l'Ordre de Léopold, que lui présenta, au banquet jubilaire, M. le Marquis de la Boëssière.

Sa mort fut un véritable deuil pour toute la paroisse (2) et ses funérailles prirent les proportions d'une manifestation (3). Un

LE CURÉ LOUIS LEZAIRE.

monument lui a été élevé par les habitants de sa paroisse et des villages voisins, où il comptait beaucoup d'obligés. On y lit cette épitaphe :

« *A la mémoire de Louis Lezaire, curé à Barry pendant 58 ans, y décédé le 24 juin 1894.* »

C'est dans le caveau que surmonte ce monument que furent transportés les restes du vénéré curé, d'abord inhumés dans le caveau de famille de l'ancien cimetière, avec son frère Ferdinand, et ses sœurs Rufine et Sophie.

10. — FERDINAND-AUGUSTE-JOSEPH, baptisé à Espierres le 12 octobre 1807 (p. : Ferdinand-Joseph Espal ; m. : Rosine-Augustine Lezaire), mourut célibataire à Barry le 4 juin 1888.

11. — FLORIMOND-AUGUSTE-JOSEPH, baptisé à Espierres le 29 octobre 1809 (p. : Auguste Lezaire, son frère ; m. : Sophie-Augustine Lezaire, sa sœur), épousa : 1° à Pecq, le 8 janvier 1838, *Nathalie-Joseph* NYS, née à Pecq le 4 septembre 1811, décédée le 26 avril 1839, fille d'Auguste-Joseph et de Rosalie-Joseph *Lebrun ;* 2° à Hérinnes, le 17 avril 1844, *Aurélia* dite *Rosalie* MOREL, née à Hérinnes le 16 juillet 1823, y décédée le 30 sep-

---

(1) Notes et documents, n° 31.
(2) Notes et documents, n° 32.
(3) Notes et documents, n° 33.

tembre 1905. Il eut du premier lit une fille, et du second lit un fils et trois filles :

a. — *Hermance-Léonie,* baptisée à Pecq le 11 avril 1839 (p. : Isidore Nys, de Pecq ; m. : Sophie Lezaire), qui fut religieuse de chœur aux Dames de Saint-Nicolas à Courtrai, sous le nom de sœur Marie-Philomène, et y décéda jubilaire de cinquante et un ans de profession, le 17 mars 1912.

b. — *Aurélie-Florence-Mathilde,* baptisée à Hérinnes le 24 janvier 1845 (p. : Edouard Lezaire ; m. : Scolastique Morelle).

c. — *Hermance-Clotilde,* baptisée à Hérinnes le 21 janvier 1849 (p. : Jean-Baptiste Lezaire ; m..: Hermance Lezaire), y épousa, le 2 avril 1879, *Henri-Noël* DEFRENNE, né à Hérinnes, le 25 décembre 1854, secrétaire communal, décoré de la croix civique de première classe en 1907, fils de Pierre-Joseph et d'Henriette *Mas.* Dont :

    aa. — *Aline-Palmyre-Adolphine Defrenne.*

    bb. — *Camille-Henri Defrenne,* qui épousa Angèle-Céleste-Joséphine-Ghislaine *Clerbaux.* Dont postérité.

d. — *Adolphe-Florimond,* baptisé à Hérinnes le 1er février 1851 (p. : Adolphe Lezaire ; m. : Sidonie Delneufcourt), y épousa : 1° le 27 janvier 1892, *Lydie-Amélie-Pauline* DUBUS, née à Roubaix, le 22 janvier 1856, décédée à Hérinnes le 6 février 1903, fille de Pierre-François et de Joséphine *Hache* ; 2° le 29 mars 1905, *Albine-Marie* BAUSIR, née à Hérinnes le 5 juillet 1852, fille de Norbert et de Zélie *Eugéon.* Il eut du premier lit :

    aa. — *Clovis-Adolphe,* baptisé à Hérinnes le 19 mai 1892 (p. : Clovis Kettelaire ; m. : Florence Lezaire).

e. — *Clémence-Aurélie,* baptisée à Hérinnes le 3 novembre 1852 (p. : Pierre-Joseph Turpin ; m. : Florence Lezaire), décédée à Saint-Léger, le 31 mai 1890, ayant épousé à Hérinnes, le 9 novembre 1881, *Gustave-Joseph* SORY, né à Pecq, le 13 décembre 1852, fils de Norbert-Séraphin et de Sabine-Joséphine *Lezy.*

12. — EDOUARD-FLEURICE-AUGUSTE, baptisé à Espierres le 7 mai 1812 (p. : J.-B. Lezaire, son frère ; m. : Apolline Lezaire, sa sœur), épousa à Hérinnes le 29 octobre 1834, *Florine-Joseph* DEVOS, née à Hérinnes le 7 mai 1816, fille de Jean-Baptiste et de Marie-Nathalie *Delneufcourt.* Edouard-Fleurice mourut à Hérinnes le 18 décembre 1870 ; sa femme lui survécut jusqu'au 12 novembre 1890. Ils avaient eu douze enfants :

a. — *Lydie-Arminie,* née à Hérinnes le 20 février 1835, décédée le 16 mars de la même année.

b. — *Scholastique-Joseph,* née et décédée à Hérinnes le 18 mars 1836.

c. — Une fille mort-née le 30 janvier 1837.

d. — *Lydie-Sylvie,* baptisée à Hérinnes le 8 juin 1838, y décédée le 15 mars 1862.

e. — *Jean-Baptiste-Auguste,* né à Hérinnes le 13 décembre 1839, décédé à Bruxelles le 28 avril 1908 et inhumé à Hérinnes.

f. — *Zulma-Joseph,* baptisée à Hérinnes le 26 avril 1841 (p. : Ferdinand Lezaire ; m. : Joséphine Delneufcourt), décédée le 20 avril 1842.

g. — *Zulmée-Adolphine-Mathilde,* baptisée à Hérinnes le 30 mars 1843 (p. : Ferdinand Lezaire ; m. : Sidonie Lefebvre), décédée à Pecq le 17 janvier 1887, épousa à Hérinnes : 1° le 16 avril 1861, *Auguste* Salembier, né à Hérinnes le 27 novembre 1837, décédé à Esplechin le 6 septembre 1861 ; 2° le 5 février 1866, *Florimond-Joseph* Guermonprez, né à Hérinnes le 1er décembre 1816, décédé à Pecq le 17 janvier 1890, fils de Pierre-Joseph et d'Augustine-Joseph *Morelle.* Elle eut :

aa. — Du premier lit : un enfant mort-né.

bb. — Du deuxième lit : *Armand-Alcide-Edouard Guermonprez,* décédé en bas âge.

cc. — *Dorothée-Joseph Guermonprez,* née le 19 mars 1869, épouse de Jules-Léonard *Morel,* dont postérité.

dd. — *Hélène Guermonprez,* née le 1er mars 1871.

h. — *César-Henri,* baptisé à Hérinnes le 28 février 1846 (p. : Jean-Baptiste Lezaire ; m. : Arménilde Lezaire), décédé le 14 février 1892.

i. — *Clovis,* baptisé à Hérinnes le 28 octobre 1847 (p. : Charles Delneufcourt ; m. : Léopoldine Herrier), décédé le 8 janvier 1850.

j. — *Odon-Edouard,* baptisé à Hérinnes le 29 juillet 1849 (p. : Jean-Baptiste Lezaire ; m. : Zulmée Lezaire), y décédé le 22 octobre suivant.

k. — *Albine-Maria,* baptisée à Hérinnes le 3 novembre 1850 (p. : Charles Delneufcourt ; m. : Léopoldine Herrier), y décédée le 25 mars 1855.

l. — *Julia-Marie-Joseph,* baptisée à Hérinnes le 18 juillet 1857 (p. : César Lezaire ; m. : Zulmée Lezaire), épousa à Hérinnes le 19 juillet 1880, *Jean-Baptiste-Adolphe* Lezaire, son cousin germain, né à Espierres le 8 février 1858, fils d'Adolphe et de Marie-Joseph *Ferret.* Leur postérité sera rapportée plus loin.

13. — Florine-Augustine, baptisée à Espierres le 13 février 1814 (p. : Louis-Auguste Lezaire ; m. : Rufine-Augustine-Joseph Lezaire), épousa à Espierres, le 13 septembre 1843, *Ferdinand-Alexandre* De Smedt, né à Espierres, le 21 février 1809, fils de Pierre-Jacques. Ferdinand De Smedt mourut à Estaimbourg, ferme d'Auberbus, le 7 mars 1855 ; sa femme mourut à Estaimbourg le 11 janvier 1887. De leur union étaient nés :

a. — *Ferdinand-Odile De Smedt,* baptisé à Espierres le 18 mai 1844, y décédé le 19 juillet 1846.

b. — *Aline-Christine-Marie-Françoise De Smedt,* baptisée à Espierres le 11 septembre 1845, décédée à Wasmes le 8 août 1907, épousa : 1° à Estaimbourg le 19 octobre 1864, Julien-Victor *Devoldre,* né à Moorseele le 17 février 1837, fils de Jean-Louis et de Mélanie-Constance *Van Ackere;* 2° Adolphe-Auguste *Callens.* Dont du 1er lit : Alphonse, docteur en médecine à Wasmes-Briffœil, Gaëtan, Alice, religieuse apostoline à Berchem-lez-Audenaerde, et Zoë Devoldre ; du 2e lit : Marguerite, religieuse apostoline à Gand, et Maurice Callens.

c. — *Clovis-Ferdinand-Odile-Constant De Smedt*, baptisé à Espierres le 1er août 1847, épousa à Estaimbourg, le 31 mai 1876, Maria *Duchatelet*, née à Estaimbourg le 28 juin 1854, y décédée le 18 avril 1879, fille d'Hubert et d'Augustine *Quevallet*. Dont : Elvire, Alice, Julia et Jeanne De Smedt.

d. — *Achille-Ferdinand-Joseph De Smedt*, baptisé à Espierres le 22 juillet 1849, épousa à Pottes, le 25 juillet 1883, Césarine-Sidonie *Bouchez*, veuve de Julien *Windels*, et fille de Modeste et de Fidéline *Doignon*.

e. — *Félix-Edouard-Ferdinand De Smedt*, baptisé à Espierres le 25 juillet 1851, décédé à Estaimbourg le 16 mai 1905, épousa à Estaimbourg, le 14 juin 1887, Flore-Aline *Duchatelet*, née à Estaimbourg, le 1er avril 1860, fille d'Hubert et d'Augustine *Quevallet*. — Dont : Clovis, Marthe, César et Claire De Smedt.

14. — EVARISTE-ADOLPHE, qui suivra, IX bis.

IX. — AUGUSTE-JEAN-BAPTISTE-JOSEPH LEZAIRE, né à Espierres le 12 mars 1800, décédé à Dottignies le 27 août 1876, épousa à Espierres, le 20 janvier 1841, *Sidonie-Charlotte* RASSON, née à Espierres le 6 août 1815, décédée à Dottignies le 15 avril 1879, fille de Pierre-François et de Victoire *Terryn*. Leurs enfants furent :

1. — THARSILE-APOLLINE, née à Espierres le 11 avril 1841, décédée à Dottignies, le 23 février 1905, épousa à Dottignies, le 4 février 1880, Edouard-Désiré *Desbouvrie*, né à Espierres, fils de Ferdinand et de Rufine *Coqu*. De cette union sont nés :

a. — *Ernest-Edouard Desbouvrie*, baptisé à Dottignies, le 17 mai 1881 (p. : Adolphe Desbouvrie ; m. : Aline Lezaire).

b. — *Oscar-Edouard Desbouvrie*, baptisé à Dottignies le 23 mars 1883 (p. : Camille Lezaire ; m. : Apolline Desbouvrie).

2. — AUGUSTE-CYRILLE, né à Dottignies le 31 août 1842, y décédé accidentellement le 25 janvier 1867.

3. — ODILE-AUGUSTE, né à Dottignies le 29 décembre 1845, y décédé le 24 août 1877.

4. — ALINE-AUGUSTINE-HENRIETTE-CHARLOTTE, baptisée à Dottignies le 29 septembre 1850 (p. : Henri Rasson, d'Espierres ; m. : Rufine Lezaire).

5. — CAMILLE-AUGUSTE, qui suit, X.

X. — CAMILLE-AUGUSTE LEZAIRE, baptisé à Dottignies le 29 mars 1855 (p. : Cyrille Lezaire ; m. : Tharsile Lezaire), épousa à Lys-lez-Lannoy, le 17 mai 1886, *Charlotte-Julie-Joséphine* LEZAIRE, née à Lys le 2 août 1860, fille de Louis-Floris et de Joséphine *Deffrennes*. Leur mariage fut bénit par M. Louis Lezaire, curé de Barry, oncle de l'époux. Camille Lezaire avait, le 1er avril précédent, de concert avec son futur beau-frère, Denis Lezaire, acheté la brasserie d'Ennequin, à Loos-lez-Lille. — De Camille Lezaire et de Charlotte Lezaire sont nés :

1. — LOUISE-CHARLOTTE-JOSÉPHINE, baptisée à Loos-lez-Lille, le 10 juillet 1887 (p. : Edouard Desbouvrie, son oncle ; m. : Mme Lezaire-Deffrennes, sa grand'mère).

2. — MARIA-THARSILE-CHARLOTTE-JOSÉPHINE, baptisée à Loos, le 3 octobre 1889 (p. : Denis Lezaire, son oncle ; m. : Tharsile Lezaire, femme Desbouvrie, sa tante). Elle mourut le 24 octobre 1890.

3. — ALINE-CHARLOTTE-THARSILE-MARIE, baptisée à Loos, le 7 janvier 1891 (mêmes parrain et marraine).

4. — JEANNE-ALINE-CHARLOTTE-MARIE, baptisée à Loos le 22 août 1892 (p. : Alfred Lezaire, son cousin ; m. : Aline Lezaire, sa tante).

5. — AUGUSTE-LOUIS-CAMILLE-JOSEPH, baptisé à Loos le 1er avril 1894 (p. : Louis Bonte, de Dottignies ; m. : Maria Lezaire, sa tante).

6. — MADELEINE-RACHEL-CHARLOTTE-MARIE, baptisée à Loos le 4 avril 1896 (p. : J.-B. Lezaire, son cousin ; m. : Rachel Glorieux, femme de Louis Bonte).

7. — CAMILLE-ERNEST-LOUIS-JOSEPH, baptisé à Loos le 5 juin 1898 (p. : Ernest Desbouvrie, son cousin ; m. : Louise Lezaire, sa sœur).

IX bis. — EVARISTE-ADOLPHE-AUGUSTE LEZAIRE, baptisé à Espierres le 18 mai 1817 (p. Ferdinand Lezaire ; m. Rosine Lezaire), y épousa le 17 novembre 1852, *Marie-Joseph* FERRET, baptisée à Espierres le 13 octobre 1825 (p. : Jean-Baptiste Duthoit-Ferret, de Roubaix ; m. : Catherine Descamps, d'Estaimpuis), fille de Jean-Baptiste (né à Roubaix le 4 mai 1788, de Jean-Baptiste et de Marie-Joseph *Bayart*, décédé à Espierres le 4 juillet 1871) et de Catherine *Decottenier* (née à Espierres le 10 juin 1786, y décédée le 2 avril 1866). Adolphe Lezaire, qui continua à exploiter la cense de la Cour d'Espierres jusqu'en 1880, mourut rentier à Espierres le 26 août 1890 ; sa veuve vint habiter chez son beau-fils, M. Denis

Lezaire-Lezaire, à Loos. Elle fut, en 1891, marraine d'une des cloches de l'église d'Espierres, sur laquelle on lit l'inscription suivante : « *Je me nomme Adolphine-Léopoldine. J'ai pour pourrain M. Marcel Lambin, curé d'Espierres, et pour marraine Dame Marie Ferret, veuve de M. Adolphe Lezaire. Refondue en 1891 par les soins de M. Edouard Ferret, échevin de la commune d'Espierres.* » — Adolphe Lezaire et Marie Ferret eurent quatre enfants :

1. — AURORE-MARIE-ADOLPHINE, baptisée à Espierres le 19 septembre 1853 (p. : Ferdinand Lezaire, son oncle ; m. : Catherine Decottenier, sa grand'mère), épousa à Espierres le 9 septembre 1874, *Jules-Joseph* GLO-RIEUX, baptisé à Dottignies le 9 juillet 1846 (p. : Charles-Louis Vande-putte, de Lauwe ; m. : Ade'aïde Glorieux, de Dottignies, femme d'Henri Duthoit, de Wattrelos), fils de Ferdinand et de Rosalie-Sophie dite Natha-lie *Vandeputte*. Jules Glorieux, conseiller municipal dès 1879, puis échevin dès 1888, mourut à Dottignies le 2 novembre 1900. Il avait eu quatre enfants :

    a. — *Rachelle-Julienne-Aurore Glorieux*, baptisée à Dottignies le 10 septembre 1875 (p. : Ferdinand Glorieux ; m. : Marie Ferret, sa grand'mère), épousa à Dottignies, le 19 mai 1896, Louis-Antoine-Joseph *Bonte*, né à Dottignies le 15 février 1861, fils de Camille et de Marie-Rose *Duhamel*. De cette union sont issus : Irène (12 avril 1897), Marcelle (19 mars 1898), et Antoine (17 mars 1899).

    b. — *Eveline-Nathalie-Adolphine Glorieux*, **baptisée** à **Dottignies** le 17 décembre 1876 (p. : Adolphe Lezaire ; m. : Nathalis Vande-putte), épousa, le 18 décembre 1897, Joseph *Jacquart*, né à Dottignies le 10 avril 1870, fils de Chéri et de Julie-Clotilde Douterluingne. De leur union sont issus : Simone (22 novembre 1898), et Robert (20 juin 1903).

    c. — *Alida-Charlotte-Joseph Glorieux*, baptisée à Dottignies le 12 février 1879 (p. : Alfred Lezaire ; m. : Charlotte Vandeputte), décédée le 5 novembre 1905.

    d. — *Marie-Zéa-Joseph Glorieux*, baptisée à Dottignies le 24 mars 1882 (p. : Jean-Baptiste Lezaire ; m. : Adélaïde Glorieux), y décédée le 20 septembre 1906, ayant épousé, le 27 septembre 1905, Albert-Auguste-Emile *Henno*, né à Templeuve le 18 septembre 1874, fils d'Auguste et de Clémence *Jacquart*.

2. — ALFRED-JEAN-BAPTISTE-ADOLPHE, qui suit, X.

3. — JEAN-BAPTISTE-ADOLPHE, baptisé à Espierres le 8 février 1858 (p. : Jean-Baptiste Lezaire, de Leuze, son oncle ; m. : Sophie Ferret, femme d'Adolphe Vanneste, de Dottignies), épousa à Hérinnes, le 19 juillet 1880, sa cousine germaine, *Julia-Marie-Joseph* LEZAIRE, fille d'Edouard-Fleuris et de Florine *Devos*. De cette union sont nés :

    a. — *Edouard-Jean-Baptiste*, baptisé à Hérinnes le 20 juillet 1881 (p. : J.-B. Lezaire ; m. : Marie Ferret), y décédé le 6 octobre 1883.

b. — *César-Jean-Baptiste-Adolphe,* baptisé à Hérinnes le 12 sep-bre 1883 (p. : Adolphe Lezaire ; m. : Florine Devos), y décédé le 28 juillet 1885.

4. — MARIA-ADOLPHINE-RUFINE-JOSEPH, baptisée à Espierres le 23 avril 1860 (p. : François Ferret, son oncle ; m. : Rufine Lezaire, sa tante), épousa à Espierres, le 6 septembre 1886, *Denis-Louis-Joseph* LEZAIRE, né à Lys-les-Lannoy, le 22 janvier 1863, fils de Louis-Floris et de Joséphine-Charlotte *Deffrennes.* Leur postérité sera rapportée plus loin.

X. — ALFRED-JEAN-BAPTISTE-ADOLPHE LEZAIRE, baptisé à Espierres le 29 juin 1855 (p. : Jean-Baptiste Ferret, son grand-père ; m. : Sophie Lezaire, femme Bourgois, sa tante), épousa à Bruille-Saint-Amand, le 17 novembre 1880, *Marie-Sophie* MATON, fille d'Amand et de Martine *Cochin.* Leurs enfants sont :

1. — ADOLPHE-AMAND-ALFRED, baptisé à Bruille le 18 septembre 1881 (p. : Adolphe Lezaire, son grand-père ; m. : Martine Cochin, sa grand' mère).

2. — ZÉA-MARIE-SOPHIE, baptisée à Bruille le 14 septembre 1882 (p. : Léopold Morchipont, son bel oncle ; m. : Marie Ferret, sa grand'mère).

3. — ALBERT-ADOLPHE, baptisé à Bruille le 29 mai 1894 (p. : Adolphe Lezaire, son frère ; m. : Zéa Lezaire, sa sœur).

4. — ALFRED-JEAN-BAPTISTE, baptisé à La Madeleine-lez-Lille, le 13 septembre 1895 (p. : Jean-Baptiste Lezaire, son oncle ; m. : Charlotte Lezaire, sa cousine).

DEUXIÈME BRANCHE

IV. — JEHAN LEZAIRE, auteur de cette deuxième branche, était le huitième enfant de Jacques, censier de Beaurewart, et de Martine *Castel.* Il fut baptisé à Roubaix le 10 juillet 1604 (p. Jean Castel ; m. d^elle Marie de le Val, de la famille du grand bailli de Roubaix). Il se fiança à Roubaix le 8 avril 1625, avec *Gillette*

DE LESPAUL, baptisée à Roubaix le 6 février 1604, fille de Jean mort de la peste en 1635, étant lieutenant de Roubaix depuis 1632, et de Noëlle *Le Febvre.* Le mariage fut célébré le 10 juin

La famille de Lespaul portait pour armoiries : *d'azur à une bande d'argent accompagnée de deux boucs rampants du même.*

DE LESPAUL.

En 1624, Jean Lezaire tenait en fermage

du marquis de Roubaix toute la cense de Beaurewart, contenant 30 bonniers, au rendage de 842 livres.

De Jean Lezaire et de Gillette de Lespaul sont issus :

1. — JEAN, baptisé à Roubaix le 16 août 1626 (p. : Jean de Lespaul, son grand-père ; m. : Martine Castel, sa grand'mère).

2. — MARIE-ANNE, baptisée à Roubaix le 10 juillet 1627 (p. : Jean de Lespaul ; m. : Marie du Pont), épousa à Roubaix, le 3 février 1648, *Pierre* DE BISSCHOP, fils de Pierre, natif de Roulers, bailli de Meldert et Nieukerque, et de Marie-Anne *Baert*.

Pierre de Bisschop, seigneur de l'Espierre (1), à Wattrelos, fut bailli de ce village de 1676 à 1690. Il fonda, de concert avec sa femme, le 1er septembre 1676, l'hospice des Vieux-Hommes de Wattrelos (2), et par leur testament, daté du 6 août 1696, les deux époux ajoutèrent de nouveaux dons à la fondation primitive et un certain nombre d'autres légats pieux (3). Leur fils, Jacques, augmenta également cette importante institution (4).

L'HOSPICE DE WATTRELOS

L'administration de l'Hospice, justement reconnaissante, a fait placer dans sa salle de délibérations une plaque de marbre, où se lisent entre autres ces noms :

1676. Pierre de Bisschop et Marie-Anne Lezaire, sa femme, fondent l'Hospice

Jacques de Bisschop, leur fils.

---

(1) Notes et documents, n° 34.
(2) Notes et documents, n° 35.
(3) Notes et documents, n° 36.
(4) Notes et documents, n° 37.

Pierre de Bisschop mourut le jeudi saint 16 avril 1699 et sa femme le 12 août 1710 ; ils furent inhumés dans l'église paroissiale devant le banc de communion. Une pierre tombale, aujourd'hui disparue, rappelait ainsi leur souvenir :

Ici reposent les corps du s^r Pierre de Bisschop, lequel après avoir exercé pendant trente trois ans la charge de bailly et receveur des bourgs, villages et terres de messieurs les abbés et religieux de Saint-Pierre-lez-Gand, tant en Artois qu'en la Flandre gallicane, celle de bailli et receveur de Waterloo pour Monseigneur l'évêque et chapitre de S. Bavon de Gand, a fondé huit vieux hommes, conjunctement avec demoiselle Marie=Anne Le Zaire, sa compagne : trespassa jour du jeudi saint 1699 en avril, âgé de 80 ans, et son épouse le 12 août 1710, âgée de 87 ans. (1)

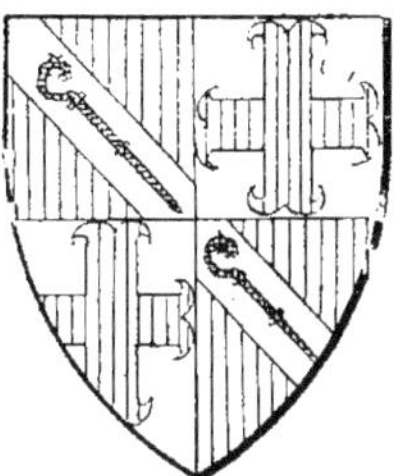

DE BISSCHOP.

La famille de Bisschop portait pour armoiries : *écartelé : aux 1 et 4, de gueules à la bande d'argent chargée d'une crosse épiscopale de sable ; aux 2 et 3, d'argent à la croix ancrée de gueules.*

Les descendants de Pierre de Bisschop et de Marie-Anne Lezaire devant faire l'objet d'une généalogie spéciale, nous nous bornons à en donner ici une simple nomenclature.

    a. — *Bavon de Bisschop,* bailli de Harnes, seigneur de Lendelède, de Drumez et de l'Espierre, épousa à Roubaix, le 27 mai 1673, Catherine *Lorfebvre,* dont :

        aa. — *Joseph-Bavon de Bisschop,* conseiller au Parlement de Flandre, époux de : 1° Jeanne *Caron ;* 2° Louise-Isabelle *de le Grange ;* sans enfants.

    b. — *Jean de Bisschop,* bailli d'Herseaux, époux de Catherine *Mullier.*

    c. — *Jacques de Bisschop,* bailli de Wattrelos, que nous avons cité ci-dessus comme insigne bienfaiteur de l'hospice des Vieux Hommes.

        aa. — *Marie-Barbe de Bisschop,* épouse d'Eugène-Hyacinthe des *Wazières* (*écartelé : aux 1 et 4, d'or à une aigle à deux têtes de gueules ; aux 2 et 3, d'or à un ours de sable rampant contre un billot courbé de gueules*), dont une fille épousa 1° Antoine-François *Costa* (*d'azur à trois bandes d'or, au chef d'azur chargé d'une étoile d'or accostée de deux fleurs de lis du même*), écuyer, seigneur de Berckem ; 2° Louis *de Martigny de Noizelles.*

    d. — *Pierre de Bisschop,* qui eut entre autres enfants :

---

(1) Chan. TH. LEURIDAN, *Épigraphie du Nord,* t. IV, p. 1161.

aa. — *Marie-Barbe de Bisschop*, qui épousa N. *Faulconnier de Villers* (*écartelé : aux 1 et 4, d'argent à un faucon de sable chaperonné et longé de gueules, la tête contournée ; aux 2 et 3, d'argent à trois bandes de sable chargées en cœur d'un écusson d'argent au lion de gueules*).

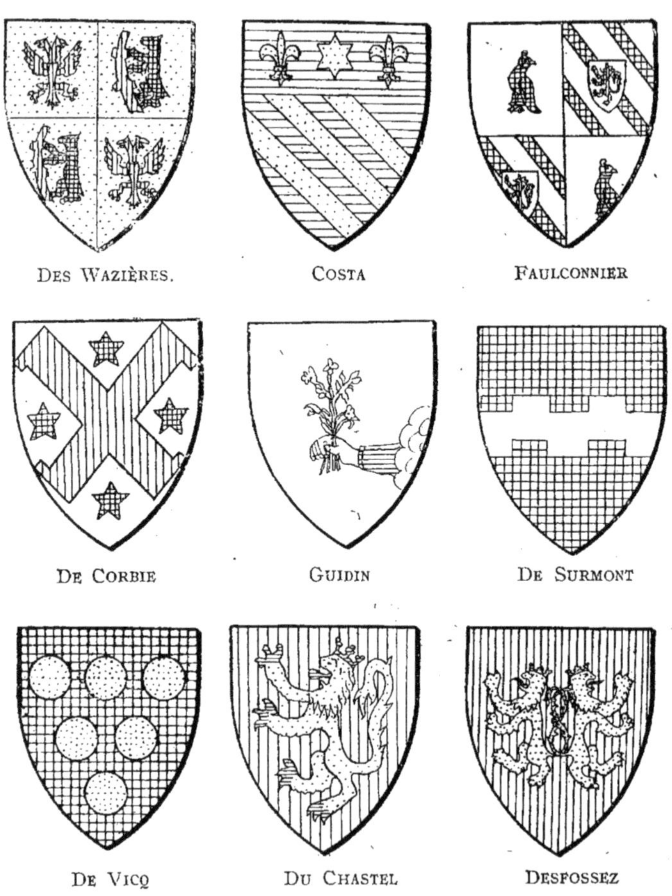

<table>
<tr><td>DES WAZIÈRES.</td><td>COSTA</td><td>FAULCONNIER</td></tr>
<tr><td>DE CORBIE</td><td>GUIDIN</td><td>DE SURMONT</td></tr>
<tr><td>DE VICQ</td><td>DU CHASTEL</td><td>DESFOSSEZ</td></tr>
</table>

bb. — *Marie-Marguerite de Bisschop*, femme de messire Pierre-Simon-Joseph *du Cellier*, seigneur de Wallincourt.

e. — *Ernestine-Angélique de Bisschop*, qui épousa Pierre *de Corbie* (*d'argent au sautoir cramponné de gueules, cantonné de quatre étoiles à cinq rais de sable*), seigneur de la Boutillerie, chirur-

gi..n-major à Lille, et en eut, entre autres enfants, Pierre-François,
époux de Marie-Françoise *Guidin* (*d'argent au dextrochère de carna-
tion, vêtu d'azur, sortant d'une nuée au naturel, tenant un bouquet
de fleurs au naturel*) ; Pierre-Louis-Michel, époux de Marie-Joseph
de Surmont (*de sable à la fasce brétessée et contre brétessée
d'argent*) ; puis de Marie-Christine *de Vicq de Cumptich* (*de sable
à six besants d'or, 3, 2 et 1* ; Marie-Ernestine, épouse d'Alexandre-
Robert *du Chastel* (*de gueules au lion d'or, armé, lampassé et
couronné d'azur*) ; et Angélique, épouse de Louis-Wallerand
Desfossez (*de gueules à deux lions adossés d'or, couronnés du même,
lampassés d'azur, les queues doublement entrelacées*), écuyer,
seigneur de Pottes.

f. — *Elisabeth de Bisschop*, épouse de Pierre *Le Febvre*, seigneur
de Schoonvelde, dont une fille qui épousa Jacques-Ignace *Verghelle*
(*d'azur à trois étoiles à six rais d'argent,
rangées en fasce*), écuyer, seigneur de
Duremont, et un fils qui épousa Marie *de
Surmont*.

g. — *Anne de Bisschop*, épouse de :
1° Pierre *de Bats* ; 2° Pierre *Michelier*.

h. — *Honoré de Bisschop*, augustin à
Tournai.

i. — *Marie de Bisschop*, religieuse à
Peteghem.

j. — *Brigitte de Bisschop*, ursuline à
Tournai.

Verghelle

3. — Onésiphore, qui suit, V.

4. — Martine, jumelle d'Onésiphore, baptisée à Roubaix le 9 septembre 1630 (p. Pierre de Lespaul ; m. Martine Castel).

5. — Marie, baptisée à Roubaix, le 14 avril 1633 (p. Jean de Lespaul ;
m. Marie de Hallewin), épousa à Roubaix, le 12 octobre 1652, *Jacques
Clarisse*, décédé le 1er février 1706, ayant eu au moins quatre enfants :

a. — *Marie-Marguerite Clarisse*, baptisée à Roubaix le 28 août
1656 (p. Jean Lezaire ; m. Anne Clarisse).

b. — *Angélique Clarisse*, baptisée à Roubaix, le 23 décembre 1658
(p. Jacques de Lespaul ; m. Marie-Anne Lezaire).

c. — *Jean-Baptiste Clarisse*, baptisé à Roubaix, le 3 mai 1661
(p. Me Antoine Vasseur, chapelain, au nom de Jean Delannoy ; m.
Martine Lezer).

d. — *Marie-Jeanne Clarisse*, décédée à Roubaix, le 2 novembre
1751, à l'âge de 88 ans.

6. — Pierre, baptisé à Roubaix le 30 septembre 1635 (p. Pierre de le
Becque ; m. Florence Le Zaire).

V. — Onésiphore LEZAIRE, baptisé à Roubaix le 9 septembre 1630 (p. Maître François Becquart, curé de Roubaix ; m. Noëlle Le Febvre). Il épousa *Marguerite-Jeanne* DE LESPIERRE, fille de Jean et de Marguerite *Flameng*, et alla se fixer à Hem, où il prit en location la ferme de Beaumont (1), ferme à moutons, comprenant une trentaine de bonniers et le droit de pâturage sur le triez de la Bouverie. Il mourut à Hem, le 29 mars 1684 ; sa femme lui survécut jusqu'au 24 juin 1710, ayant alors 72 ans.

De leur union étaient issus au moins les quatre enfants suivants :

1. — MARGUERITE entra comme novice à l'hôpital Sainte-Elisabeth, le 12 septembre 1690, sœur Thérèse Destombes, prieure, et les religieuses s'engageant à la recevoir à la profession moyennant une dot de 24 cents de terre, sis à Roubaix, tenus du marquisat d'Hem, et pardessus ce don, une somme de 300 florins que son oncle, M. de Bisschop, bailli de Wattrelos, promettait de payer le jour de la profession, avec une pièce de vin telle qu'il voudra en avoir honneur (2). La profession eut lieu le 25 octobre 1691, et ce jour-là, Marguerite-Jeanne de Lespierre, veuve d'Onésiphore Lezaire, censière de Beaumont à Hem, investit l'hôpital des 24 cents de terre qu'elle avait promis (3).

LA CENSE DE BEAUMONT A HEM.

2. — JEAN, baptisé à Hem en 1669, prêtre, décédé à Hem le 7 avril 1695 et inhumé dans la chapelle de Saint-Cornille.

3. — JACQUES, qui suit, VI.

4. — PIERRE-FRANÇOISE, qui suivra, VI bis, page 60.

---

(1) Notes et documents, n° 38.
(2) *Archives de Roubaix*, GG. 237, f° 31 verso. — Notes et documents, n° 39.
(3) Ibidem, f° 32. — Notes et documents. n° 40

VI. — Jacques LEZAIRE, dont nous n'avons pu trouver la date de naissance, épousa à Croix, le 7 avril 1701, *Péronne* Calonne, ou de Calonne, née en 1676, fille de Jean et d'Isabelle *de Laoutre ;* il habita quelque temps chez son père, à la cense de Beaumont, puis se fixa définitivement à Croix, où il mourut le 13 décembre 1710 ; sa femme lui survécut jusqu'au 24 mai 1749, et fut inhumée dans l'église, en présence de Jean Lezaire, son fils. De leur union naquirent :

1. — Jean, qui suit, VII.

2. — Marie, baptisée à Croix le 7 août 1703 (p. : Pierre-François Lezaire, son oncle ; m. : Françoise de Calonne).

3. — Marguerite-Jeanne, baptisée à Croix le 24 avril 1705 (p. : Jean de Calonne ; m. : Philippine de Lespierre), épousa à Croix, le 10 août 1729, après dispense de parenté au troisième degré de consanguinité, *Jean-François* de Lannoy, né à Roubaix, dont elle eut :

> a. — *Jean-Baptiste Delannoy,* baptisé à Roubaix le 20 avril 1730.
> b. — *Marie-Anne-Joseph Delannoy,* baptisée à Roubaix le 3 février 1732, y décédée le 2 août 1737.

4. — Anne-Marie, baptisée à Croix en janvier 1707 (p. : Antoine de Calonne ; m. : Marie-Catherine Courouble).

5. — Jacques-François, baptisé à Croix le 21 juillet 1708 (p. : Jaspart de Lobel ; m. : Isabelle de Laoutre).

VII. — Jean LEZAIRE, baptisé à Hem le 8 janvier 1702, (p. Jean de Calonne, de Croix, son grand-père ; m. Marguerite Jeanne de Lespierre, censière de Beaumont, sa grand'mère), épousa *Marie-Angélique* d'Hallewin, née à Reckem en 1731, fille de Jean-Baptiste et de Marie-Elisabeth *Van Beslaer.* Jean Lezaire mourut censier à Croix, le 3 juillet 1769 et fut inhumé dans l'église ; sa veuve se remaria à Croix, le 24 novembre 1772, avec Gabriel-Joseph *Pollet,* né à Bondues, demeurant à Roubaix, âgé de 31 ans et fils des feus Jean-Baptiste et Marie-Joseph *Agache ;* elle mourut à Croix le 26 août 1786 et fut inhumée en présence de Jean-Baptiste Lezaire, son fils. Les enfants de Jean Lezaire, de Gabriel Pollet, et d'Angélique d'Hallewin firent le partage de leur succession, le 18 novembre 1797, pardevant le notaire Piat, de Roubaix (1).

---

(1) Notes et documents, n° 41.

1. — Marie-Elisabeth, baptisée à Croix le 13 septembre 1758 (p. : Jean-Baptiste d'Hallewin ; m. : Anne-Marie Lézaire, sa tante), épousa à Croix, le 6 février 1787, en présence de Jean-Baptiste Lezaire, son frère, *Noël-François* Crépel, fermier, né à Mouvaux, âgé de 36 ans, fils de Christophe et de Marie-Thérèse *Waimel*. Elle en eut :

    a. — *Jean-François Crépel*, né à Mouvaux, épousa à Wattrelos, le 12 juin 1833, Marie-Angélique-Félicité *Bayart*, née à Wattrelos, le 21 messidor an IX, fille de Jean-Baptiste et de Mélanie *Plancq*, d'Haubourdin. Dont postérité.

    b. — *Louis Crépel*, né à Mouvaux, décédé à Marcq en-Barœul, époux de N. *Hellin,* dont il eut quatorze enfants.

    c. — *Angélique Crépel*, née à Mouvaux, décédée à Marcq-en-Barœul, épouse de François *Deleporte,* de Bondues. Dont postérité.

2. — Angélique-Joseph, baptisée à Croix le 31 août 1760 (p. : Pierre-François Van Besselart ; m. : Marie-Elisabeth Van Besselart), mourut le 20 juin 1763, et fut inhumée dans l'église.

3. — Jean-Baptiste-Joseph, qui suit, VIII.

4. — Angélique-Joseph, baptisée à Croix le 9 octobre 1763 (p. : Jean-Joseph Selosse ; m. : Constance-Joseph d'Hallewin), décédée à Wambrechies le 20 mai 1847, épousa à Croix, le 2 septembre 1794, *Philippe-Joseph* Delos, né à Marquette, habitant Wambrechies, y décédé à 85 ans, le 1er juin 1850, fils de Philippe et d'Anne-Marie *Bonnenfant*. Elle en eut :

    a. — *Louis-François-Joseph Delos*, né à Wambrechies le 24 juillet 1795.

    b. — *Jean-François Delos*, né à Wambrechies le 9 octobre 1796, décédé à 16 jours.

    c. — *Henri-Joseph Delos*, né à Wambrechies le 2 novembre 1797, fermier à Toufflers, y décédé le 1er janvier 1869, ayant épousé Florine-Joseph *Deledalle,* née à Wasquehal en 1811, décédée à Toufflers (Pinson), le 8 février 1892, fille de Jean-Baptiste et de Séraphine-Joseph *Pollet*. Dont postérité.

    d. — *Constant-Désiré-Joseph Delos*, né le 23 mai 1799.

    e. — *Charlotte-Désirée-Joseph Delos*, née le 7 avril 1801, décédée le 30 novembre 1837, épousa Jean-Baptiste-Désiré-Joseph *Bouillet*, dont postérité.

    f. — *Eugène-Joseph Delos*, né le 19 décembre 1807.

5. — Rosalie-Joseph, baptisée à Croix le 2 avril 1766 (p. : Pierre-François Van Besselart ; m. : Marie-Barbe-Thérèse d'Hallewin), décédée à Croix le 6 août 1849, y épousa, le 19 novembre 1796, *Pierre-Joseph* Delebecq, fabricant, âgé de 37 ans, né à Flers, décédé à Croix le 30 juin 1831, greffier, clerc et percepteur, fils de Gilles-Joseph et de Marie-Anne *Deroubaix*. Elle en eut :

    a. — *Adélaïde-Joseph Delebecq*, née à Croix, y décédée à 80 ans.

b. — *Florentin-Joseph Delebecq*, **né à Croix le 13 janvier 1799**, décédé à Roubaix le 30 mai 1879, épousa à Roubaix, en 1822, Victoire *Deffontaine*, née à Hem le 14 décembre 1797, décédée à Croix le 9 mai 1881, fille d'Apollinaire-Joseph et de Marie-Anne *Leheu*. Dont postérité.

c. — *Louis-François Delebecq*, baptisé à Croix le 21 juillet 1802 (p. : Noël Crepel, de Mouvaux ; m. : Marie Delbecq, d'Ascq), y décédé le 8 juillet 1829.

d. — *Pierre-Amand Delebecq*, baptisé à Croix le 6 mars 1806 (p. : Florentin-Joseph, son frère ; m. : Adélaïde, sa sœur), y décédé le 20 février 1846.

6. — AUGUSTINE, baptisée à Croix le 8 juin 1768 (p. : Maximilien de Hallewin ; m. : Marie-Anne-Joseph Van Besselar), épousa à Croix *Pierre* DECOURCELLE, meunier de la Mottelette à Leers (1), veuf de Marie Anne *Salembier*. Elle en eut :

LE MOULIN DE LA MOTTELETTE, A LEERS

a. — *Célestine Decourcelle*, née le 8 avril 1797.

b. — *Joséphine Decourcelle*, née le 27 janvier 1801.

c. — *Marie-Joseph Decourcelle*, née le 14 septembre 1802.

d. — *Marcelline Decourcelle*, née le 8 juillet 1804, épousa Jean-Baptiste *Delcourte*, de Leers ; dont postérité.

---

(1) Notes et documents, n° 42.

c. — Marie-Sophie Decourcelle, née le 2 mai 1806.

f. — Pierre-Joseph Decourcelle, meunier, né à Leers le 14 mai 1807, y décédé le 12 juillet 1869, épousa à Templeuve, le 7 octobre 1829, Eugénie-Joseph *Lorthioir*, de Templeuve, née le 23 octobre 1807, fille de Noël-François et de Marie-Françoise *Deffrennes*. Dont postérité.

7. — CONSTANCE-JOSEPH, posthume, baptisée à Croix le 9 février 1770 (p. : Jean-Baptiste Lezaire ; m. : Marie-Elisabeth Van Becelaer), épousa à Croix, le 5 mai 1795, *Augustin-Joseph* COURIER, né à Wasquehal, demeurant à Leers, âgé de 32 ans, veuf de Marie-Claire *Franchomme*, fils de feu Cyprien et de Marie *Saint-Léger*. Elle en eut :

a. — Auguste Courier, né le 31 août 1796.

b. — Angélique Courier, née le 14 octobre 1797.

c. — Floris Courier, né le 29 juillet 1799, épousa sa cousine Amélie-Joseph *Lezaire*, fille de Jean-Baptiste et de Marie *Segard ;* leur postérité sera rapportée plus loin.

d. — Marie-Sophie Courier, née le 8 février 1801.

e. — Pierre-Auguste Courier, né le 3 avril 1802.

f. — Henri-Joseph Courier, né le 15 janvier 1804.

g. — Louis-François Courier, jumeau du précédent.

h. — Jean-Baptiste Courier, né le 14 octobre 1805.

i. — Séraphine-Adèle-Joseph Courier, née le 3 octobre 1806, épousa le 25 novembre 1829, François *Decourcelle*, né à Leers-Nord, le 27 mars 1796, décédé à Leers-Nord, le 15 février 1878, âgé de 82 ans, fils de Jean-Baptiste et de Marie-Elisabeth *Carrez*. Dont postérité.

j. — Louis-Joseph Courier, né le 20 octobre 1809.

k. — Louis-Joseph Courier, né le 28 décembre 1818.

VIII. — JEAN-BAPTISTE-JOSEPH LEZAIRE, baptisé à Croix le 21 janvier 1762 (p. Jean-Baptiste d'Hallewin ; m. Marie-Constance-Joseph Delannoy), épousa, le 22 novembre 1799, *Marie-Anne* SEGARD, de Willems, fille de Noël et de Marie-Anne *Desmarescaux*. Jean-Baptiste Lezaire fut maire de Croix du 27 mai 1802 au mois de mai 1816 ; il mourut à Croix le 18 septembre 1845 ; sa femme était morte le 3 novembre 1841, âgée de 68 ans et 5 mois. Leurs enfants furent :

1. — ANNE-MARIE-JOSÉPHINE, baptisée à Croix le 26 septembre 1800 (p. : Jean-Baptiste Segard, de Sailly ; m. : Rosalie-Joseph Lezaire, de Croix) y épousa, le 12 juillet 1826, Augustin-Joseph DEVERNAY, né à Templeuve le 25 pluviôse an VI, fils de Louis-François et d'Angélique *Scol*. Elle mourut à Esquelmes, le 27 août 1831, et Augustin Devernay se remaria avec Charlotte-Albertine-Joseph *Carnoy*, fille de Michel-Archange et de Marie-Françoise *Scol*.

2. — AMÉLIE-JOSEPH, baptisée à Croix le 17 octobre 1801 (p. : François-Joseph Bury ; m. : Marie-Elisabeth Lezaire), décédée à Leers le 19 juin 1848, épousa à Croix, le 8 octobre 1834, son cousin *Floris-Joseph* COURIER, né à Leers le 24 août 1799, y décédé le 12 août 1883, fils d'Augustin-Joseph et de Constance-Joseph *Lezaire*. Elle en eut :

a. — *Alphonse Courier*, né à Leers le 24 août 1835, épousa Anne-Marie *Decourcelle*, décédée à Leers-Nord le 3 février 1894. Dont : Jules, marié à Elisa *Brugge* ; Marie, épouse de Jules *Salembier* ; et Paul, marié à Irma *Brugge*.

b. — *Henri-Joseph Courier*, né à Leers le 19 juin 1837, épousa à Herseaux, le 24 mai 1888, Elisa-Joseph *Derache*, née à Estaimpuis le 14 octobre 1838, décédée le 12 janvier 1903, fille de François et d'Anne-Catherine *Roussel*.

c. — *Louis-Joseph Courier*, né à Leers le 26 mai 1840, capitaine en 1870-1871 (1re compagnie du 4e bataillon de la 2e légion des gardes nationaux mobilisés du département du Nord), maire de Leers depuis le 25 janvier 1891, épousa à Croix, le 12 septembre 1894, sa cousine, Marie *Balza*, qu'on trouvera plus loin.

d. — *Jules-Joseph Courier*, né à Leers le 27 septembre 1842, y décédé le 2 août 1875.

3. — JEAN-BAPTISTE, baptisé à Croix le 2 décembre 1802 (p. : Auguste-François Segard, de Sailly ; m. : Angélique Lezaire, de Wambrechies), décédé le 15 février 1803.

4. — MARIE-ANNE-EUGÉNIE-JOSEPH, baptisée à Croix le 5 mars 1804 (p. : François Segard, de Willems ; m. : Angélique Lezaire, de Croix, fermière à Wambrechies), y épousa, le 1er août 1832, *Philippe-Joseph* DUCROQUET, cultivateur, né à Bondues, décédé à Tourcoing Saint-Joseph, le 4 février 1882, à l'âge de 87 ans, fils de Toussaint-Joseph et de Marie-Catherine *Decottignies*. Marie-Anne Lezaire périt accidentellement le 2 novembre 1877, ayant été renversée par un tramway. Leurs enfants furent :

a. — *Sophie-Adèle Ducroquet*, baptisée à Tourcoing le 19 novembre 1833, épousa à Croix, le 7 novembre 1866, Louis *Selosse*, cultivateur, né à Croix le 12 septembre 1835, fils de Jean-Baptiste et de Catherine-Adélaïde-Marie-Joseph *Lepers*. Dont postérité.

b. — *Henri-Joseph Ducroquet*, né à Tourcoing le 9 février 1835, décédé célibataire à Lille le 29 février 1892, inhumé à Tourcoing.

c. — *Alphonse-Joseph Ducroquet*, né à Tourcoing le 12 octobre 1837, décédé à Tourcoing Saint-Joseph, le 10 novembre 1877.

d. — *Charles-Joseph Ducroquet*, né à Tourcoing le 28 janvier 1841, rentier à Tourcoing, y épousa, le 10 novembre 1880, Clémence *Delneste*, née à Leers le 28 novembre 1849, fille de Louis-Joseph et de Fidéline *Dubrule*.

e. — *Achille-Joseph Ducroquet*, né à Tourcoing le 10 octobre 1844, fermier, puis rentier à Tourcoing, y épousa, le 29 mai 1895, Sophie-

Florine *Clarisse*, née à Tourcoing, le 19 juillet 1862, fille de Jean-Louis-Joseph et de Joséphine-Désirée *Picavet*.

5. — JEAN-BAPTISTE, baptisé à Croix le 9 juin 1805 (p. : Pierre-Joseph Dellebecq, clerc et percepteur ; m. : Séraphine Pollet, de Croix), y décédé le 14 avril 1883, épousa à Croix : 1° le 12 juillet 1843, *Adélaïde-Joseph* AGACHE, fille de Pierre et de Marie-Anne *Despature*, fermiers à la Corbeille ; 2° le 18 janvier 1865, *Marie-Rose* LEPERS, née à Flers le 30 décembre 1816, décédée à Croix le 17 juillet 1868, fille de Pierre-François et de Julie-Angélique *Petit*.

6. — HENRI-JOSEPH, baptisé à Croix le 15 avril 1807 (p. : Pierre-Joseph Decourcelle, de Leers, son oncle ; m. : Henriette-Amélie Segard, de Willems, sa tante), décédé le 25 avril 1808.

7. — Un fils, né et décédé à Croix le 6 juin 1808.

8. — FLORINE-JOSEPH, baptisée à Croix le 7 juillet 1809 (mêmes parrain et marraine que son frère Henri), décédée à Roubaix, le 5 avril 1851, épousa à Croix, le 3 mars 1840, *Louis-François-Joseph* BALZA, cirier, 31 ans, né à Estaimpuis, demeurant à Roubaix, décédé à Lannoy le 13 février 1893, fils de Louis-François-Joseph, médecin à Estaimpuis, et d'Henriette-Françoise *Loison*. Leurs enfants furent :

    a. — *Marie-Aglaé Balza*, baptisée à Marcq-en-Barœul, le 18 octobre 1843 (p. : Jean-Baptiste Lezaire, de Croix ; m. : Henriette Loison), épousa à Croix, le 12 septembre 1894, son cousin Louis-Joseph *Courier*, cité plus haut.

    b. — *Henri Balza*, né à Roubaix le 4 mai 1848, greffier de la Justice de Paix de Roubaix, décédé à Croix le 31 décembre 1906, épousa, à Croix, Henriette *Charlet*, fille de Célestin et d'Augustine *Lefebvre*.

9. — HENRI-FRANÇOIS, baptisé à Croix le 18 avril 1811 (p. : François-Joseph Segard, de Sailly, son oncle ; m. : Constance-Joseph Lezaire, de Leers, sa tante), décédé célibataire à Croix le 6 juin 1894.

VI bis. — PIERRE-FRANÇOIS LEZERRE, baptisé à Hem, le 5 mars 1682 (p. Jean Lezerre, son frère ; m. Marguerite Lezerre, sa sœur), censier de Beaumont, lieutenant d'Hem de 1737 à 1747, y décédé le 9 mars 1747 et inhumé dans la grande nef de l'église, épousa 1° à Annappes, en 1704, *Marie-Catherine* COUROUBLE, décédée en juin 1710, fille de N... et de Marie *Farvacque* ; il en eut deux enfants ; 2° le 27 novembre 1711, à Hem, *Antoinette* MULLIER, dont il eut au moins huit enfants :

1. — MARIE-JOSEPH, baptisée à Hem, le 22 juin 1705 (p. : Jacques Lezaire, son oncle ; m. : Marie Farvaque, sa grand'mère).

2. — PIERRE-FRANÇOIS, baptisé à Hem, le 18 mars 1708 (p. : Pierre de le Becq ; m. : Marguerite-Jeanne de Lespierre, sa grand'mère).

3. — MARGUERITE-JEANNE, baptisée à Hem le 24 juin 1713 (p. : Gaspard de Lobelle, de Neuville-en-Ferrain ; m. : Marie-Marguerite Chuffart, d'Hem), confirmée le 1er mai 1729, épousa à Hem, le 3 juin 1737, *Paul-Joseph Duthoit*, âgé de 32 ans, né à Wattrelos, fils de Paul et de Marie-Elisabeth *Delepierre*. Paul Duthoit, qui fut échevin d'Hem, mourut le 29 décembre 1781 ; sa veuve continua à exploiter la cense de Beaumont, où elle vivait encore en 1793. Neuf enfants étaient nés de cette union :

a. — *Marie-Elisabeth Duthoit*, baptisée à Hem le 25 septembre 1738 (p. : Pierre-François Lezaire, son grand-père ; m. : Marie-Elisabeth de Lespierre, sa grand'mère), épousa Jean-François *Mullier*, de Templemars. Dont postérité.

b. — *Pierre-François Duthoit*, baptisé à Hem le 31 janvier 1740 (p. : Paul Duthoit ; m. : Marie-Joseph Lezaire).

c. — *Jean-Baptiste Duthoit*, baptisé à Hem le 22 avril 1742, décédé le même jour.

d. — **Paul-Joseph Duthoit, baptisé à Hem le 12 mai 1743** (p. : Pierre-Joseph Delobelle; m. : Marie-Elisabeth Duthoit).

e. — *Marie-Catherine Duthoit*, baptisée à Hem le 7 mai 1745 (p. : Josse Dumortier; m. : Anne-Joseph Lezaire), décédée le 30 octobre 1759.

f. — *Julie Duthoit*, baptisée à Hem le 26 décembre 1747 (p. : André Gatte; m. : Marie-Angélique Lezaire), épousa à Hem, le 10 mai 1774, Jean-Baptiste *Castel*, fils de feu Pierre et de Marie-Gabrielle *Carnoy*.

g. — *Marie-Constance Duthoit*, baptisée à Hem le 8 juin 1750 (p. : Pierre-François Lezaire; m. : Marie-François Duthoit).

h. — *Anne-Thérèse Duthoit*, baptisée à Hem le 22 janvier 1754 (p. : Jean Lezaire; m. : Marie-Elisabeth Duthoit), épousa à Hem, le 9 avril 1793, Isidore-Joseph *Coisne*, censier à Roubaix.

i. — *Jean-Baptiste Duthoit*, baptisé à Hem le 22 mars 1757 (p. : Pierre-François Duthoit; m. : Marie-Joseph Vandamme), décédé le 12 novembre de la même année.

4. — MARIE-ANGÉLIQUE, baptisée à Hem le 14 janvier 1715 (p. : Pierre-Joseph Lezaire ; m. : Marie-Elisabeth de Lobelle), épousa à Hem, le 10 février 1744, *Pierre-Joseph Mulle*, né à Gulleghem, le 23 décembre 1715, greffier, bailli de Quevaucamps (1) à Leers, bailli de Leers pour l'abbaye d'Hasnon, fils de Gilles et de Marie-Catherine *de Mets*. Il mourut le 7 septembre 1763 et fut inhumé dans l'église de Leers, devant l'autel de la Vierge, avec cette épitaphe :

Ici repose le corps de Maître Pierre-Joseph Mulle, bailly de ce lieu et notaire royal de la châtellenie de Lille, époux de Marie-Angélique Lezaire,

---

(1) Notes et documents, n° 43.

décédé le 7 septembre 1763, âgé de 49 ans. Priez Dieu pour son âme. —
R. I. P.

Marie-Angélique Lezaire lui survécut jusqu'au 20 décembre 1771 ; elle fut inhumée dans l'église de Leers, en présence de Pierre-François Mulle et du fils de Léger Leuridan. De leur union étaient nés :

a — *Pierre-François-Joseph Mulle*, bailli de Leers et notaire royal, baptisé à Leers le 24 février 1745 (p. : Pierre-François Lezère, son grand-père ou son oncle ; m. : Marie-Barbe-Thérèse Mulle), épousa à Roubaix, le 22 avril 1766, Alexandrine-Joseph *Jonville*, née à Roubaix le 4 avril 1738, fille de Philippe, meunier, et de Marguerite-Jeanne *Corman*. Dont postérité.

b. — *Isabelle-Joseph Mulle*, baptisée à Leers le 29 janvier 1747 (p. : Jean-François Mulle, son oncle ; m. : Marie-Anne-Joseph Lezaire, sa tante).

c. — *Marie-Joseph Mulle*, baptisée à Leers le 11 novembre 1748 (p. : Albert-François Mulle, son oncle ; m. : Marie-Joseph Lezaire, sa tante), mourut à Winkel-Saint-Eloi, le 26 mars 1767.

d. — *Marie-Angélique-Reine Mulle*, baptisée à Leers le 11 janvier 1751 (p. : Pierre-François Lezaire, son oncle ; m. : Anne-Marie Mulle).

e. — *Aimée-Marie-Anne-Joseph Mulle*, née à Leers le 31 décembre 1753 et baptisée le 1er janvier 1754 (p. : Adrien-François Lepers ; m. : Marie-Anne-Joseph Florquin), mourut le 7 janvier de la même année.

f. — *Louis Mulle*, baptisé à Leers le 15 septembre 1755 (p. : Maître Gilles Mulle, curé de Bossuyt ; m. : Marie-Anne-Joseph Florquin), mourut le 23 mars 1757.

5. — MARIE-ELISABETH-FRANÇOISE, baptisée à Hem le 6 février 1716 (p. : Philippe-François de Grimonpont ; m. : Elisabeth Lezaire).

6. — JEAN-BAPTISTE, baptisé à Hem le 4 novembre 1717 (p. : Maître Jean-Baptiste de Badts, curé de Roubaix ; m. : Marie-Anne Marin, épouse de Jean-Baptiste Le Comte, seigneur de Beaumont), confirmé à Hem le 1er mai 1729, épousa *Eléonore* PICAVET et mourut à Hem, le 18 octobre 1749, étant brasseur et greffier ; il fut inhumé dans la nef principale de l'église.

7. — ANNE-JOSEPH, baptisée à Hem le 30 octobre 1719 (p. : Jean-Baptiste Mullier ; m. : Marie-Joseph Lezaire), confirmée le 1er mai 1729, épousa à Hem, le 24 janvier 1752, *Pierre-Roger* JONVILLE, âgé de 29 ans, fils de Philippe, laboureur et meunier à Roubaix, et de Marguerite-Jeanne *Corman*. Elle mourut le 23 février 1788, ayant eu :

a. — *Pierre-François Jonville*, baptisé à Hem le 16 février 1753 (p. : Philippe Jonville ; m. : Marie-Joseph Lezaire), y décédé le 16 avril 1761 et inhumé dans l'église.

b. — *Philippe-Joseph Jonville*, baptisé à Hem le 15 avril 1755 p. : Pierre-François Lezaire ; m. : Jeanne Corman), décédé le 21 juin de la même année.

c. — *Jean-Baptiste Jonville,* baptisé le 5 juillet 1756 (p. : Jean-Baptiste Jonville ; m. : Marguerite-Jeanne Lezaire).

d. — *Marie-Gabrielle Jonville,* baptisée à Hem le 5 novembre 1760 (p : Gabriel Boyaval ; m. : Pélagie Jonville), décédée le 17 septembre 1763.

8. — PIERRE-FRANÇOIS, qui suit, VII.

VII. — PIERRE-FRANÇOIS LEZERE, baptisé à Hem le 8 juin 1721 (p. François-Robert Muliez, de Leers ; m. Anne Lezerre, de Wattrelos), confirmé à Hem le 1er mai 1729, épousa à Roncq, le 15 novembre 1751, *Marie-Anne* DELANNOY, 21 ans, née à Roncq, fille d'Augustin et de Marie-Catherine *Leroux.* Il fut fermier de Caudreleux (1) à Neuville-en-Ferrain ; il y mourut le 10 octobre

LA CENSE DE CAUDRELEUX A NEUVILLE-EN-FERRAIN.

1767 et fut inhumé dans l'église. Sa veuve épousa en secondes noces à Neuville, le 21 novembre 1769, Jean-Baptiste *Carton,* 40 ans, né à Neuville, greffier de ce village, fils de Pierre-Philippe et de Marie-Anne *Bonte,* et en eut une fille, Marie-Anne-Joseph *Carton,* née le

---

(1) La cense de Caudreleux contenait 36 bonniers 10 cents et un moulin ; c'est actuellement la ferme Van Elslande. En 1780, la veuve de Pierre Lezaire payait pour cette ferme 33 livres 19 sous 2 deniers aux vingtièmes (H. DUMEZ. *Monographie de Neuville-en Ferrain*).

25 août 1770, et qui épousa Louis-Joseph *Desurmont*, de Tourcoing. Marie-Anne Delannoy mourut à Neuville, le 1er septembre 1809. De Pierre-François Lezaire étaient nés six enfants :

LA CENSE DE CAUDRELEUX A NEUVILLE-EN-FERRAIN.

1 — PIERRE-FRANÇOIS, baptisé à Neuville le 6 novembre 1752 (p. : Augustin Delannoy, grand-père ; m. : Marie-Joseph Lezaire, tante), fermier de la cense des Francs, puis rentier à Roncq ; il fut maire de Roncq et administrateur du district de Lille (1). Il mourut à Roncq le 8 mars 1824, ayant épousé *Alexandrine-Joseph* GADENNE, décédée à Roncq le 24 juillet 1828. Ils furent tous deux inhumés dans la nef de l'église, avec cette épitaphe :

A la mémoire de Pierre-François Lezaire, ancien fermier de la cense des Francs, décédé rentier à Roncq, le 8 mars 1824, âgé de 71 ans ; et de dame Alexandrine Gadenne, son épouse, décédée audit Roncq, le 24 juillet 1828, âgée de 77 ans. R. I. P.

2. — ANGÉLIQUE, baptisée à Neuville-en-Ferrain le 6 février 1755 (p. : Antoine-François-Joseph Delannoy, de Roncq ; m. : Marie-Elisabeth Dutoit, au nom de sa mère, Marguerite-Jeanne Lezaire, d'Hem), épousa, à Neuville-en-Ferrain, le 26 janvier 1786, *Pierre-Joseph* ROUZÉ, censier, âgé de 25 ans, natif de Linselles, fils de Christophe-Mathias, de Wambrechies, et de Catherine-Joseph *Delcourt*, de Bondues ; ce mariage fut bénit par Jean-Baptiste Lezaire, chanoine régulier de l'abbaye de Cysoing. Elle mourut à Neuville le 2 février 1831 ; son mari lui survécut jusqu'au 7 juillet 1837. Il avait été nommé maire le 29 juin 1800 ; renommé au mois de mai 1816, il avait exercé cette magistrature jusqu'au 12 mars 1826. Pierre Rouzé et Angélique Lezaire eurent six enfants :

---

(1) Notes et documents, n° 44.

a. — *Catherine-Françoise Rouzé*, baptisée à Linselles le 2 décembre 1789 (p. : Pierre-François Lezaire ; m. : Catherine-Joseph Delcourt), y décédée le 7 janvier 1855, épousa à Linselles, le 19 juin 1811, Ferdinand-Joseph *Leroux*, fermier à Bondues, né le 17 décembre 1786, décédé à Linselles, le 3 février 1873, fils de François et de Marie-Anne-Françoise *Duquesnoy*. Dont : Justine-Aimée (23 juillet 1812), mariée à Edouard-Joseph *Duquesnoy* ; Pierre-François-Joseph (13 août 1813) ; Ferdinand-Joseph (21 février 1816) ; Hortense-Charlotte (7 juin 1818), mariée à Louis-Joseph *Beaucarne*, député du Nord ; et Edouard-Joseph (16 décembre 1822), marié à N. *Roussel*.

b. — *Marie-Anne Rouzé*, née le 17 octobre 1791, décédée à Tourcoing le 25 novembre 1829, épousa, en novembre 1814, Louis-Joseph *Vandebeulque*, fermier et briquetier à Tourcoing. Dont : Céline-Charlotte (13 juillet 1817), Louis-Joseph (2 août 1819), Angélique-Lucie (25 janvier 1822), Jean-Baptiste-Yves (18 mars 1825), Virginie-Clémence (12 janvier 1829), et Paul-François (jumeau de Virginie).

c. — *Pierre-Joseph Rouzé*, né à Linselles le 6 avril 1793 (témoins : Victor-Joseph Rouzé et Angélique Delahousse), épousa le 16 août 1826, Adèle-Henriette-Joseph *Dalle*, née à Bousbecque le 10 mars 1803, fille de Jean-Baptiste et de Marie-Joseph *Lepercq*. Il fut notaire à Roncq de 1823 à 1849, et adjoint au maire. Il mourut à Roubaix le 30 juin 1876 ; sa femme y était morte le 28 décembre 1867. Ils avaient eu neuf enfants : Jules-Jean (4 juillet 1827) ; Victor-Joseph (6 décembre 1828) ; Adèle-Pauline (1er avril 1830) ; Victor-Christophe (4 avril 1832), marié à Marie-Louise-Séraphine *Levas* ; Narcisse-Louis-Henri (13 décembre 1833) ; Pauline-Philomène (3 avril 1836) ; Pierre-Paul-César (29 juin 1838), marié à Léonie *Levas* ; Pauline-Philomène-Thérèse (6 décembre 1840), mariée à Isidore-Benjamin *Renard* ; Léonie-Justine-Clotilde (4 juillet 1842), religieuse de l'Education Chrétienne à Argentan.

d. — *Louis-Joseph Rouzé*, né à Linselles le 25 février 1796 (témoins : Pierre-François *Libert* et Angélique Delahousse), fabricant à Roubaix, mort en célibat le 9 décembre 1863.

e. — *Charlotte-Joseph Rouzé*, née à Linselles le 3 novembre 1797 (témoins : Victoire-Joseph Rouzé et Angélique Delahousse), décédée en bas âge.

f. — *Florentin-Joseph Rouzé*, né à Linselles le 11 mai 1799 (témoins : Victoire-Joseph Rouzé et Angélique Delahousse), fabricant à Roubaix, y décédé le 1er juin 1829, épousa à Tourcoing, le 23 août 1826, Marie-Thérèse *Odoux*, née à Tourcoing le 13 octobre 1807, y décédée le 1er décembre 1862, fille de Pierre-Joseph et de Marie-Thérèse *Scrite*. Dont : Clémence-Joseph.

3. — JEAN-BAPTISTE, baptisé à Neuville-en-Ferrain, le 22 avril 1758, (p. : Jean Lezaire ; m. : Marie-Rose Billet), se fit religieux, sous le nom d'Ambroise, à l'abbaye de Cysoing. La révolution l'en chassa, mais il resta fidèle et préféra l'exil à la prestation du serment schismatique de la Constitution civile du clergé. D'abord retiré dans l'abbaye d'Hasnon,

assignée comme refuge aux moines de Cysoing, il émigra après l'affaire de Marquain et se rendit à Tournai, d'abord chez M. Stoffels, rue de Paris, puis chez M. Motte, rue de la Tête d'Or. Ne s'y trouvant plus en sûreté, il prit la route de l'Allemagne et poursuivit jusqu'à Paderborn en Westphalie, où il rejoignit son frère, et baptisa une nièce en 1795. Après la restauration du culte, il fut, dès 1803, nommé vicaire de sa paroisse natale qu'il ne devait plus quitter, car, le 7 mai 1815, à la mort de son curé, M. Michel-Joseph Cuvelier, ancien prieur des Carmes déchaussés de Lille, il lui succéda comme curé. Il mourut en exercice le 3 mars 1829 ; son épitaphe, sur marbre, est conservée dans la sacristie :

D. O. M. Ci devant repose le corps de Monsieur Jean-Baptiste Lezaire, curé de cette paroisse pendant 14 ans, décédé le 3 mars 1829, âgé de 71 ans. Il fut bon religieux, prêtre fidèle, persécuté pour la foi, pasteur charitable.

4. — Onésiphore, qui suit, VIII.

5. — Rosalie-Françoise, baptisée à Neuville le 6 février 1764 (p. : Pierre-François Lezaire ; m. : Marie-Gabrielle Leroux), décédée le 2 juin 1764 et inhumée dans l'église.

6. — Louis-Joseph, baptisé à Neuville le 30 mai 1766 (p. : Pierre-François-Joseph Mulle ; m. : Alexandrine-Joseph Jonville), décédée le 1er septembre 1766 et inhumée dans l'église.

VIII. — Onésiphore-Joseph LEZAIRE, baptisé à Neuville-en-Ferrain le 14 février 1761 (p. Jean-Baptiste Catteau ; m. Anne-Joseph Lezaire), épousa à Cysoing le 24 novembre 1789, en présence de ses deux frères Pierre-François, de Roncq, et Jean-Baptiste, prêtre religieux de Cysoing, qui bénit le mariage, *Sophie-Eugénie-Aimée-Joseph* PLANCQ, âgée de 21 ans, fille d'Alexandre-Joseph, notaire, né à Hérinnes, et de Marie-Anne-Amélie-Joseph *Liénard*. Il fut d'abord secrétaire de la mairie de Cysoing ; il émigra en 1793, mais ne tarda pas à revenir se fixer à Cysoing, dont il fut maire de 1815 à 1830. Il fut notaire de 1790 à 1840 (1). « Cet aimable vieillard, que nous avons connu, dit M. Wasier-Lemerre, parlait volontiers aux clercs de son étude, à peu près de notre âge, des événements de la Révolution dont il avait été le témoin, et particulièrement de sa présence à l'entrevue du général Dillon avec la municipalité de Cysoing en 1792. » (2)

Les deux époux moururent à quelques mois de distance : Sophie Plancq le 29 juin 1840, Onésiphore Lezaire, le 5 octobre suivant. Leurs enfants furent :

---

(1) Notes et documents, n° 45.
(2) Wasier-Lemerre, *La pyramide de Cysoing* (Lille, 1908. In. 8.)

1. — PHILIPPE-LÉANDRE-ONÉSIPHORE-JOSEPH, baptisé à Cysoing le 1er septembre 1790 (p. : Jacques de Surmont de Bersée ; m. : Marie-Anne-Joseph Delannoy, sa grand'mère), mourut à Cysoing le 22 octobre 1852.

2. — HENRI-JOSEPH, qui suit, IX.

3. — AMÉLIE-ALEXANDRINE-SOPHIE-JOSEPH, baptisée, pendant l'émigration de ses parents, à Neuhaus, près de Paderborn, le 5 avril 1795 (p. : le rév. mtre J.-B. Lezaire, son oncle ; m. : Alexandrine Delmarle), décédée à Cysoing le 15 mars 1864.

4. — ISABELLE-ANGÉLIQUE-JOSEPH, née à Cysoing le 14 juillet 1797, y décédée le 7 mai 1878.

5. — ADÈLE-SOPHIE-JOSEPH, née à Cysoing le 19 juin 1803, y décédée le 31 mai 1831.

IX. — HENRI-FRANÇOIS-JOSEPH LEZAIRE, baptisé à Cysoing le 24 novembre 1792 (p. Pierre-François Lezaire, de Roncq ; m. Bernardine-Joseph Liénard), épousa à Tourcoing, le 4 août 1813, Augustine-Sophie DESURMONT, née à Tourcoing le 16 janvier 1793, fille de Jean-Baptiste-Joseph et d'Augustine-Julie *Tiberghien*. De cette union naquirent :

1. — HENRI-AUGUSTE-JOSEPH, baptisé à Tourcoing le 26 mai 1814, décédé praticien à Cysoing, le 19 mars 1836.

2. — CHARLES-EUGÈNE, baptisé à Tourcoing le 4 février 1816, décédé à Lille le 30 octobre 1874, épousa à Lille, le 15 juillet 1852, *Clara-Eugénie* BONSOR, habitant actuellement l'Angleterre, fille de James et de Marie *Morris* (celle-ci née à Nottingham, décédée à Lille le 12 avril 1852, à 52 ans, fille de Robert et d'Anne *Fischer*).

3. — AUGUSTINE AMÉLIE, baptisée à Tourcoing le 9 avril 1818, décédée veuve à Tournai le 31 décembre 1890, épousa à Anzin, le 10 avril 1855, *Auguste* CAZIN, fabricant de noir animal, maire de Quarouble, né à Quarouble le 14 octobre 1815, fils de Nicolas et d'Andréa *Diez*.

4. — JEAN-BAPTISTE-ONÉSIPHORE, qui suit, X.

5. — LOUISE-ISABELLE, baptisée à Tourcoing le 4 août 1825, épousa à Anzin, le 18 août 1855, *Robert-Henri* BONSOR, né le 10 août 1829 à Lille, frère de Clara, et en eut :

a. — *Robert Bonsor*.

b. — *Elisabeth Bonsor*.

c. — *Fernand Bonsor*.

d. — *Maurice Bonsor*.

X. — Jean-Baptiste-Onésiphore-Léandre-Joseph Le-
ZAIRE, baptisé à Tourcoing le 9 mars 1822, épousa à Valenciennes
le 16 avril 1850, *Henriette-Antoinette-Julie* DÈCLE, née à Lille, le
24 mai 1820, fille de Julien-Hubert-Antoine et d'Henriette-Pétro-
nille-Joseph *Leman*. Il mourut à Valenciennes le 8 janvier 1858 ;
sa femme mourut à Marcq-en-Barœul le 3 février 1904. Leurs
enfants furent :

1. — Jeanne-Augustine, baptisée à Anzin le 17 mai 1851 (p. : M. Dècle-
Leman ; m. : Mme Lezaire-Desurmont), épousa à Marcq-en-Barœul, le
4 novembre 1882, *Jules-Auguste-Eugène* Fevez, né à Loos le 1er mai 1845,
veuf de Thérèse-Elisa *Dupont*, décédée à Londres le 16 août 1880, fils de
Jean-Baptiste-Vindicien-Augustin et de Marie-Valérie *Charvet*.

2. — Henri-Charles, qui suit, XI.

3. — Pauline, baptisée à Valenciennes le 2 octobre 1854 (p. : Julien
Dècle-Carlier ; m. : Mme Cazin-Lezaire) ; elle se fit religieuse de l'ordre
de Saint-André et mourut au couvent de Streatham à Londres, le 4 décembre 1911.

4. — Adèle, baptisée à Valenciennes le 18 juin 1856 (p. : Edouard
Dècle ; m. : Mme Paillart).

XI. — Henri-Charles LEZAIRE, baptisé à Anzin le 30 janvier 1853 (p. Charles Lezaire, oncle ; m. Mme Dècle-Leman),
épousa à Lille, le 1er mai 1883, *Marie* SARAZIN, née à Lille le 19 juin
1857, fille d'Auguste et de Céline *Steverlynck*. Dé leur union sont
nées :

1. — Marie, baptisée à Marcq-en-Barœul le 10 avril 1884 (p. : Auguste
Sarazin ; m. : Mme Jean Lezaire).

2. — Madeleine, baptisée à Marcq-en-Barœul le 26 avril 1885 (p. :
Julien Dècle ; m. : Mme Auguste Sarazin); elle épousa à Lille, le 29 octo-
bre 1910, *Albert* FANDEUR, né à Lille, fils de feu Edouard et de Marie
Cresson ; de cette union :

    a. — *Anne-Marie Fandeur*, baptisée à Mondicourt, le 4 août 1911
    (p. : Henri Lezaire ; m. : Mme Fandeur-Cresson).

    b. — *Jacques Fandeur*, baptisé à Mondicourt le 17 septembre 1912
    (p. : Henri Lezaire ; m. : Mme Henri Lezaire).

    c. — *Maurice Fandeur*, né à Mondicourt le 24 octobre 1913 (p. :
    Maurice Sarazin ; m. : Marie Fandeur).

3. — Antoinette, baptisée à Marcq-en-Barœul, le 5 novembre 1886
(p. : Maurice Sarazin ; m. : Adèle Lezaire), décédée le 9 décembre 1890.

4. — THÉRÈSE, baptisée à Marcq-en-Barœul, le 9 novembre 1888 (p. : Victor Wetzel, brasseur à Lille ; m. : Mme Laure Sarazin).

5. — MARGUERITE-MARIE, baptisée à Lille le 14 mai 1893 (p. : Maurice Sarazin ; m. : Mme Jules Fevez).

TROISIÈME BRANCHE

VIII. — ANTOINE-[FLORIS]-JOSEPH LEZAIRE, auteur de cette branche, était le quatrième enfant de Denis-Joseph et de Marie-Catherine Dillies. Il fut baptisé à Roubaix le 14 février 1768 (p. Jean-Dominique des Barbieux ; m. Marie-Thérèse Delcroix), et épousa *Marie-Joseph* FLORIN, d'Herseaux, fille de Pierre-Joseph et de Marie-Rose *Droulers*. Il s'établit fermier à la cense de la Boutillerie (1) à Wattrelos ; cependant, le 1er mars 1798, c'est lui qui prend en bail de Floris Delaoutre, négociant à Roubaix, les 14 bonniers 614 verges de la cense de la Digue du Pret « présentement occupée par ses frères et sœurs. » Il fut maire de Wattrelos du 20 juillet au 18 septembre 1800, et du 6 mars 1805 au 22 mai 1808. Sa femme mourut à Wattrelos, le 1er janvier 1816, lui ayant donné onze enfants.

LA CENSE DE LA BOUTILLERIE A WATTRELOS.

---

(1) Notes et documents, n° 46.

1. — AMBROISE-JOSEPH, qui suit, IX.

2. — MARIE-VICTOIRE-JOSEPH, baptisée à Wattrelos le 20 novembre 1792 (p. : Florimond Lezaire ; m. : Marie-Albertine-Joseph Lezaire) ; elle épousa à Wattrelos, le 7 mai 1817, *Pierre-Etienne-Marie* SALEMBIER, né à Wattrelos le 18 décembre 1794, fils de François-Joseph, de Roubaix, et d'Amélie-Louise *Jonville*. Pierre-Etienne Salembier mourut à Roubaix le 8 octobre 1840 ; Marie-Victoire Lezaire mourut en la même ville le 23 janvier 1877. Leurs enfants furent :

a. — *Florimond-Adolphe-Pierre-Etienne Salembier*, né le 18 décembre 1817, décédé le 8 janvier 1818.

b. — *Rosine-Alphonsine-Joseph Salembier*, née le 10 janvier 1819, décédée le 3 mars de la même année.

c. — *Augustine-Marie-Joseph Salembier*, née le 2 av.il 1820, décédée le 14 juillet 1821.

d. — *Théodore-Henri Salembier*, né le 21 mai 1821, décédé à Roubaix le 12 novembre 1893, veuf de Delphine *Dubois*, née à Roubaix le 30 septembre 1835, y décédée le 30 décembre 1867, fille de Julien-Théodore et de Félicité-Catherine *Desfrennes*. Dont : Marie (1er mai 1860), épouse d'Edouard *Florin* (8 avril 1893) dont deux filles ; Louis (1861-1863) ; Mathilde (1863-1885) ; Delphine (12 novembre 1865), épouse d'Achille *Lepers* (23 avril 1892) ; Aline (1867-1888).

e. — *Augustine-Marie-Joseph Salembier*, née le 18 octobre 1822, décédée célibataire à Roubaix en 1895.

f. — *Alphonse-Louis-Etienne Salembier*, né le 16 août 1824, décédé le 6 septembre de la même année.

g. — *Julienne-Marie-Victoire Salembier*, née le 4 septembre 1825, décédée célibataire à Roubaix le 24 janvier 1885.

h. — *Elise-Marie-Joseph Salembier*, née à Herseaux le 15 octobre 1826.

i. — *Pierre-Etienne Salembier*, né à Herseaux le 19 février 1828, décédé célibataire à Roubaix, le 25 février 1878.

j. — *Alphonse-Louis Salembier*, né à Herseaux le 21 septembre 1829, décédé à Roubaix le 11 janvier 1887, épousa Aurélie *Blanchard*, dont : Julienne, Alphonse et Augustine.

k. — *Marie-Joseph Salembier*, née le 7 décembre 1830, décédée célibataire à Roubaix le 6 décembre 1899.

l. — *Alfred-Joseph-Marie Salembier*, né le 23 décembre 1831, décède le 14 mai 1833.

3. — LOUIS-FRANÇOIS-JOSEPH, baptisé à Saint-Léger (où sa mère était fixée depuis trois mois à cause de la Révolution), le 26 novembre 1793 (p. : M. Lezaire, prêtre ; m. : Marie-Rose de Roulers), décédé à Tournai le 3 janvier 1856, épousa à Tournai, le 13 février 1833, *Marguerite-Victoire* BOSSUS, née à Tournai le 14 avril 1798, fille de Ghislain-Joseph et de Françoise *Nicas*. De leur union :

a. — *Louise-Marie-Joseph*, baptisée à Tournai le 14 septembre 1833 (p. : Ambroise-Joseph Lezaire ; m. : Françoise Nicas), sœur Moïse des Filles de la Sagesse, décédée à Haubourdin, le 3 décembre 1901.

b. — *Perpétue-Rosine-Marie*, baptisée à Tournai le 15 juin 1835 (p. : Gerson-Joseph Bossus ; m. : Perpétue-Colette-Joseph Lezaire), dame Roseline des religieuses de la Sainte-Union, décédée à Thieusies (Hainaut), le 7 mars 1898.

4. — FLORIMOND-JOSEPH, baptisé à Saint-Léger et inscrit aussi à Wattrelos le 20 mai 1795 (p. : Jean-Baptiste-Joseph Lezaire, d'Espierres ; m. : Henriette-Joseph Plancque, de Roubaix), épousa *Félicité* DOUTRELUIGNE, dont il eut :

a. — *Louis-Joseph*, baptisé à Wattrelos, le 21 février 1818, y décédé le surlendemain.

b. — *Edmond-Florimond-Joseph*, jumeau du précédent, décédé le 22 février 1818.

c. — *Florine-Joseph*, baptisée à Wattrelos le 13 janvier 1819, y décédée en célibat le 18 septembre 1862.

d. — *Florimond-Joseph*, baptisé à Wattrelos le 25 mars 1823, y décédé célibataire le 2 septembre 1855.

e. — *Louis-François-Joseph*, jumeau du précédent.

f. — *Elise-Sophie-Joseph*, baptisée à Wattrelos le 3 mars 1832, décédée le 27 octobre de la même année.

5. — SOPHIE-AMÉLIE-JOSEPH, baptisée à Wattrelos le 9 juillet 1756, y décédée le 21 septembre 1835, épousa à Wattrelos *Denis-François-Joseph* BEAUCARNE, né le 3 septembre 1796, décédé le 2 août 1849, fils de François et d'Adélaïde-Joseph *Dubrulle*. Ils eurent :

a. — *Louis-Joseph Beaucarne*, baptisé à Wattrelos le 17 mai 1823.

b. — *Fidéline-Marie-Joseph Beaucarne*, baptisée à Wattrelos le 19 juillet 1828, y épousa N. *Trenteseaux*.

c. — *Clémence-Marie-Joseph Beaucarne*, baptisée à Wattrelos le 18 juillet 1830, décédée à Roubaix le 24 janvier 1893, épousa, le 21 juin 1855, Désiré-Hilaire-Marie *Delcroix*, né à Herseaux le 18 mai 1830, fils de Désiré-Joseph et de Charlotte *Lepoutre*. Dont postérité.

d. — *Denis-Floris-Joseph Beaucarne*, baptisé à Wattrelos, le 18 février 1835, y épousa, le 27 juin 1855, Julienne-Charlotte *Duquesne*. Dont six enfants.

6. — RAYMOND-FLORIMOND-JOSEPH, né à Wattrelos le 16 août 1798, y décédé le 24 septembre 1800.

7. — BLIMOND-MACLOU-JOSEPH, qui suivra, IX bis.

8. — GODELIVE-JOSEPH, baptisée à Wattrelos le 13 novembre 1800, décédée à Herseaux le 28 janvier 1879, y épousa le 17 septembre 1829 *Henri* PROUVOST, né à Herseaux, le 10 décembre 1809, y décédé le 28 mai 1871,

fils de Jean-Baptiste et de Rosalie-Joseph *Beuscart*. De leur union étaient nés :

a. — *Marie-Sylvie Prouvost*, baptisée à Herseaux le 29 septembre 1834 (p. : Joseph Lezaire ; m. : Rosalie Beuscart), décédée à Roubaix le 17 mai 1895, célibataire.

b. — *Victor-Henri Prouvost*, baptisé à Herseaux le 4 mars 1839 (p. : Ambroise Lezaire ; m. : Sophie Prouvost), y épousa, le 27 octobre 1880, Sophie *Delcroix*, née à Herseaux le 5 mai 1853, fille de Louis-François et de Philippine-Joseph *Vraumant*. Dont postérité.

c. — *Louis-Joseph Prouvost*, baptisé à Herseaux le 24 novembre 1840 (p. : Louis Prouvost ; m. : Marie-Victoire Lezaire), épousa à Bailleul, le 23 novembre 1864, Rosalie *Brunin*, née à Bailleul, le 11 décembre 1836, décédée à Herseaux, le 19 novembre 1889, fille de Jean-Baptiste et de Marie-Anne *Hubaut*. Dont un fils, Clovis, né à Herseaux le 19 novembre 1865.

9. — PERPÉTUE-COLETTE-JOSEPH, baptisée à Wattrelos le 5 mars 1802, y décédée le 10 mai 1839, épousa à Wattrelos le 29 août 1827, *Jean-Baptiste-François-Joseph* SALEMBIER, né à Wattrelos, le 1er juillet 1837, fils de François-Joseph et d'Amélie-Louise *Jonville*. Elle en eut :

a. — *Jean-Baptiste-[Floris]-Blimond-Marie-Joseph Salembier*, né à Wattrelos le 14 août 1828, décédé à Marcq le 27 août 1895, épousa à Roubaix le 20 septembre 1858, Adèle-Joseph *Bernard*, née à Roubaix le 22 juin 1832, fille de Charles-Jean-Chrétien et de Florentine-Joseph *Duthoit*. Elle mourut à Lécluse, près Douai, le 14 octobre 1912, ayant eu neuf enfants, tous nés à Marcq : Marie, Pierre, Aline, Charles, Emélie, Louis, Angèle, Henri et Léa.

b. — *Pierre-François-Joseph Salembier*, né à Wattrelos le 6 février 1830, y décédé célibataire, le 29 août 1892.

c. — *Jean-Baptiste-Edouard-Henri-Marie-Joseph Salembier*, né à Wattrelos le 20 août 1837, y épousa, le 2 juillet 1862, Juliette-Augustine-Joseph *Six*, née à Wattrelos, le 1er février 1840, fille de Denis-Joseph et de Jacobine *Watteau*. Dont quatre enfants nés à Wattrelos : Pauline, Marie, Floris et François.

10. — FIDÉLINE-JOSEPH, baptisée à Wattrelos le 10 octobre 1803, décédée à Herseaux le 5 décembre 1837, épousa à Herseaux, le 29 juin 1831, *Nicolas-François* MANCHE, né à Bruyelle (Hainaut) le 22 ventôse an XIII, fils de Cornil-Joseph et de Marie-Joachine *Duroïsin*. Dont un fils, Henri.

11. — RAYMOND-NARCISSE-JOSEPH, baptisé à Wattrelos le 24 octobre 1804, y décédé le 9 novembre de la même année.

IX. — AMBROISE-Joseph LEZAIRE, baptisé à Wattrelos le 7 décembre 1791 (p. Louis Lezaire, vicaire à Saint-Léger ; m. Marie-Rose Deroulers), y décéda le 11 mars 1856. Le 14 février 1813, son père s'engageait à payer à Edouard-Joseph Fine, époux de Marie-Rose Dervaux, domicilié à Wattrelos, une somme de 3.400 francs pour remplacer Ambroise au service militaire ; les intérêts de cette somme devaient être payés à 5 % et le capital en être versé aussitôt la libération définitive. Ambroise Lezaire, qui fut maire de Wattrelos de 1825 à 1830, épousa, le 29 novembre 1815, *Amélie-Philippine* SALEMBIER, née à Wattrelos le 4 septembre 1788, y décédée le 13 décembre 1862, fille de Jacques-Antoine-François et de Marie-Amélie *Jonville*. De cette union naquirent :

1. — FLORIMOND-FRANÇOIS-JOSEPH, baptisé à Wattrelos le 12 septembre 1816, y décédé le 25 du mê:me mois.

3. — ALPHONSINE-VALÉRIE, baptisée à Wattrelos le 2 décembre 1817, y décédée en célibat le 29 janvier 1865.

3 .— ETIENNE-LOUIS, baptisé à Wattrelos le 26 août 1819, y décédé le 19 juin 1821.

4. — PRUDENCE-HONORINE, baptisée à Wattrelos le 25 juin 1821, y décédée en célibat le 15 septembre 1884.

5. — AUGUSTINE-MARIE-JOSEPH, baptisée à Wattrelos le 12 mars 1823, y décédée en célibat le 3 décembre 1888.

6. — PAULINE-LOUISE-ELISE, baptisée à Wattrelos le 24 août 1824, y décédée en célibat le 27 juillet 1886.

7. — LOUIS-BLIMOND-JOSEPH, baptisé à Wattrelos le 26 février 1826, y décédé peu après sa naissance.

8. — CHARLES-MARIE-BLIMOND-JOSEPH, baptisé à Wattrelos le 28 octobre 1827, trésorier de la fabrique de l'église paroissiale, économe des hospices et du bureau de bienfaisance, décédé célibataire à Wattrelos, rue des Hautes-Voies, le 11 mai 1882.

9. — HORTENSE-MARIE-JOSEPH, baptisée à Wattrelos le 30 décembre 1833, y décédée le 1er février 1834.

10. — LOUISE-MARIE-JOSEPH, jumelle de la précédente, décédée le 29 janvier 1834.

IX bis. — BLIMOND-MACLOU-JOSEPH LEZAIRE, baptisé à Wattrelos le 15 novembre 1799, décédé à Herseaux le 2 mai 1881, épousa par contrat du 9 mai 1833, et religieusement à Hem le 22 mai, *Eugénie* DELATTRE, née à Hem en 1799, décédée à Herseaux le 8 mars 1881, fille de Pierre-François et de Marie-Joseph *Lepoutre*. Blimond Lezaire acquit la ferme du quartier du Château d'or, sur la route de Wattrelos à Dottignies ; cette ferme passa à son fils,

Raymond, puis à son petit-fils, Jules, qui l'exploite actuellement. Blimond Lezaire eut deux enfants :

1. — RAYMOND-FLORIS-MARIE-JOSEPH, qui suit, X.

2. — AUGUSTINE-MARIE-JOSEPH, baptisée à Herseaux le 13 décembre 1837 (p. : Désiré Delattre ; m. : Godelive Lezaire), décédée à Wattrelos le 27 juin 1908, épousa à Herseaux, le 26 octobre 1865, *Florentin-Joseph* DUBRULLE, né à Wattrelos le 17 décembre 1834, y décédé le 30 septembre 1903, fils de Pierre-Florentin-Joseph et d'Henriette-Joseph *Thérain*. De leur union sont nés :

a. — *Eugénie Dubrulle* épousa à Wattrelos, le 1er octobre 1898, Désiré-Urbain *Leplat*, né à Mouvaux le 8 juin 1863, fils d'Urbain-Prosper et d'Eugénie-Marie *Delattre*. Dont trois enfants nés à Hem : Madeleine (décédée), Jean, et Louis Leplat (décédé).

b. — *Achille-Henri Dubrulle* épousa à Hem, le 27 décembre 1897, Jeanne-Louise *Leplat*, sœur de Désiré cité ci-dessus.

c. — *Aurélie Dubrulle* épousa à Wattrelos le 18 janvier 1899, Paul-Joseph *Delgrange*, né à Lys-lez-Lannoy, le 4 mars 1870, fils de Louis et de Marie-Louise *Delcrue*. Dont six enfants nés à Wattrelos : Irène, Jeanne, Yvonne, Joseph, Marthe (morte en bas âge), et Marthe Delgrange.

X. — RAYMOND-FLORIS-MARIE-JOSEPH LEZAIRE, baptisé à Herseaux le 25 mai 1834 (p. Pierre Iteux ; m. Sophie Delespaul), y décédé le 18 janvier 1907, épousa par contrat du 10 novembre et religieusement à Herseaux, le 23 novembre 1870, *Léonie-Catherine* DUBRULLE, née à Herseaux le 25 mars 1843, y décédée le 1er septembre 1876, fille de Jean-Louis et de Catherine-Joseph *Duquesnoy*. De cette union sont nés :

1. — THARSILE-JOSEPH, baptisé à Herseaux le 23 avril 1871 (p. : Blimond Lezaire ; m. : Catherine Duquesnoy), y décédé célibataire.

2. — ALPHONSE, baptisé à Herseaux le 30 octobre 1872 (p. : Jean-Louis Dubrulle ; m. : Augustine Lezaire), décédé le 12 novembre suivant.

3. — JULES-JOSEPH, qui suit, XI.

4. — GUSTAVE-JOSEPH, baptisé à Herseaux le 5 décembre 1874 (p. : Jean Dubrulle ; m. : Odile Dubrulle), mort en bas âge.

5. — GUSTAVE-JOSEPH, baptisé à Herseaux le 27 août 1876 (mêmes parrain et marraine), domicilié à Herseaux chez son frère Jules.

XI. — JULES-JOSEPH LEZAIRE, baptisé à Herseaux le 3 novembre 1873 (p. Jean-Louis Dubrulle ; m. Augustine Lezaire), y épousa le 12 mai 1897, *Clara* DUQUENNE, née à Estaimpuis le 14 avril 1873, fille de Pierre-Honoré-Joseph et de Clémence *Joveneau*. De cette union sont issus :

1. — RACHEL-LÉONIE-CLÉMENCE, baptisée à Wattrelos le 3 février 1898 (p. : Raymond Lezaire, grand-père ; m. : Clémence Joveneau), décédée à Herseaux, le 5 novembre 1913.

2. — LAURA, baptisée à Wattrelos le 12 avril 1901 (p. : Tharsile Lezaire, oncle ; m. : Palmyre Duquenne, tante).

3. — RAYMOND-PIERRE-HONORÉ, baptisé à Herseaux le 1er juillet 1910 (p. : Gustave Lezaire, son oncle ; m. : Rachel Lezaire, sa sœur) qui représente la douzième génération connue des Lezaire.

QUATRIÈME BRANCHE

VIII. — DENIS-JOSEPH LEZAIRE, auteur de cette branche, était le septième enfant de Denis-Joseph et de Marie-Catherine Dillies. Il fut baptisé à Roubaix, le 2 novembre 1772 (p. Jean-Baptiste Lezaire; m. Constance-Joseph Lezaire, femme Vanderhaghen); il fut pendant sept ans au service de l'armée, comme l'atteste son congé définitif, n° 1847, délivré à Calais, le 30 vendémiaire an IX, par le général commandant la première division militaire. Il épousa à Roubaix, le 17 germinal an VII, 6 avril 1799, *Marie-Anne-Julie* DELANNOY, fille majeure de feu Pierre-François et de vivante Marie-Anne *Selosse*, censière de Beaurepaire (1) à Roubaix. Le contrat civil fut passé « en la maison de la future mariante » pardevant le notaire Alexandre-Joseph Piat, en présence des « citoyens et citoyennes » Jean-Baptiste-Joseph, Floris-Joseph, Marie-Albertine-Joseph Lezaire, frères et sœur du futur, cultivateurs à Espierres, à Wattrelos et à Roubaix ; Pierre-François et Marie-Rose-Joseph Delannoy, frère et sœur de la future; Noël-Joseph et Antoine-Joseph Selosse, ses oncles maternels, laboureurs au Trichon (2) à Roubaix. Le mariage religieux fut célébré à Néchin dans une maison particulière du hameau de Le Rue, au pavé conduisant actuellement de la Place à la Gare de Néchin.

En 1807, Denis Lezaire reprit à son compte personnel la ferme de la Digue du Pret, jusqu'alors exploitée en commun avec ses frères

---

(1) Notes et documents, n° 47.
(2) Notes et documents, n° 48.

et sœurs. Le propriétaire en était, à cette époque, M. Augustin-Eubert-Joseph Charvet-Delbccq, négociant à Lille, plus tard rentier à Cysoing. Cette ferme contenait alors 20 hectares 39 ares 17 centiares, soit 14 bonniers 614 verges et était louée 2.100 francs. Les bâtiments seuls furent estimés 4.062 francs le 23 mai 1809 ; le 29 septembre 1831, par suite des améliorations exécutées par Denis Lezaire, ils furent estimés 10.234 fr. 80 c. Quant aux terres, elles ne comprenaient plus à cette époque que la partie comprise « le long du pavé de Wattrelos, le long de la rue de la Croix jusqu'à la rue du duc d'Angoulème et le long des deux côtés de la rue du duc d'Angoulème » et de la rue Galvani, y inclùs l'emplacement où s'éleva plus tard l'église du Sacré-Cœur.

Denis Lezaire quitta la ferme de la Digue en 1831, pour aller habiter rue de l'Hospice, n° 124. L'année suivante, il acquit la ferme de M. Jean-Baptiste Brunin, cultivateur à Templeuve. Dès cette époque, il habita Templeuve, où il mourut rentier le 30 septembre 1845 ; sa femme Julie Delannoy y était morte le 18 juin 1844.

Denis Lezaire avait été conseiller municipal de Roubaix de 1800 à 1805, sous l'administration de M. Floris Delaoutre, maire, et de MM. Brédart-Desaint et Bulteau-Florin, adjoints. La tradition nous apprend que Denis Lezaire et son contemporain Duthilleul, charcutier, furent les deux derniers roubaisiens qui, fidèles aux vieux usages et insoucieux de la mode, continuèrent à porter la perruque à la Louis XV ; mais Denis Lezaire, fixé à Templeuve, n'y trouva point, dit-on, de coiffeur suffisamment habile, et se résolut à sacrifier sa perruque.

Denis Lezaire et Julie Delannoy eurent six enfants, tous nés dans la ferme de la Digue du Pret :

I. — Héliodore-Joseph, né le 25 pluviôse an VIII, 14 février 1800. Iucorporé comme canonnier, le 1er mars 1822, dans le sixième régiment d'artillerie à pied, à La Fère, il fut autorisé à se faire remplacer dès le 16 mars 1822, par Jean-Joseph Béraux, garçon brasseur à Lille, moyennant une somme de 2.900 francs versée par son père (1), sans compter les « mandats poste » périodiquement sollicités par le remplaçant, et dont les reçus indiquent les changements de garnison de La Fère à Strasbourg, à Vesoul, à Bayonne, à Carthagène en Espagne, etc. « Vous savez bien, écrivait Béraux à M. Lezaire père, qu'un soldat qui n'a pas d'argent est un corps sans âme ! »

Héliodore s'établit fabricant à Lille; il mourut célibataire à Roncq, le 5 janvier 1861.

---

(1) Notes et documents, n° 49.

2. — Védastine-Albertine-Héloïse, née à Roubaix le 22 décembre 1801, y épousa le 30 janvier 1828, *Pierre-Joseph* Parmentier, natif de Dottignies et cultivateur à Roncq, fils de Joseph et d'Amélie-Joseph *Desrumaux*. Pierre-Joseph Parmentier mourut à Roncq le 16 juin 1865, à l'âge de 63 ans ; Védastine Lezaire mourut à Roncq le 6 avril 1874. De leur union sont nés :

a. — Un enfant né et mort en 1829.

b. — *Jean-Baptiste Parmentier,* baptisé à Roncq le 25 avril 1830 (p. : Jean-Baptiste Desrumaux, son grand-oncle ; m. : Julie Delannoy, sa grand'mère), décédé à Leers le 20 juillet 1913, épousa à Leers, le 20 juin 1866, Anne-Marie *Carrette,* née à Néchin le 28 juin 1831, décédée à Leers, le 8 juin 1911, fille d'Hildevert et d'Apolline *Messian.* Dont : Hildevert, né le 6 mai 1867, décédé le 28 octobre de la même année ; Bénédictine, née le 8 juillet 1869 ; Marthe, née le 1er avril 1871 ; Berthe, née le 27 avril 1873, décédée le 5 décembre de la même année ; et Berthe, née le 4 janvier 1876, décédée à Leers le 19 février 1908.

c. — *Amélie-Julie-Bénédictine-Joseph Parmentier,* baptisée à Roncq le 25 avril 1832 (p. : Denis Lezaire, son grand-père ; m. : Bénédictine Parmentier, sa tante), épousa François *Vanackère,* teinturier, né à Halluin le 2 novembre 1832, y décédé le 3 juin 1888. Amélie Parmentier mourut à Halluin le 13 décembre 1886. Dont : Aimé, né le 18 juin 1858, décédé à Bonsecours le 25 juin 1907, époux de Camille *Leduc* (dont 6 enfants) ; Bénédictine, née le 7 août 1860, décédée le 20 octobre de la même année ; Hélène, née le 8 juin 1861, décédée le 7 mars 1864 ; Hélène, née le 10 avril 1864, épouse de Jules *Dubar* (dont une fille) ; Jules, né le 8 mai 1867, décédé à Roubaix le 25 février 1903, époux d'Elise *Leduc* (dont 5 garçons) ; et Angèle, née le 14 avril 1870, décédée le 10 avril 1877.

d. — *Antoine-Joseph-Désiré Parmentier,* baptisé à Roncq le 21 février 1835 (p. : Jacques-Antoine Wattel, de Tourcoing ; m. : Rosine Lezaire, sa tante). Il mourut à Roncq le 6 mai 1856.

e. — *Raymond-Joseph-Constant-Amand Parmentier,* baptisé à Roncq, le 31 août 1839 (p. : Raymond Lezaire, son oncle ; m. : Thérèse Wattel), décédé à Tourcoing, le 13 mai 1884, épousa à Halluin, le 20 octobre 1873, Marie *Dumont,* née le 2 février 1844, décédée à Tourcoing le 5 octobre 1886. Dont : Paul, né à Roncq le 1er septembre 1874 ; Hélène, née à Roncq le 7 septembre 1876 ; et Marie, née à Roncq, le 19 janvier 1879.

f. — *Alphonse-Clotaire Parmentier,* baptisé à Roncq le 13 décembre 1841 (p. : J.-B. Parmentier ; m. : Sophie Lezaire, sa tante). Il mourut en 1842.

3. — Raymond-Fidèle-Joseph, né à Roubaix le 19 février 1804, fit ses études au pensionnat de MM. Dathis frères, à Courtrai, fréquenté à cette

époque par un bon nombre de jeunes gens de Roubaix et de Tourcoing (1).
Il épousa à Annappes, le 10 octobre 1848, en présence de Louis Lezaire,
son frère, et de Jean-Baptiste Ladsous, son beau-frère, *Albertine-Rosalie-
Joseph* DELCOURT, fille de Frédéric, cultivateur, et de Rosalie-Joseph
Claies. Il mourut cultivateur à Annappes le 13 janvier 1870 ; sa femme lui
survécut jusqu'au **24 mai 1877**.

4. — LOUIS-FLORIS, qui suit, IX.

5. — ROSINE-JULIE-JOSEPH, baptisée à Roubaix le 20 novembre 1810
(p.: Héliodore Lezaire, son frère ; m.: Védastine Lezaire, sa sœur), épousa
à Templeuve-en-Dossemer, le 25 novembre 1846, en présence de Raymond
et de Louis Lezaire, ses frères, *Jean-Baptiste* LADSOUS, **né à Tem-**
pleuve le 20 décembre 1816, fils d'Isidore-Joseph et de Martine *Pottier*.
Rosine Lezaire mourut à Templeuve, le 30 décembre 1860 ; Jean-.Baptiste
Ladsous épousa en secondes noces Marie-Thérèse *Warrot*, et mourut le
20 août 1865, laissant deux enfants de Rosine Lezaire.

   a. — *Julie Ladsous,* baptisée à Templeuve le 18 février 1849 (p. :
   Isidore Ladsous, son oncle ; m. : Védastine Lezaire, sa tante), y
   décédée le 9 octobre 1907, épousa à Templeuve, le 14 avril 1874, Jean-
   Baptiste *Reumont*, instituteur, né à Vance (Luxembourg belge), le
   21 février 1849, fils de Jean-Henri et d'Odile *Gengler*. Dont : Jeanne,
   née le 10 mars 1885, décédée le 18 septembre 1899, et Augusta, née
   le 26 mai et décédée en juillet 1886.

   b. — *Odile Ladsous,* baptisée à Templeuve le 14 juillet 1856 (p. :
   Jean-Baptiste Deleplanque, son oncle ; m. : Pauline Ladsous, sa
   tante), rentière à Tournai avec son beau-frère.

6. — CAROLINE-SOPHIE, baptisée à Roubaix le 2 juillet 1812 (p. : Raymond Lezaire, son frère ; m. ; Marie-Sophie-Adélaïde de Lannoy, sa cousine) ; elle épousa à Templeuve le 16 avril 1849, *Jean-Baptiste-Joseph*
DELEPLANQUE, cultivateur, né à Sailly-lez-Lannoy le 21 mars 1817, fils de
Louis-François, maire de Sailly, et de Marie-Anne *Brunin*. Ils reprirent
à Estaimbourg, près de l'église, une ferme assez importante, appartenant
a M. de Bourgogne et occupée, encore aujourd'hui, par leurs petits-enfants.
Sophie Lezaire y mourut le 12 juin 1854, et Jean-Baptiste Deleplanque se
remaria avec Amélie *Delerue*, de Néchin, dont il eut une fille, Amélie ; il
mourut à Estaimbourg le 21 juillet 1889. De Sophie Lezaire sont nés :

   a. — *Rosine Deleplanque,* baptisée à Estaimbourg le 15 mars 1850
   (p.: Louis Deleplanque ; m.: Rosine Lezaire, sa tante), décédée à
   Néchin, hameau de le Rue, le 26 mars 1913, épousa à Estaimbourg,
   le 25 juillet 1883, Henri *Durieu*, né à Estaimbourg, fils d'Henri et de
   Sidonie *Ducoing*. Ils sont actuellement cultivateurs, à la ferme de

---

(1) Nous avons en mains une petite brochure in-18, imprimée chez Gambart de
Courval à Courtrai, et intitulée : « *Exercices publics des élèves du pensionnat de
Mrs Dathis freres à Courtrai, le 11 août 1819* ». Nous y relevons les noms d'Edouard
Notte, Alphonse Delerue, Jean-Baptiste Holbecq, Louis Réquillart, Achille Bois-
sière, Louis Cornille, Raymond Lezaire, Ernest Réquillart, François Dupont et
Michel Forcinal, tous de Roubaix.

le Rue, à Néchin. Dont : Héléna, née le 22 juin 1884, et **Henri**, né le 30 mai 1887.

b. — *Jules Deleplanque,* baptisé à Estaimbourg le 22 février 1852 (p. : Raymond Lezaire, son oncle ; m. : Marie-Anne Brunin), épousa à Templeuve le 9 juillet 1890, Laure *Deleplanque,* fille de Louis et d'Hortense *Lorthioir,* et mourut fermier à Estaimbourg le 2 novembre 1902. Dont : Amélie, née le 13 **mai** 1891 ; Jeanne, née le 30 août 1892 ; Marie, née le 14 septembre 1894 ; et Jules, né le 16 juin 1899.

IX. — Louis-Floris LEZAIRE, baptisé à Roubaix le 9 juin 1807 (p. Jean-Baptiste Delebecq ; m. Félicité Desrumaux, femme de Pierre Delannoy), fit ses études au pensionnat Perriquet, à Hau-

Louis Lezaire.

Joséphine Deffrennes.

bourdin ; il épousa à Lannoy, le 29 août 1859, en présence de Raymond Lezaire, de Jean-Baptiste Deleplanque, fermier à Estaimbourg, de Jean-Baptiste et Charles Deffrennes, fabricants à Lannoy, *Joséphine-Charlotte* DEFFRENNES, née à Lannoy le 15 octobre 1820, fille de Jean-Baptiste (1) et de Charlotte *Duplouy* (2).

---

(1) La famille Deffrennes, dans laquelle Louis-Floris Lezaire prit alliance, était établie d'ancienne date à Lannoy, où elle tenait un rang des plus honorables. On compte parmi ses membres deux lieutenants, sept échevins, deux maires, des conseillers municipaux, des pauvriseurs, des marguilliers. Le frère de Joséphine-Charlotte, Jean-Baptiste Deffrennes, fit partie du Conseil municipal depuis 1843 et fut maire de la ville de 1871 à1875, juge au Tribunal de Commerce de Roubaix dès sa fondation, 31 août 1869, jusqu'en 1874, juge suppléant de la justice de paix de Lannoy, inspecteur délégué des écoles, membre fondateur de l'hospice, et administrateur de la Caisse d'Epargne.

(2) La maison de tapis et ameublements « Deffrennes-Duplouy frères » existe encore à Lannoy ; elle est actuellement dirigée par MM. Simon Deffrennes et Anselme Deffrennes, juge au Tribunal de Commerce de Roubaix.

Louis-Floris avait quitté Roubaix, le 18 juillet 1832, pour se fixer à Templeuve. Le 1er août 1851, il céda la ferme qu'il y exploitait à M. Noël Delcroix ; il quitta Templeuve, en 1859, pour venir habiter Lys-lez-Lannoy, rue du Bois, 17. Il fit partie du conseil municipal de cette commune où il mourut le 28 avril 1883. Il fut inhumé au cimetière de Lannoy. Sa femme alla habiter chez ses enfants à Loos-lez-Lille, où elle mourut le 14 mai 1893 ; elle fut inhumée à Lannoy, dans la sépulture de famille.

De Louis-Floris Lezaire et de Joséphine-Charlotte Deffrennes sont nés :

1. — CHARLOTTE-JULIE-JOSÉPHINE, baptisée à Lys-lez-Lannoy le 2 août 1860 (p. : Jean-Baptiste Deffrennes, son oncle ; m. : Védastine Lezaire, épouse de Pierre-Joseph Parmentier, sa tante). Elle épousa, à Lys, le 17 mai 1886, *Camille-Auguste* LEZAIRE, né à Dottignies le 29 mars 1855, fils d'Auguste et de Charlotte *Rasson*. Leur postérité a été rapportée plus haut, page 47.

2. — DENIS-LOUIS-JOSEPH, qui suit, X.

X. — DENIS-LOUIS-JOSEPH LEZAIRE, né à Lys-lez-Lannoy, le 22 janvier 1863, et y baptisé le 25 (p. Raymond Lezaire, son oncle ; m. Louise Derache, épouse de Charles Deffrennes), épousa, à Espierres, le 6 septembre 1886, *Maria-Adolphine-Rufine-Joseph* LEZAIRE, née à Espierres, le 23 avril 1860, fille d'Adolphe et de Marie *Ferret*, qui a été mentionnée plus haut (page 49). Leur mariage fut bénit par M. Louis Lezaire, curé de Barry, oncle de l'épouse.

Le 1er avril 1886, Denis Lezaire et son futur beau-frère, Camille Lezaire, firent en commun l'acquisition de la brasserie d'Ennequin à Loos-lez-Lille, qu'ils exploitent actuellement.

De Denis Lezaire et de Maria Lezaire sont nés :

1. — MARIE-ADOLPHINE-JOSEPH-ANTOINE, baptisée à Loos le 29 août 1887 (p. : Adolphe Lezaire, son grand-père maternel ; m. : Joséphine Deffrennes, veuve Louis Lezaire, sa grand'mère paternelle), épousa par contrat du 18 janvier 1912, et religieusement, le 22 janvier, en l'église Sainte-Anne à Loos-lez-Lille (Ennequin), *Charles-Théodore-Auguste-Marie-Joseph* DE LE RUE, né à Roubaix le 12 mai 1879, fils de Charles-Auguste-César, et de Catherine-Marie-Louise *Leuridan*. Ce mariage fut bénit par M. le chanoine Th. Leuridan, archiviste du diocèse de Cambrai, oncle de l'époux (1), et la messe fut célébrée par M. l'abbé Joseph De le Rue, son frère, professeur à l'Institution Saint-Jean de Douai ; les témoins furent : Victor

____

(1) Notes et documents, n° 50.

De le Rue et Hyacinthe Lespagnol-De le Rue, frère et beau-frère du marié ; Alfred et Camille Lezaire, oncles de la mariée. De cette union est né :

a. — *Charles-Denis-Marie-Joseph De le Rue*, baptisé à Roubaix, paroisse Sainte-Antoine de Padoue, le 1er août 1913 (p. : Denis Lezaire-Lezaire, grand-père maternel ; m. : Mme Catherine De le Rue-Leuridan, grand'mère paternelle ; prêtre baptisant, M. le chanoine Th. Leuridan, grand-oncle paternel).

2. — Denise-Marie-Camille-Antoine, baptisée à Loos le 20 avril 1890 (p. : Camille Lezaire ; m. : Marie Ferret, sa grand'mère maternelle), décédée à Loos le 20 mai 1891.

3. — Louis-Antoine-Joseph-Marie, baptisé à Loos le 10 juin 1894 (p. : Alfred Lezaire ; m. : Charlotte Lezaire, épouse de Camille Lezaire, sa tante).

4. — Denis-Antoine-Joseph-Marie, baptisé à Loos le 4 mars 1896 (p. : Camille Lezaire ; m. : Aurore Lezaire).

5. — Antoinette-Marie-Joseph-Jeanne, née à Loos le 24 mai 1898, et baptisée le 26 ((p. : Jean-Baptiste Lezaire ; m. : Marie Lezaire, sa sœur aînée, qui faisait ce jour-là sa première communion).

NON RATTACHÉS

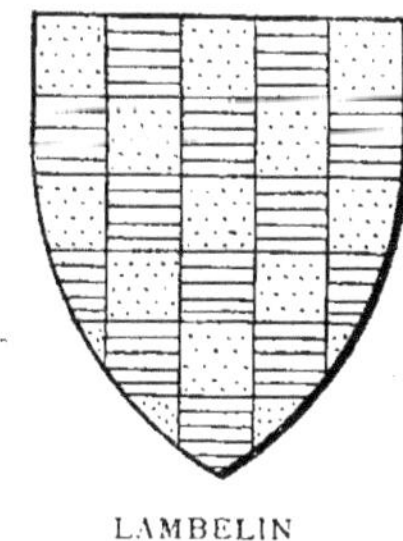

LAMBELIN

Jacques Lezaire, époux de Jeanne Baas, dont une fille, Marie, épousa, vers 1610, Jean Lambelin, brasseur et tonnelier à Lille, fils de Jean et d'Isabeau des Bucquois. Ils eurent sept enfants, tous nés à Lille, et souche des Lambelin, seigneurs du Clairet, de Beaulieu, de Warwane, qui portaient : *échiqueté d'or et d'azur* (2).

---

(2) Voir : P. Denis du Péage: *Recueil de généalogies lilloises*, dans les *Mémoires de la Société d'études de la Province de Cambrai*, t. XIII, p. 747.

G. R.   6.

Marie LEZAIRE épouse d'Antoine DE LE RUE, dont elle eut :

1. — *Jacques de le Rue*, censier à Leers.

2. — *Marie-Jeanne de le Rue*, épouse d'André *Leclercq*, bourgmestre de Dottignies, fils de Philippe. Elle en eut : André, baptisé à Dottignies le 4 novembre 1676, et Marie-Catherine, baptisée à Dottignies le 16 juin 1685.

3. — *Catherine de le Rue*, épouse de Josse *Waymel*, demeurant à Lannoy.

4. — *Jeanne de le Rue*, épouse de Jacques *du Coullombier*, fils de Pierre, demeurant à Dottignies.

Ces quatre enfants firent le partage de la succession de leurs père et mère le 27 novembre 1687 (1).

____

(1) Arch. départ. du Nord, *Tabellion*, L. 9347, n° 106.

NOTES ET DOCUMENTS

1.

La cense de Meurchin à Sailly-lez-Lannoy

« Elle est située au milieu d'une immense plaine. Comme nous nous dirigeons vers le vieux manoir par des sentiers sinueux, bordés d'ajoncs, toutes les beautés de la nature se déroulent autour de nous, à perte de vue. C'est là-bas au loin, vers la Belgique, le mont de la Trinité que le brillant soleil d'une précoce journée de printemps fait resplendir. Et, de tous côtés, des clochers et encore des clochers qu'encadrent des agglomérations de maisons en briques rouges et des bouquets d'arbres attendant leur prochaine parure. De longs rubans verdoyants sont parsemés dans la plaine : ce sont des champs de seigle ou de blé ou encore de fourrages, à la culture naissante qui semble sourire aux premières caresses du soleil.

Et là, où le sol est nu, des hommes et des chevaux évoluent, travaillant la terre sans relâche. Des lièvres, croyant voir en eux des ennemis, fuient par couples et vont s'ébrouer, à bonne distance, dans la verdure fraîche et tendre. Un ruisseau, charriant une eau limpide que nous côtoyons, berce notre rêverie de son mélodieux glouglou. Nous jetons un coup d'œil vers son lit glaiseux. Surprise agréable : du cresson aquatique y végète magnifiquement. Au reste, l'ambiance est entièrement faite pour charmer l'homme.

Aux pieds du promeneur, ce sont les mille gentillesses du renouveau. Au-dessus de sa tête, c'est la voûte infinie et bleue d'où arrive le chant harmonieux des alouettes.

...Mais nous voici devant le manoir que nous nous sommes promis de visiter. C'est une vaste ferme ayant la forme accoutumée d'un quadrilatère. Elle est entourée d'un étang où des nénuphars résident à la surface de l'onde verte sur laquelle, au surplus, une nuée de canards s'ébattent avec des claquements d'ailes et de grands cris. L'ensemble de la propriété donne l'impression d'un coquet îlot. Un écriteau, placé au milieu de l'étang, porte ces mots : « Pêche réservée ». Il paraît, en effet, que de fameuses carpes vivent en liberté — de ces carpes qui n'ont pas à demander que « Dieu leur prête vie » pour grandir ; car on les laisse atteindre l'âge de... Mathusalem !

Nous entrons chez l'occupant du manoir, M. Darras-Bouchery. Il nous reçoit très affablement. Bientôt — lui ayant exposé le but de notre visite — nous apprenons un peu de l'histoire de la vieille ferme de Meurchin. Nous

savons que M. Darras, qui l'exploite depuis 1889, a eu comme prédé-
cesseur son beau-père, M. Charles Bouchery, ancien conseiller général du
Nord et ancien maire de Sailly. D'autres précédèrent encore celui-ci,
notamment un de ses oncles, M. François Delobel.

Primitivement, le manoir appartenait aux seigneurs de Vignacourt qui
avaient un château-fort avec pont-levis auquel la ferme était annexée.
Lorsque la Révolution éclata, en 1789, les barons de Vignacourt émigrè-
rent. Le château fut démoli et ses profanateurs ne laissèrent debout que
les immeubles nécessaires à l'exploitation des 50 hectares de terre qui
environnaient la propriété seigneuriale.

Cette dernière fut vendue comme bien d'émigré. M. Delobel l'acheta
et la restitua à l'ayant-droit naturel.

Depuis ces époques lointaines, le manoir a subi maintes modifications,
et l'exploitation culturale en a été réduite à 35 hectares environ.

De l'ancien château féodal il ne subsiste que des pans de murs, sans
valeur comme antiquités.

Au cours de notre entretien, nous apprîmes que la bonne harmonie
n'existait pas jadis entre les trois seigneurs de la contrée : les comtes
de Lannoy, qui habitaient le château de Wasnes, à Toufflers ; les châte-
lains de Nœufville, dont la résidence était également à Sailly, à l'extrémité du territoire, et les barons de Vignacourt. La discorde régnant entre
ces frères ennemis, les ponts-levis et les tours crênelées des châteaux
féodaux avaient, fréquemment, à affirmer leur raison d'être, contre les
attaques des uns ou des autres, quand ce n'était pas des aventuriers de
passage...

Tout cela, maintenant, est enfoui dans le passé. Mais cependant, le
calme profond de la campagne favorisant l'éclosion de ces pensées, c'est
tout songeur que le promeneur, attiré dans ces parages par sa curiosité
des choses d'autrefois, regagne la grande et moderne ville voisine, frémis-
sante d'activité industrielle. Une allée latérale, ombragée par de grands
arbres, s'offre à ses pas et le contraste est plein de mélancolie entre le
tableau qu'il a devant lui dans le lointain et l'évocation des événements
émouvants qui ont eu pour témoins, à jamais discrets, ces rares vestiges,
qu'il laisse derrière lui, d'une époque disparue. »

(Journal de Roubaix, 5 mai 1911).

La généalogie qui précède permet de compléter la liste des censiers
de Meurchin du XVe au XVIIIe siècle, époque où cette vieille cense passa
des Lezaire aux Delobel. On trouvera plus loin les principaux actes
qui concernent cette transmission, ainsi que des détails sur la seigneurie
d'Outre-Wasnes où était située la cense de Meurchin; notons cependant
dès maintenant que la cense de Meurchin s'appelait également, et même
le plus ordinairement, la cense d'Outre-Wasnes (Voir les numéros 6
à 10).

2.

Le Busqueau à Willems

Le Busqueau à Willems était tenu de la seigneurie de Willems-Empire à dix livres de relief et justice de vicomte. Il comprenait parmi manoir, jardin, fossés, bois et terres à labour, onze bonniers deux cents, aboutissant au fief du Ponchel à Sailly, au chemin du Plat du Maisnil et au chemin du Rocquemez, à Sailly.

Au commencement du XVIIIe siècle, le fief du Busqueau appartenait à Françoise-Isabelle de la Vichte, vicomtesse d'Herbodeghem, épouse de Barthélemy-François-Joseph, comte de Hangouart, baron d'Avelin, seigneur du Plouich, Seclin, Marcq-en-Pèvele, etc., qui eut pour héritier son fils, Charles-Philippe, comte de Hangouart.

3

Nœufville à Sailly-lez-Lannoy

« Il s'agit d'un ancien château féodal qui, il y a quelques siècles, servait d'habitation aux seigneurs de Nœufville, régnant alors en la commune de Sailly. Comme la plupart des forteresses antiques, ce château a subi maintes métamorphoses jusqu'au jour où il prit définitivement l'apparence d'une ferme.

Une longue avenue plantée, de chaque côté, d'ormes trentenaires, mène au vieux manoir. Elle débute sur la grand'route de Willems et l'immeuble est situé à l'extrémité de la commune de Sailly.

La ferme est la propriété de M. Descamps-Scrive. Elle est habitée, actuellement, par M. Jean Deledalle, ancien maire de Sailly et conseiller municipal, qui l'exploite ainsi que les cinquante-cinq hectares de terre labourables qui l'environnent.

De l'établissement il ne reste comme construction primitive que le bâtiment de façade, qui donne l'impression d'une caserne, tant il est spacieux.

Les murailles sont de très forte épaisseur. On y remarque près de l'entrée les traces de l'apposition du pont-levis qui existait autrefois. Dès qu'on a traversé le ponton jeté au-dessus de l'étang qui entoure la ferme, on lit sur une pierre au sommet de l'arcade de la porte, le chiffre de 1684. C'est l'époque probable d'une première modification apportée à la bâtisse de l'immeuble, car la création du château seigneurial, nous a affirmé M. le Curé de Sailly, est antérieure à cette date. Au-dessus de cette pierre on distingue encore nettement, incrusté dans le mur, un blason en forme de croix.

Nous avons demandé aux autorités locales des renseignements sur la « cense de Nœufville », comme on l'appelle à Sailly. L'on n'a pu nous en fournir, car il ne reste point de documents historiques aux archives municipales.

Mlle Agache, presque une nonagénaire, qui précéda M. Jean Deledalle comme locataire de la ferme où elle passa toute son enfance avec sa famille, n'a rien pu nous dire d'intéressant sur le passé du manoir, sauf que celui-ci brûla partiellement à plusieurs reprises.

M. l'abbé Rembry, l'aimable curé de Sailly, à son grand regret, ne put également nous donner d'indication à l'endroit de l'ancien château, méritant de retenir l'attention.

Mais il nous conduisit à son église. Sur le dallage du modeste sanctuaire, il nous montra d'anciennes pierres tombales portant des épitaphes en caractères gothiques. Les inscriptions sont presque toutes effacées. Toutefois, près du chœur, nous pûmes lire ce qui suit sur une pierre de marbre blanc :

« A la mémoire de D^{lle} Heleine A la Truye, veuve d'Antoine de Haynin, escuier, seigneur de Noeufville, laquelle après avoir ordonné quelques fondations en cette église, est décédée le 14 septembre 1708. »

Au-dessus de l'épitaphe est gravé un écusson formé de deux monstres (sorte de dragons) entre lesquels se trouve un calice. Des fleurs de lys entourent le tout. Ce dessin est très pur et, certes, il doit avoir une grande valeur.

Cette pierre, à n'en pas douter, recouvrait la sépulture d'une noble hôtesse du château de Nœufville. C'est le seul document qui, avec la présence d'une partie de la vieille forteresse, évoque encore un peu un passé bien lointain. »

(Journal de Roubaix, 12 octobre 1910).

Complétons cette description.

Originairement Neuville ou Neufville était un franc-alleu Jean de Rumes, qui le possédait, en fit hommage au comte de Flandre et c'est ainsi que cette propriété allodiale devint un fief relevant de la Salle de Lille à justice de vicomte et à dix livres de relief. En 1372, il comprenait un manoir avec 20 bonniers 3 quartrons de prés, aulnoies, haies et terres à labour, 6 bonniers de terrage et des rentes. Il appartenait alors aux seigneurs de Lannoy. Le 3 février 1460, Jean, seigneur de Lannoy, affecta le terrage de Neuville à la fondation des chanoines de Sainte-Croix qu'il avait établis dans la chapelle de son château de Lannoy.

En juin 1611, Philippe Guillaume de Nassau, seigneur de Lannoy, vendit le fief à Pierre Cambier, marchand et bourgeois de Lille. A cette époque, Neuville comprenait un manoir avec 30 bonniers 814 verges, des rentes et terrage, des bancs plaidoyables, bailli, lieutenant, juges rentiers et cottiers, sergents, et quatre hommages.

Pierre Cambier, mort en 1635, eut pour successeur son fils Simon, époux de Catherine Le Pippre. Leur fille Anne Cambier épousa Jacques de Hennin, écuyer, seigneur de Lomeau, et mourut avant ses parents, en laissant cinq enfants. Simon Cambier obtint, le 19 mars 1650, des lettres patentes de Philippe IV, l'autorisant à démembrer sa seigneurie de Neuville en cinq fiefs distincts pour chacun des enfants de sa fille Anne. Le premier fief retint le nom de Neuville ; les autres furent nommés Bretaine, Cambierval, Fimincourt et Sainte-Anne.

Le fief de Neuville échut à l'aîné, Antoine de Hennin, qui mourut le 26 mars 1693, ayant épousé Hélène à La Truye, dont il a été fait mention ci-dessus. Leur fille Rose épousa son cousin Antoine Le Pippre, qui devint seigneur de Neuville. Plus tard, le fief passa par alliance à la famille Imbert, puis à la famille Van Zeller de Roders. Il fut vendu en juin 1770.

4

La Haye, à Roubaix

Au début du XVIIe siècle, la cense de la Haye comprenait 45 bonniers, dont 36 sur le territoire de Roubaix et 9 sur Croix et Hem. Cette cense fut le berceau de la famille Castel, qui a donné douze échevins à Roubaix aux XVIIe et XVIIIe siècles et fourni cinq grands connétables à la confrérie roubaisienne des arbalétriers. Dès la fin du XVIIe siècle, les Castel se portèrent vers l'industrie et le commerce et abandonnèrent leur cense de la Haye, qui passa, en 1700, à Pierre Lansart, en 1735 à Antoine Vienne et en 1774 à Jean-Fortunat Prouvost. Plus tard la Haye se transmit plusieurs fois par des alliances. Le censier Spriet la laissa à sa fille, épouse de Jean-Baptiste Desprets, dont la fille épousa, en 1850, Henri-Alexandre D'Halluin, descendant des censiers de Beaulieu à Wattrelos, originaires de la Pontenerie à Roubaix. Leur fils, M. Henri D'Halluin-Mulliez, est le fermier actuel de la vieille cense roubaisienne, épargnée jusqu'ici par l'envahissement que nécessite l'expansion toujours croissante de la ville, englobée cependant entre la rue Linnée, l'avenue des Villas et la rue Delaroche.

5.

La cense de Wasnes, à Toufflers

« La ferme du « Château de Wasnes » est un des plus antiques manoirs de la région, d'une époque antérieure à 1600 et qui fut habité jadis, durant de nombreux lustres, par des descendants d'une famille noble appartenant à la lignée des seigneurs de Lannoy. Un de leurs ascendants, Charles de Lannoy, reçut l'épée de François Ier à Pavie, en 1525, pour s'être comporté en brave devant l'ennemi. Peut-être habita-t-il aussi cette demeure champêtre qui dut être primitivement une sorte de forteresse. C'est là du moins l'opinion que le visiteur s'en fait après un examen des lieux.

Le bâtiment est situé à la limite du territoire français. Il a subi certaines transformations successives dans ses dispositions architecturales, en sorte qu'il apparaît sous la forme quadrilatérale d'une grande ferme. Celle-ci comprend le corps de logis placé sur la façade d'entrée et des granges, étables et écuries dans ses autres parties.

L'ensemble de l'immeuble est encerclé d'un étang. Tout autour se trouvent les terres d'exploitation sur une étendue de 35 hectares.

Parmi les vestiges de cet ancien château-fort, on remarque une tour qui, autrefois, fut de belle hauteur. Un terrible ouragan, qui dévasta la région le 12 mars 1876, la décapita.

Actuellement, cette tour, qui s'élance d'une vingtaine de mètres dans les airs, domine encore la campagne de sa svelte silhouette.

De forme cylindrique, elle est construite entièrement en pierres et briques. Sa bâtisse extraordinairement solide lui a permis d'affronter victorieusement les injures du temps. Son excellent état de conservation l'atteste du reste, surabondamment.

A l'intérieur de la tour, tire-bouchonne, jusqu'à son extrémité, un escalier en granit. En le gravissant on voit, de-ci, de-là, des créneaux et des meurtrières en travers de la muraille. C'est par ces ouvertures sans doute que les premiers habitants du château envoyaient des traits et autres projectiles aux bandes armées qui, vagabondant dans la contrée, s'avisaient d'en tenter l'assaut. Et l'on ne peut songer sans frémir à toutes les scènes tragiques qui eurent, certes, pour témoin discret, cet assemblage de pierres muettes. Combien de rudes guerriers n'a-t-il pas vu tomber héroïquement les armes à la main? Combien de pieds menus et mignons de jolies châtelaines éplorées, n'ont-ils pas martelé le froid escalier où il nous a été donné de méditer?

Quel vaste champ d'hypothèses plus ou moins romanesques s'ouvre à l'esprit devant de telles questions!

...Le château de Wasnes, — qualification dont nous n'avons pu découvrir l'origine, en poursuivant notre enquête, — fut délaissé par la famille des de Lannoy bien antérieurement à la Révolution de 1789, paraît-il. Avant cette date, un de ses membres, le comte Adrien de Lannoy l'occupa; la girouette qui tourne au sommet de la tour porte son nom gravé dans le métal en proie à la rouille.

Lors des traités de 1815 qui prévoyaient une nouvelle délimitation des frontières, la propriété et ses dépendances restèrent à la France, grâce à l'influence des de Lannoy.

Après que ces derniers se furent retirés en Belgique, le vieux manoir eut pour nouvel hôte M. Desprets-Ducatillon, qui l'exploita comme ferme. C'était le grand-père de M. Ferdinand Duquesnoy, cultivateur, le locataire actuel.

La ferme appartient au comte de Geloes d'Ixdem (Hollande), marié à une comtesse de Lannoy.

Nous devons 'les renseignements qui précèdent à l'obligeance de M. Ferdinand Duquesnoy, qui nous montra, au cours de nos observations, un vieux puits situé au milieu de son jardin, lui fournissant encore l'eau potable nécessaire à son ménage et la lui envoyant dans sa cuisine par un tuyau d'adduction de 108 mètres de longueur.

Malheureusement, du pont-levis qui se baissa si souvent devant tant de couples seigneuriaux et — qui sait? — peut-être parfois pour livrer passage à des souverains, il n'est plus rien; la main des hommes a fait disparaître ce pont dont n'eurent 'probablement pas été maîtres les éléments naturels pendant des siècles. »

(Journal de Roubaix, 11 septembre 1910).

La généalogie qui précède complète les indications de cet article ; on y voit que la cense de Wasnes appartint au XVIe siècle à la famille De le Rue et passa par alliance, au siècle suivant, à la famille Lezaire, qui, d'ailleurs, la posséda peu de temps.

6

Outre-Wasnes à Sailly-lez-Lannoy

Outre Wasnes était un fief tenu de Cysoing en justice vicomtière à dix livres de relief. Il comprenait 61 bonniers 1150 verges, le triez d'Outre Wasnes, le triez Monnier et le triez du Long-Mortier, contenant ensemble trois quartiers, des rentes dues par 32 tenants sur 44 bonniers, dont 6 à terrage. Cette seigneurie avait bailli, lieutenant, sept échevins et des sergents, et de plus des plaids généraux « qui se doivent tenir trois fois l'an, sçavoir le mardi après les Roys, le mardi après la Paque close et le mardi après la Saint-Jean-Baptiste, dont les personnes qui sont absentes sont amendables d'un patar à chaque plaid. »

Parmi les seigneurs d'Outre-Wasnes, mentionnons Jean de Langlée, seigneur de Pecq, en 1595 ; les de Mérode, notamment Maximilien-Albert, qui épousa, le 5 avril 1687, Claire-Eléonore-Charlotte Ryngrave. Cette dernière figure comme dame d'Outre-Wasnes dans de nombreux actes conservés aux archives de la ferme d'Outre-Wasnes dite de Meurchin. En 1727, Outre-Wasnes appartenait à Marie-Françoise-Michelle Libert, dame de Willems, fille de Chrétien François et d'Isabelle Christine Taviel.

Quant à la cense, dont il a déjà été fait mention, on trouvera d'autres renseignements précis dans les documents qui suivent.

7

10 JUIN 1681

Bail de la cense d'Outre-Wasnes

Pardevant Quentin Haroult, notaire à Tournai, Jacques de Mertelle, intendant de Madame de Reingrave, accorde en bail à Pierre-Procope *Le Zaire,* de Sailly-les-Lannoy, « un lieu manoir et jardin, prés, pastures, fossets, chaingles et hayes, contenant ensemble 10 bonniers 1 cent 1/2 d'héritage avec 55 bonniers 10 cents de terres labourables tenant en une masse, où est assise et scituée la cense et seigneurie d'Oultre-Wasne gisant audit Sailly, haboutant de plusieurs endroits aux terres de Wasne, passant le rieu courant au loing et en plusieurs lieux entre deux, et aux terres du seigneur de Neuville et à celles des pauvres de Saint-Piat dudit Tournay ; du tiers au chemin qui est des terres dudit Oultre-Wasne, menant de Toufflers au chemin de Willem à Lannoy, réservé la haute motte, laquelle demeure au prouffit de ladite dame, pour en jouir et possesser par le dit preneur, ainsi que le tout gist, s'extend et comprend et comme il l'occupe présentement, sans autrement livrer par mesure, le terme et espace de neuf ans continuels et ensuivant l'un l'autre, à entrer en jouissance quant aux terres labourables sitost la despouille de l'aoust 1682, estant sur esteulle de bled et de mars, et ainsi les debvra ledit preneur laisser en fin desdits neuf ans, et quant aux louages, le 1er jour de mai de l'an 1681. Item ledit sieur Mertelle, en sadite qualité, a encore accordé audit preneur acceptant comme dessus le droit de terrage sur certaines terres audit Outre-Wasne, pour par lui et ses hoirs en jouir semblable terme de neuf ans, dont la dépouille de la première année se fera à l'aoust dudit an 1683, aussi de là en avant continuellement lesdits neuf ans durant. Pour tout ce que dessus ledit preneur a promis rendre, payer et délivrer annuellement à la susdite dame ou son receveur, 200 rasières de bled gollenée et 2 rasières de pois mesure de Tournay, ensemble 550 fl. carolus de 20 patars pièce. Item sera tenu chacun an de faire quatre journées de courouwée avec son chariot à deux chevaux, de planter annuellement 50 plantes à ses despens, asçavoir 20 plantes d'ormeaux et le reste obeaux et peupliers montants et les tenir verdoyants pour les laisser monter ; item six entes de pommiers et poiriers ; à livrer annuellement 200 de gluyes de 18 paumes, les mettre à neufve couverture et placer le tout par l'advis de la susdite dame ou son commis, à payer et livrer lesdites parties de rendage annuellement, à sçavoir lesdits bled et poix bien appointés de fléaux et de van, bonne et léalle marchandise, ès ville de Lille, Tournay, Lannoy ou au village de Pecq, sans malengien, partout ou kars et carettes poudront tourner et carier, où mieux plaira à madite dame ou son dit commis ; dont la première année desdits bled et poix, ensemble du paiement de 275 fl. eschus au terme de la Chandeleur 1684, et les autres 275 fl. à la Saint-Jean-Baptiste ensuivant dudit an, et ainsi d'an en an lesdits neuf ans durans. Par dessus ce ledit preneur sera obligé d'entretenir les maisonnages et édifices extains de pluyes et de soleil à loïable cense, descharger les terres doyantes rentes et en apporter annuellement quittance pertinente ; d'entretenir cours, cours d'eaux, planches, appoiyel et héritages en sont chargés, à ses dépens péril et fortune d'amende ; les, frettes, carrières et autres servitudes si avant que les dites terres comme aussi de payer toutes tailles, gabelles et impositions mises ou à mettre sus durant ledit bail, sans en pouvoir rien rabattre sur sondit rendage. Et au regard des coupes de bois et haies, les poudra couper six ans en six ans et les hallots trois ans, espincher les arbres montants si avant que happe et ferment ont cours. Item sera obligé de tenir les fossés nets et les rembrayer, labourer, cultiver et fumer icelles terres

comme les voisines, sans pouvoir desroyer ni refroisser ni les bailler
en arrière cense. Bien entendu que s'il se reconnoit par le dernier bail
fait au père du preneur encore aucunes autres clauses, charges, devises
et conditions que celles ci-dessus reprises, il sera tenu les entretenir et
accomplir en tous leurs points.

A Tournai, le 10 juin 1681.

(Archives de la ferme de Meurchin.)

8

22 NOVEMBRE 1684

Cession du bail de la cense d'Outre-Wasnes par Pierre-Procope Lezaire

Comparut en sa personne Pierre-Procope *le Zaire,* censier, demeurant
à Sailly-les-Lannoy, lequel comparant recognut et déclara avoir baillé
et accordé en avant cense et louage à Pierre *de Lobel,* fils de feu Charles,
censier, et Antoinette *du Quesnoy,* sa femme, demeurant à Roncq, à ce
présents et aussi comparants, la dite femme agréablement authorisée
dudit son mary, qu'ils le recognurent avoir prins et promis tenir audit
titre, tout un lieu manoir et jardin, pretz, pastures, fossets, chaingles
et hayes, contenant ensemble 10 bonniers 1 cent. 1/2 d'héritage, avec
55 bonniers 10 cents de terres labourables tenant en une masse où **est**
assise et scituée la cense et seigneurie d'Outre-Wasne gisant audit Sailly,
présentement occupée par ledit bailleur, pour en jouir, user et possesser
par ledit bailleur audit titre, le parfait du bail qu'en a ledit
bailleur de madame de Rheingrave, passé par devant Quintin
Haroult, notaire de la résidence de Tournay, présens témoins, en date
du 10 de juin 1681, aiant commenché à y entrer et mettre main
quant aux terres labourables sitôt la despouille dernière levée de cest an
1684, et quant aux louages au premier jour de may prochain de l'an
1685, et au surplus aux rendages, charges, devises, conditions et clauses
portées par le dit bail, lesquels rendages, charges, devises, conditions
et clauses lesdits prendeurs tiennent icy pour résumées et exprimées ;
tout ce que dessus, lesdits comparans et avecq eux Jean du Quesnoy,
fils de feu Noël, censier demeurant à **Linselles, à** ce présent et aussi
comparant qui s'est constitué pleige et caution desdits prendeurs pour
ce qu'il auroit en occupation d'icelle cense tant seulement et non davantage, et partant ont promis et promettent l'un pour l'autre et chacun
pour le tout, sans division ni discussion de droit, de le tenir, entretenir,
payer, furnir et accomplir, conduire et garantir envers et contre tous,
soubs l'obligation de leurs personnes et biens vers tous seigneurs et
justices, renonchant à toutes choses à ce contraires, même ladite prendresse, de l'authorité prédite, au bénéfice du senatus consultus velléan

et à l'authentique si qua mulier à elle donné à entendre ; et par les mêmes obligations et renonchiations lesdits prendeurs ont promis chacun pour le tout, comme dessus, d'acquitter, descharger et indempner ledit Jean du Quesnoy, leur père et pleige, de la pleigerie par lui prestée en telle sorte qu'il n'en aura ni supportera aucun despens, dommages ni intérêts ; suivant quoi lesdits prendeurs seront tenus et° obligés de prendre à leur dite entrée par priserie et dire de gens eux en ce cognoissans, tous les labeurs, fers, semences, sceves et rejects et autres droits de censier que sera trouvé estre appartenant audit bailleur sur et à l'encontre d'icelle cense, qu'iceux prendeurs auront en 'occupation ; comme aussi seront tenus iceux prendeurs de prendre par priserie comme dessus l'usine de la brasserie estante en icelle cense et qui est appertenante audit bailleur ; bien entendu que la priserie de la dite usine se fera commes estant là séant et non à porter envoi et partant les dits prendeurs seront tenus de païer la portée des dites priseries incontinent qu'ils seront faites sous les mêmes obligation et 'renonchiation que dessus. Ce fut ainsi fait et passé à Lille, le 22 de novembre 1684, pardevant moi Jean Desmadril, notaire soubsigné, résident à Tourcoing, ès présence de Guillaume Lesaige, fils de feu Marcq, clerc de porte de la ville de Lille et y demeurant, et Jean Pottier, 'fils de feu Pierre, domestique dudit Lobel et demeurant audit Roncq, tesmoins à ce requis et appelés. — *Desmadril,* 1684.

(Archives de la ferme de Meurchin).

9

27 MARS 1685

Priserie de la cense d'Outre-Wasnes

Priserie par Nicolas Vincre, de Roubaix, au nom de Pierre-Procope Lezaire, fils de feu Pierre, censier de la cense d'Outre-Wasne à Sailly ; et par Jean Desmadril, de Tourcoing, au nom de Pierre Delobel, censier à Roncq, de la cense d'Outre-Wasnes.

Les terres en culture sont ainsi désignées : « 3 bonniers 1 cent 1/2, tenant d'Ecosse et de bise aux issues de la cense, et de couchant au chemin de Lannoy vers Willem ; — 5 bonniers à côté de l'issue de la cense du côté d'Ecosse, et de couchant au chemin de Lannoy à Willem ; — 4 bonniers tenant de bise au pret dit Bracquet, de couchant à la pièce précédente, et d'Ecosse au chemin de Néchin vers Lille ; — 14 cents de labour nommés Bracquet ; — 21 cents nommés le Bois, tenant vers Ecosse et couchant à ladite issue ; — 12 cents tenant de couchant à la précédente et de bise aux terres du seigneur de Wasne ; — le Long Bonnier tenant de bise à la terre du seigneur de Wasne et de midi à la suivante ; — 3 bonniers tenant vers bise à la terre du seigneur de Wasne, et d'Ecosse à la précédente ; — 2 bonniers du côté du pré du seigneur de Wasne, tenant d'Ecosse aux jardinages de ladite cense; — les Deux Bonniers tenant vers bise aux deux précédents, et d'Ecosse aux jardinages dudit sortant ; — les Vingt-trois Cents à labour tenant vers bise aux jardinages de la cense, de midi à l'héritage du sortant, et d'Ecosse à l'issue de la cense ; — 18 bonniers tenant vers bise aux prés de la cense, du couchant au chemin de Lannoy à Tournai, et d'Ecosse aux deux pièces de 2 bonniers ci-dessus. »

Les estimations sont les suivantes :

Labours, fumures, etc.,.............	1677 liv. 8 s.
Ruotages et reboutages..........	331 »
Rejets	341 » 7 s. 6 d.
Haies d'épines	17 » 12 »
Aulneaux	27 » 5 »
Espargeages de fiens...........	240 »
Usine de la brasserie	800 »
Bois scié....................	66 »
TOTAL.................	3500 liv. 12 s. 6 d.

Priserie faite le 27 mars 1685 et jours suivants.

(Archives de la ferme de Meurchin).

10

28 MARS 1685

Priserie de la Brasserie de la cense d'Outre-Wasnes

C'est la priserie faite par Pierre de Rache, charpentier, résident à Lers et priseur à ce commis de la part de Pierre-Procope *Lezaire,* censier sortant de la cense d'Outre-Wasne dit Meurchin à Sailly, et Jean Crunart, charpentier et aussi priseur à ce commis de la part de Pierre *de Lobel,* censier entrant en ladite cense d'Outre-Wasne, de tous les ustensiles de la brasserie étant en ladite cense, appartenant audit *Lezaire,* et laisse par priserie lesdits ustensiles de brasserie audit Delobel, suivant quoy at esté procédé par lesdits priseurs aux dites priseries comme sensieult.

Premier, la tourraille sans comprendre les ferrailles et la masonnerie faite en ladite tourraille; item la cuwe et le bacq, couvertures de chaudière, rawardoit, faufou, les bacques pour courir les eaues, le bicqbacq et la chaiere pour tirer les eaues, le bord de bois de la chaudière et les cloux communs pour le charpentaige icy mentionné, tous lesquels parties reprinses par cest article, sans en ce comprendre le seaux et les ferrailles de la perche portant à la somme de III c. X l. XVI s.

Laquelle priserie ainsi faite par nous priseurs soubsignés le plus équitablement qui nous a esté possible pour le droit de parties respectives. Tesmoings : Pierre de Rache, Jean Crunart.

(Archives de la ferme de Meurchin.)

11

Marchenelles à Annappes

Le quartier de Marchenelles à Annappes comprenait, outre la cense dont il est fait mention dans cette généalogie, une seigneurie du même nom, qui mérite d'être mentionnée.

Cette seigneurie était tenue du chapitre Saint-Pierre de Lille au relief d'une livre de cire valant six sous ; elle comprenait la dixième partie des grains et de tous les estrains et fourrages de la dîme qui se levait en ce quartier sur les blés, seigles et autres grains. Des neuf autres parties, l'une appartenait au curé d'Annappes et les huit autres au chapitre Saint-Pierre. Le possesseur de ce fief était tenu de livrer grange, char, charretier et chevaux pour renclore la dîme; et tous les grains tombant à terre en déchargeant les chariots, ainsi que les gerbes qui mérite d'être mentionnée.

Au XVe siècle Marchenelles appartenait à une famille qui en portait le nom et qui la conserva jusqu'à la fin du siècle suivant. Elle passa ensuite par alliance dans la famille de Griboval, puis dans celle d'Ongnies.

12

L'Agacherie à Annappes

L'Agacherie relevait du comté de Croix à dix livres de relief. Elle comprenait un manoir entouré d'eau avec 7 bonniers 380 verges de terre, tenant au marais d'Annappes, au chemin menant du moulin de Marchenelles au Gris-Mortier, et au chemin du Crambion.

Jacques d'Ancoisne, possesseur de ce fief, le vendit, en 1439, à Guillaume de Bailleul, dont l'arrière-petite-fille le porta en mariage à Jean Petitpas, avec le fief de la Moussonnerie ou Dure-Tête, à Annappes. L'Agacherie passa au XVIIe siècle à la famille Hangouart, et plus tard aux Cardon et aux Fruiet ; ces derniers la possédaient au moment de la Révolution.

13

7 FÉVRIER 1730

Donation et fondation de Pierre-Joseph Delobel et Marie-Joseph Lezaire

Sont comparus le sieur Pierre-Joseph *Delobel*, fils de feu Jaspard, et demoiselle Marie-Joseph *Lezaire*, son épouse, fermiers et meuniers, demeurant à Neuville-en-Ferrain, lesquels, ladite femme à ces fins deuement et agréablement authorisée de son mary, pour la bonne amour et affection qu'ils portent vers Pierre-François *Lezaire*, leur frère et beau-frère, demeurant avec eux, ont déclaré de lui donner par pure donation d'entre vifs, irrévocable et sans rappel, en la meilleure forme que donation puisse subsister, les biens suivans acquis pendant leur conjonction.

Sçavoir deux maisons à usage de demeure avec cinq cens ou environ de jardin planté d'arbres fruitiers et montans, situées audit Neuville-en-Ferrain, tenues en cotterie de la seigneurie dudit lieu, haboutans de bize au chemin qui mène de Menin à Tourcoing, de midy à la partie suivante, et d'Ecosse à la cure dudit Neuville.

Item un lieu manoir amasé de maison manable, grange, étable et autres édifices, contenant, parmi jardin planté d'arbres fruitiers et montans, quatre cens et demi ou environ, situé et tenu en cotterie comme la partie précédente, tenant de bize au susdit chemin, de midi à demoiselle Motte, et d'Ecosse à la partie précédente.

Item trois cens et demi ou environ de terre à labour, situés et tenus que dessus, tenant de bize à la partie précédente, de midi à ladite demoiselle Motte, de couchant à Martin Willemar, et d'Ecosse à Pierre-Joseph Lemettre.

Item toute une maison à usage de cabaret, vulgairement nommé Saint-Sébastien, occupé par Jean-Baptiste Ducoulombier, contenant, parmi cour, quatre-vingts verges ou environ, avec tous les autres édifices en faisant partie, situé audit Neuville et en tenu en cotterie, aboutant de bize à la Place dudit lieu, de midi à la maison de Jean-Baptiste Lemettre, de couchant au jardin de la femme Masure et d'Ecosse au chemin conduisant de la dite Place à la cense des Moutons et à la partie suivante.

Et finalement une maison à usage de mareschal ferrant, située et tenue que dessus, avec l'héritage y annexé, aboutant de bize à la dite Place, de midi et couchant à la partie précédente, et d'Ecosse audit chemin qui conduit d'icelle Place à la cense des Moutons.

Pour de tous les dits biens, ainsi qu'ils gisent, s'extendent, comprendent, sont édifiés et plantés, jouir, user et posséder par le dit Pierre-François *Lezaire*, depuis aujourd'hui en avant, propriétairement, à toujours, comme de ses propres et vrais biens ; desquels néanmoins les comparans se réservent la jouissance viagère de chacun leur part; à charge de par ledit donataire payer et acquitter les capitaux deniers et cours échus d'une lettre de rente héritière qu'ils ont contractée sous seings privés vers les sieur et demoiselle Lemerre, portante 2.400 florins de capital et 120 florins de cours annuel.

Comme aussi à charge de par lui, ses hoirs ou ayans cause, faire décharger pendant l'espace de cent ans pour le repos de leurs âmes et celles de leurs parens ci-après nommés et autres décédés, six obits par an, à la rétribution chacun, sçavoir de 20 patars au s[r] curé, 10 patars au clercq, et 5 patars pour pain, vin et luminaire ; à chacun desquels sera distribué 3 fl. 10 p. aux pauvres qui y auront assisté ; laquelle distribution devra se faire par le s[r] curé à qui ledit donataire remettra les deniers à cet effet, sans que les pauvrieurs puissent, sous tel prétexte que ce soit, exiger de faire cette distribution, ni en prendre connaissance, et aussi sans par ledit donataire ou ayans cause pouvoir rembourser lesdits obits et distributions en vertu et sous prétexte de telle raison que ce puisse être. A charge encore de par le même donataire, ses hoirs ou ayans cause, faire recommander aux prônes des messes paroissiales dudit Neuville en Ferrain, où lesdits obits devront être déchargés et lesdites distributions faites, à chacun dimanche de l'année, pendant le susdit terme de cent ans, les âmes desdits comparans, celles de leurs pères et mères respectifs, ainsi que celles de Marie-Alexandrine et Marie-Jeanne Delobel, sœurs du susdit comparant, à la rétribution de 10 patars de chacun d'iceux, le tout à commencer sitôt le décès du premier mourant desdits comparans arrivé. Lesquels obits sus énoncés devront être célébrés de deux mois en deux mois, après le décès dudit prémourant, et ainsy à continuer pendant le susdit terme.

Ce fait, est aussi comparu ledit Pierre-François *Lezaire*, donataire, lequel après avoir eu lecture de l'acte de donation qui précède, a déclaré de l'accepter en toute sa forme et teneur et d'en remercier les donateurs. A l'entretien, paiement, garantie et accomplissement de tout ce que dessus lesdits comparans, chacun en leur regard, ont obligé leurs biens, renonçans à toutes choses à ce contraires.

Ainsi fait et passé audit Neuville en Ferrain, au domicile desdits comparans le 7 de février 1750, pardevant Jean-Baptiste Nollet, notaire royal résident à Tourcoing, présents Chrétien Lebrun, sergent dudit Tourcoing, et Jean-Charles Duquesne, demeurant audit Neuville, témoins requis.

14.

La cense de Beaurewart, à Roubaix

La cense de Beaurewart (beau regard, lieu de bel aspect) est désignée dans le rapport et dénombrement de la seigneurie de Roubaix le 15 mars 1389, comme manse non inféodé, compris dans le gros du fief (1) ; elle figure comme « séante en ladite ville », au rapport du 4 novembre 1401 (2).

---

(1) Th. Leuridan, *Sources de l'histoire de Roubaix*, n° 175, p. 114.
(2) *Ibidem*, n° 187, p. 126.

Elle contenait primitivement 30 bonniers de terre, mais des démembrements successifs, au profit des censes voisines, la réduisirent à 20 bonniers 922 verges en 1738, et même à 19 bonniers en 1741 (1). Ses bâtiments, entourés d'un large fossé, avec accès vers la route de Lannoy, s'élevaient entre la rue des Longues-Haies et le Chemin-Vert ; le souvenir de cette cense a été conservé par le nom de Beaurewart donné à la rue la plus voisine de son emplacement.

15.

La cense de Maufait, à Roubaix

Maufait (autrefois Maufet) appartenait aux seigneurs de Roubaix et formait l'une des censes les plus considérables du pays. Les documents de nos archives la citent fréquemment dès le XIIIe siècle (2).

A l'époque ou Jacques Lezaire en devint le censier, elle contenait 44 bonniers 8 cents, dont 27 formaient le fief de Faufet, relevant des seigneurs de Roubaix à cause de leur fief de la Petite-Vigne, et une branche de la dîme féodale (3).

En 1664, le censier de Maufait était Thomas Despatures ; en 1688, c'était Georges Planque, échevin de Roubaix. Au XIXe siècle, les Delcourt, d'une famille échevinale de notre ville, se succédèrent de père en fils à la cense de Maufait et s'y perpétuèrent jusqu'en ces derniers temps.

Il y a quarante ans environ, la cense de Maufait était le seul édifice qui se trouvât à proximité de la route de Lannoy, entre le Pont-Rouge et la Justice. Mais, depuis lors, Maufait a vu chaque année diminuer l'importance de ses terres par l'expansion de la ville. Le 15 août 1908, la grange du côté de Roubaix fut incendiée ; la ferme elle-même ne tarda pas à être démolie. Aussi devons-nous féliciter M. Denis Lezaire d'avoir eu la bonne inspiration de conserver le souvenir de cette cense familiale par d'excellentes photographies exécutées en avril 1909. Il est regrettable qu'on n'ait pas agi de même pour les autres manoirs de Roubaix, aujourd'hui disparus, et dont le souvenir de l'emplacement exact est parfois bien oblitéré.

16.

La Digue du Pré, à Roubaix

La cense de le Decq ou Digue du Pret était une dépendance du Fontenoit et contenait, parmi lieu manoir, jardins, eaux, bois et terres à labour, 19 bonniers, sur la route de Roubaix à Wattrelos, actuellement rue Perrot.

(1) Archives de Roubaix, CC. 175.
(2) Archives de Roubaix, AA. 2 ; CC. 152, 157, 158, 175, 178, 179 ; GG. 13, 285, 287.
(3) Th. Leuridan, *Les vieilles seigneuries, les vieilles censes et les vieilles familles de Roubaix*, p. 45.

G. R.

A l'angle de la grande rue, vers Roubaix, un calvaire était adossé à la ferme et à angle droit avec cette rue s'ouvrait la carrière Denis Lezaire, actuellement rue du Duc et rue Galvani. La cense a disparu par suite du redressement de la route de Wattrelos qui traversa par le milieu les bâtiments de la ferme, et par l'ouverture de la place et de la rue Nadaud. Au dernier siècle, on appelait parfois cette cense la ferme du Calvaire, ou bien encore la ferme du Marquisat.

17.

La Beuvrière à Bailleul en Tournaisis

Au XIIIme siècle, la Beuvrière appartenait probablement à la branche de la maison de Trazegnies, surnommée Le Brun, qui possédait Bailleul. Vers 1340, elle passa à la maison de Douai, dite d'Estaimbourg ; un siècle plus tard aux d'Ollehain. Vers 1566, elle appartenait à Jehan de La Broye de La Val, fils de Gauthier et de Françoise d'Ollehain. Marie-Jeanne, dernière des de La Broye, à Bailleul, épousa le baron d'Hooghvorst, mort en 1723. La propriété fut alors vendue à Charles de Pollinchove. Le fils de celui-ci, Gaspard, étant mort sans postérité, la Beuvrière passa successivement, par droit d'héritage, au colonel de Flines, à Gaston et Louis du Pré, et à leur neveu, Jules Stiénon du Pré. Le fils de ce dernier, M. Hidulphe Stiénon du Pré, en est le propriétaire actuel.

(Notice des cartes postales illustrées de Bailleul.)

18.

10 DÉCEMBRE 1763

Partage des biens de Marie-Magdelaine Bayart, veuve de Martin Mullier

Est comparue Marie-Magdelaine *Bayart,* veuve immiscée avec enfants de Martin *Mullier,* demeurante à Roubaix, laquelle déclara que pour éviter toutes contestations qui pourraient naistre après son trépas au sujet du partage de ses biens et de ceux qu'a délaissez son feu mary, elle a fait faire prisée et estimation d'iceux et ensuitte du projet par elle communiqué à ses enfans et petits enfans, ils ont tiré au sort le premier dimanche de cet an, et comme l'acte dudit partage n'a point été rédigé par écrit le même jour, il est survenu des mécontentements. Et la comparante voulant user du droit que lui accorde la coutume de la Salle et Bailliage de Lille, et faire outrer le sort du partaige, elle assigne ainsi qu'elle fait par cette :

1° A Marguerite-Jeanne *Mullier,* sa fille, épouse de Jean-Baptiste *Faucart,* meunier à Wattrelos, toute une chocque de maisons à usage de journalier contenante, parmi jardin planté d'arbres fruitiers et montans, huis cens ou environ, situés au hamel du Pisre à Roubaix, tenus en cotterie de la seigneurie du Pisre, aboutans de bise à la piésente, moitié comprise, allante du chemin du Pisre à Trois Ponts, de midy à autre piésente allante desdits Trois Ponts au toucquet du chemin du Pisre, de couchant à l'héritage d'Alexandre *Delevainquière* et à celuy de François *Duverger,* la haye comprise, et d'Ecosse au chemin du Pisre. Et finalement luy appartiendra comme dessus six cens ou environ de labeur, situés et tenus que dessus, aboutans de bise à huit cens de labour à hape, cy après assignés aux enfans Josse *Lezaire,* de midi au rieu coulant de Courchelles à Trois Ponts, de couchant aux terres de François *Duverger,* à cause de sa femme, et d'Ecosse à la piésente allant du touquet du Pisre à Trois Ponts. Au moyen duquel assignat et le prix principal des bois vendus sur cette part, qu'elle aura droit de recevoir après l'eschéance de la vente, elle se trouve trop fournie de 995 l. 18 s., qu'elle payera avec le produit desdits bois, sçavoir à Pélagie-Joseph *Mullier,* épouse de Jean-Baptiste-Joseph *Droulers,* 906 l. et les 89 l. 18 s. restans aux quatre enfans de Pierre-François *Mullier,* et cela en dedans six mois du décès de la comparante.

2° Marie-Joseph *Mullier,* épouse d'Antoine-Joseph *Agache,* fermier à Roubaix, luy est échue par sort, et que luy assigne la comparante, toute une maison amasée de plusieurs places, contenante, parmi jardin planté d'arbres fruitiers et montans, quatre cens ou environ, situés au hamel de Fontenoit à Roubaix, tenus en cotterie du marquisat dudit lieu, aboutans de bise au jardin du sieur *Prouvost* de Fontenoit, la haye comprise, de midy à la piedsente allante du pont des Préaux à la Fosse au Chesne, de couchant et Ecosse au jardin dudit Prouvost, la haye du lez d'Ecosse moiturière. Et finalement toute une maison à deux étages par-devant, cuisine, chambres et autres édiffices par derrière, occupée par la comparante, Pierre *Pollet* et autres, contenante en fond, parmi cour et potager, quarante verges ou environ, situées au bourg de Roubaix et en tenues en cotterie, aboutans de bise et midy aux maison et héritages du s^r *le Long,* greffier de Roubaix, toutes séparations entre eux moiturières, et cette partie a droit d'une buise sur le terrain du s^r *Le Long* pour l'écoulement des eaux, de couchant à l'héritage de D^lle *Monnier,* veuve *Castel,* toutes séparations en briques moiturières, aussy bien que le puich, et d'Ecosse à la grande rue de Roubaix. Moyennant laquelle assignation et le prix principal des bois vendus sur cette part, qu'elle aura droit de recevoir après l'échéance de la vente, ladite Marie-Joseph *Mullier* se trouve pleinement fournie pour sa part selon le sort tiré.

3° A Pélagie-Joseph *Mullier,* épouse de Jean-Baptiste-Joseph *Droulers,* fermier à Wattrelos, lui est échue par sort et que lui assigne la comparante, trois maisons à usage de journaliers, contenantes, parmi jardin planté d'arbres fruitiers et montans, trois cents ou environ situés à Roubaix, tenus en cotterie de la seigneurie du Pisre, aboutans de bise au jardin de M. *Lemesre-Duquesnil,* la haye entre deux moiturière, de midy à cinq cens de labour cy-après assignés aux enfans de Pierre-François *Mullier,* de couchant à la piésente ou carrière, moitié comprise, allante des Trois-Ponts au chemin du Pisre, et d'Ecosse à Etienne *Cuvru* et la veuve de Philippes *Roussel,* haye moiturière. Et finalement toute une pièce de huit cens ou environ de labeur, situés à Roubaix, tenus en cotterie de la seigneurie de Bury-Courchelles, aboutans de bise partie à Alexis *Lefebvre* et partie à François *de le Cœuillerie,* de midy à la piésente allante du lieu plaidoyable de la seigneurie des Boues vers Maufait, de couchant à autre piésente comprise allant des Trois Ponts à Lannoy, et d'Ecosse aux terres de Jacques *des Pretz, Le Comte* et consors. Parmi laquelle assignation ladite Pélagie-Joseph *Mullier* est peu partagée de 906 livres parisis, qu'elle recevra de sa sœur Marguerite-Jeanne, épouse de Jean-Baptiste *Fauquart,* en dedans six mois du trépas de la comparante, et aura pour compléter sa part le prix principal des bois vendus sur les trois cents de jardin après l'échéance de ladite vente.

4° Aux sept enfans de Josse *Lezaire* et de feue Marie-Catherine *Mullier* leur est échue par sort tiré et que leur assigne la comparante, toute une maison à usage de louage, contenante, parmi cuisine, chambres, cave, grange, portes, étables, four, fournil et puich, cinq cens ou environ de jardinage plantés d'arbres fruitiers et montans, situés à Roubaix, tenus en cotterie de la seigneurie du Pisre, aboutans de bise à une piésente allant du chemin du Pisre vers Beaurepaire, icelle entièrement comprise, de midy au chemin du Pisre, de couchant au cabaret et jardin appelé Pisre, appartenant à *Jovénel,* la haye entièrement comprise, et d'Ecosse aux terres des héritiers de Mlle *Desruelles.* Et finalement huit cens de labour à happe, situés audit Roubaix, tenus en cotterie de la seigneurie du Pisre, aboutans de bise, partie à cinq cens de labeur cy après assignés aux enfans Pierre-François *Mullier* et partie aux enfans Hubert *du Pisre* et partie au rieu coulant de Courchelles à Trois Ponts, aux six cens cy devant assignés à Marguerite-Jeanne *Mullier,* et d'Ecosse à la présente allante du Touquet du Pisre à Trois Ponts. Au moyen de laquelle assignation, les sept enfans de Josse *Lezaire* et de feue Marie-Catherine *Mullier* sont trop partagés de 829 l. 17 s., qu'ils payeront aux enfans Pierre-François *Mullier,* avant six mois après le trépas de la comparante ; mais ils auront droit de recevoir le prix principal des bois vendus sur leur assignation après l'eschéance mentionnée en ladite vente.

5° Aux quatre enfants de Léger *Leuridan,* clercq de Leers, et de défuncte Marie-Anne *Mullier,* leur est échue par le même sort et que leur assigne la comparante, une chocque de deux maisons à usage de journaliers, contenantes, parmy jardin potager et verger, 718 verges ou environ, plantés d'arbres fruitiers et montans, situés à Roubaix, tenus en cotterie de la seigneurie du Pisre, vulgairement appelés le jardin Brulé, aboutans de bise, partie à Jean-Jacques *Dubar,* la haye entre deux moiturière, duquel lez la comparante se réserve cinq arbres pour par elle les faire abattre quand bon luy semblera, et en partie de bise aux terres de la cense de Wassignies, de midy aux terres des pauvres de Roubaix, de couchant au manoir et jardin de Jean *Meurisse,* la haye entre deux moiturière, et ce jardin a droit de la moitié du lez, de midy et Ecosse au chemin allant du Pont du Sartel au Pisre. Et finallement huit cens ou environ de labeur, situés audit Roubaix et tenus en cotterie de la seigneurie du Pisre, au hamel du Tilleul, aboutans de bise aux terres des enfans de l'ancien clercq de Toufflers, de midy et couchant aux terres du sieur conseiller *Turpin,* et d'Ecosse à la piésente, icelle comprise, allant du touquet du Pisre au chemin du Tillœul. Avec laquelle assignation lesdits quatre enfans de Léger *Leuridan* et de feue Marie-Anne *Mullier* auront droit de recevoir le prix principal des bois vendus sur le jardin à eux assigné, après l'eschéance de la vente en faite, et sont pleinement fourny pour leur part selon ledit sort tiré.

6° Et aux quatre enfans de feu Pierre-François *Mullier* et d'encore vivante Marie-Joseph *de le Rue,* la comparante leur assigne : primo la somme de 2.741 l. 12 s. qu'elle a prêté à leur feu père et à ladite *Delerue,* leur mère, et cela en plusieurs fois, au dessus des ports de mariage et avances qu'elle a fait à ses autres enfans, sans que ses héritiers puissent le faire monter à plus haute somme par billets d'eux signés qui seront remis ausdits enfans sitost le trépas de la comparante ; et pour jouissance de cette somme la mère desdits enfans Pierre-François *Mullier* payera annuellement à la comparante la somme de cent livres jusqu'à son trépas, attendu qu'elle s'est réservé la jouissance des biens assignés à ses autres enfants et petits enfants. Secundo leur assigne la juste moitié de deux cens ou environ de prairie situés à Croix, tenus en cotterie de l'Eparse de Mrs de Saint-Pierre de Lille, à prendre indivis contre les enfans de Jean-Baptiste *Le Clercq,* plantés de quelques bois montans, aboutant la totalité de bise à la prairie d'Adrien *Bonte,* de midy aux deux cents suivans, de couchant et Ecosse aux terres du sieur *de Boutillier.* Tertio, la juste moitié de deux cens de labeur à disme, tenus de l'Eparse de Saint-Pierre à Lille, à prendre indivis comme dessus, aboutant la totalité de bise aux terres de Thomas *Montagne,* de midy à celles de Pierre-François *Bevelarre,* de couchant aux terres de s^r *Boutillier,* et d'Ecosse aux deux cens de prairie ci-devant. Item, la juste moitié de deux cens ou environ d'héritages situés à Roubaix, tenus en cotterie de la Prévosté de Saint-Pierre, à prendre indivis comme dessus, sur lequel est édifié un corps de logis, chambres et autres places en un rang, l'étable des vaches, le four et fournil séparé, et le tiers de tous les autres édifices consistant en grange, portes, écuries et porchil, à prendre contre ledit *Bevelaere* qui a droit des deux tiers comme à emporter, aboutant la totalité desdits deux cens de manoir et jardin, qui sont plantés d'arbres fruitiers montants et hayures, de bise à la piésente, icelle comprise, allante du Verd Chemin au moulin de Barbieux, de midy au manoir et jardin des veuve et enfans Gérosme *Spriet,* de couchant au manoir et héritage de Pierre-François *Debevelaere,* et d'Ecosse au Verd Chemin ; lesquelles trois parties sont occupées par Philippes-Antoine *Agache,* au rendage de 36 livres l'an, au dessus de tous entretiens. Item cinq cens ou environ de labeur situés au hamel du Pisre à Roubaix, tenus en cotterie de la seigneurie du Pisre, aboutans de bise et midi aux terres du s^r *Lemesre Duquesnil* et aux du surnom *Dupisre,* de couchant aux huit cens cy devant assignés aux enfans Josse *Lezaire,* et d'Ecosse à la piésente comprise allante du touquet du Pisre à Trois Ponts, icelle passante au travers, et en partie aux trois cens de jardin cy devant assignés à la femme dudit *Droulers*. Et finallement demy quartron ou environ d'héritages, planté de bois montans, situés à Wattrelos et tenus en cotterie, aboutant de bise au jardin des enfants Noël *Piat,* de midy et couchant au jardin Antoine *Delbecq,* et d'Ecosse au chemin de la vieille place au Crétinier. Moyennant laquelle assignation lesdits quatre enfans de Pierre-François *Mullier,* aux conditions avant dites, sont peu partagés de 919 l. 15 s. qu'ils recevront en dedans six mois du décès de la comparante, savoir 89 l. 18 s. de Jean-Baptiste *Faucart* et sa femme, et 829 l. 17 s. des sept enfans de Josse *Lezaire.*

Pour par les enfans et petits-enfans de la comparante, jouir, user et disposer de chacun leur part, ainsi qu'ils gissent, s'extendent, comprendent, sont édiffiez et plantés (à l'exception des bois et hayes qui ont été vendus publiquement le cinq de ce mois), depuis ce jour d'huy en avant, propriétairement et à toujours, à charge de toutes telles rentes foncières, seigneuriales, autres redevances et servitudes anciennes qu'ils peuvent devoir et être chargés, déchargés de tous arrérages par la comparante jusques son trépas, attendu qu'elle se réserve tous les revenus desdits biens à son profit sa vie durante, et de lever en cours de rente sur la généralité des biens certaine somme qui n'excédera pas 2000 florins de capital ; à charge aussy du bail accordé à Jean-Baptiste *Vanreux* ce jour d'hui qu'il payera, après le décès de la comparante, savoir aux enfans de Josse *Lezaire* pour leur part 200 l. parisis, aux enfants Léger *Leuridan* 96 l., auxdits *Droulers* et sa femme 68 l. parisis, audit *Focart* et sa femme 86 l. et aux enfants de Pierre-François *Mullier* 30 l., faisant l'importance de son bail, auxquelles sommes la comparante a fixé le rendage pour le parfait du bail qu'en a ledit *Vanreux.*

Le présent partage se fait à condition que tous les enfants et petits-enfans de la comparante seront tenus livrer passage l'un à l'autre pour habiter à leurs parts respectifs à chariot, charrette et autres ustensils de labour, par les carrières présentes ou autrement au moindre dommage que faire se pourra. Et ses enfans et petits-enfans auront la liberté de changer et permuter de part, du tout ou en partie, l'espace de deux ans après le trépas de la comparante, sans être obligés de faire faire aucunes œuvres de loy ny payer aucuns droits ; voulant la comparante que le présent partage soit tenu, entretenu et exécuté par ses enfans et petits enfans, sans pouvoir par l'un ny l'autre y contrevenir, à péril d'être privé de sa succession mobiliaire. A l'exécution de tout quoy elle oblige ses biens vers tous seigneurs et justices, renonçante à toutes loys et coutumes et autres choses contraires, après que la comparante a conditionné que tous les occuppeurs des petites maisons comprises en ce partage, au hamel du Pisre, auront droit d'aller puiser de l'eau au puich existant sur les huit cens de jardin assignés à la femme de Jean-Baptiste *Focart,* en entretenant et payant leur cotte part des seau, corde et molette.

Fait et passé à Roubaix le 10 de décembre 1763, par devant Jacques-Joseph *Piat,* notaire royal de la résidence de Wattrelos, présens Dominique-Joseph *Lhermite* et Pierre-François-Joseph *Lorfebvre,* praticiens audit Wattrelos, témoins à ce requis.

Etoient signez : Marie-Magdelaine *Bayart.* — D. J. *Lhermitte.* — P. F. J. *Lorfebvre.* — J. J. *Piat,* notaire.

19.

28 OCTOBRE 1755

Bail de la cense de la Digue du Pré au profit de Josse Lezaire

Comparant le sieur Denis-Joseph *de Madre,* bailly général du marquisat de Roubaix, lequel, en cette qualité et à l'effet ci-après, autorisé de Son Altesse Monseigneur le prince *de Soubise,* seigneur marquis dudit Roubaix, etc., a déclaré avoir accordé à titre de ferme et louage à Josse *Lezaire,* fils de feu Antoine-Floris, censier audit Roubaix, icy aussi présent, qui connut avoir pris et promis tenir audit titre, toute la maison et cense de le Decque du Pretz, située audit lieu, ainsi qu'il l'occupe présentement, appartenant à mondit seigneur, laquelle contenoit ci devant, parmi lieu manoir, grange, portes, étables, esquais, carin, fournil, motte, jardins, prairies et labeur, 27 bonniers 1317 verges, situés audit Roubaix, hors de la masse de laquelle cense il a été distrait et retiré, tant par vente que par baux épillés, une portion de terres à labour, dont ledit preneur déclare de s'en tenir content et apaisé, sans autrement livrer par mesure, pour luy en jouir audit titre neuf années consécutives, commençant à mettre main, sçavoir aux terres à labour au Saint-Remy 1756, et aux manoirs, jardins et prairies au my-mars 1757, à la charge de laisser les terres à labour à droite roye pendant les dernières années du bail et les six premières années le preneur a la faculté de les déroyer, pourvu les fumer à l'avenant ; parmy payant et rendant chacun an par ledit preneur à mondit seigneur ou son receveur, la somme de 1300 livres parisis, outre le vingtième denier d'icelle somme aussi chacun an, à faire en deux termes et payemens égaux, dont le premier échéra au Noël 1757 et le second, parfait de la première année, au mi mars ensuivant, et ainsi en après continuer pendant les neuf années. Par dessus lequel rendage, ledit preneur payera toutes tailles, aides, dixièmes, vingtièmes et toutes autres impositions quelconques, sauf qu'au regard des contributions, s'il en arrivait, qu'il luy sera fait modération suivant le règlement général. Et d'autant que par les baux précédens, feu Monseigneur le duc *de Melun* étoit d'intention de faire démolir ladite cense, ce qui n'a point été fait par grâce et à la prière dudit *Lezaire* preneur, ou les fermiers avant lui, à condition que ledit *Lezaire* sera obligé de réparer et entretenir les édiffices à ses frais singuliers, à la décharge entière de mondit seigneur, et qu'il paiera la moins vaille d'icelle suivant la prisée qui en a été faite par maîtres *Binault* et *Suing,* arpenteurs jurés, et qu'il luy sera au contraire tenu compte de l'augmentation s'il s'en trouve par nouvelle prisée qui sera faite à la fin du présent bail par experts jurés. Bien entendu qu'au cas de feu, accident, trouble de guerre ou force majeúre, ledit preneur sera tenu de payer un tiers du montant de la prisée des bâtiments qui ainsy seroient brûlés et anéantis. Conditionné aussi que ledit preneur ne pourra donner en avant cense lesdits manoir et héritages, ni portion d'iceux, que du gré et consentement de mondit seigneur ou ses officiers préposés, à péril de faire fin de bail, si bon leur semble, sans aucune sommation ni intérêt. Plus ledit preneur sera obligé d'enfermer dans les granges de ladite cense toutes les avestures qui proviendront d'icelle cense, et les estrains et fourages convertis en fumier pour en fumer les terres en temps ordinaire, sans en pouvoir aliéner ny brûler ; et à sa sortie, il sera tenu de laisser tous fumiers et estrains dans la cour de la dite cense. Plus devra planter allentour des terres autant de saulx et auneaux qu'il sera nécessaire, et si aucuns hallot séchoient, il les aura à son profit en replantant pour chacun hallot sec deux verds, les rendant repris de deux ans à la fin du bail. Pourra le preneur couper et épincer les hallots et hayes de trois ans en trois ans. Il sera tenu d'entretenir tous chemins, cours d'eau, ponts, planches, appuielles, frettes et carrières, aussi avant que lesdits héritages y sont assujettis, à ses risques et péril d'amende. Ledit bail durant, sera obligé de faire chacun an deux corvées avec ses chevaux et chariots, pour mener les blés de Néchin à Roubaix. Se réservant mondit seigneur de pouvoir faire abattre, roder et planter tels bois qu'il jugera convenir et quand bon lui semblera, sans être tenu à aucun intérêt vers ledit preneur, lequel sera obligé de payer prestement la somme de 325 livres parisis pour pot de vin du présent bail, et de donner, quand il en sera requis, bonne et sure caution pour le paiement du rendage et conditions susdites. Au paiement, accomplissement de tout ce que dessus, lesdits comparans ont obligé, savoir ledit sieur bailleur les biens de mondit seigneur, et le preneur ses personne et biens, renonçant à toutes choses contraires.

Ainsy fait et passé audit Roubaix, le 28 octobre 1755, par devant Philippes-Joseph *Castel,* notaire royal y résidant, soussigné, présens Jean *Decresme,* sergent de Roubaix, et Pierre-Antoine *Roelandts,* praticien audit lieu, témoins à ce requis.

Etoient signés : *Demadre.* — Josse *Lezaire.* — J. *Decresme.* — P. A. *Roelandts.* — P. J. *Castel.*

———

20.

29 AOUT 1744

Josse Lezaire et Pierre-François Lepers, otages

Nous, Eschevins du Bourg et Marquisat de Roubaix, assemblés, déclarons qu'estant requis par le commandant des troupes de la reine d'Hongrie qui viennent d'enlever le lieutenant dudit Roubaix, de choisir deux députez auprès de Son Altesse Monseigneur le duc d'Harenberg, général des troupes de sa majesté ladite Reine, et accompagner ledit Lieutenant ; en conséquence et après sort ou lot jetté, les sʳˢ Josse *Lezaire* et Pierre-François *Lepers,* deux de nous soussignés, ont estés députez et leurs avons donné tous pouvoirs, etc. Fait en notre assemblée du 29 août 1744.

Delcourt. —*P. Prouvost.* —*Pierre-François Lepers.* — *Charles Destombes.* —*Josse Lezaire.*

(Archives de Roubaix, EE. 27).

21.

12 NOVEMBRE 1766

Partage de la succession de Marie-Madeleine Bayart entre ses héritiers du nom de Lezaire

Sont comparus Jean-Baptiste, Jean-François et Denis-Joseph *Lezaire,* Allard *Messean* et Pélagie Joseph *Lezaire,* sa femme, Judocus *Vanderaghe* et Constance-Joseph *Lezaire,* son épouse, George *Delebecque* et Anne-Marie-Joseph *Lezaire,* sa femme, et Jean-Dominique *Desbarbieux* et Catherine-Joseph *Lezaire,* aussi sa femme, respectivement marchands et fermiers demeurant ès paroisses de Roubaix, Bachi, Marcq en Barœul et Tourcoing, iceux du surnom *Lezaire* frères et sœurs, enfans et héritiers de Josse et de deffunte Marie-Catherine *Mulier,* comme aussi héritiers de Martin *Mullier* et de Marie-Magdeleine *Bayart,* leurs père et mère grand maternels, lesquels comparans, lesdites femmes de chacun leur mari duement autorisées aux fins des présentes, déclarèrent que par le trépas de leurs dits père et mère grande, il leur étaient échus et dévolus plusieurs parties de bien qu'ils étoient restés en commun entre eux, et désirans sortir de communion et d'en faire partage, pour auquel parvenir ils ont dénommé de main commune les notaires soussignés en leurs qualités d'experts jurés pour en faire priserie et estimation, laquelle s'est trouvée monter à la somme de 38.248 livres parisis, de laquelle somme fut distraite celle de 5.400 livres dues audit Allard *Messéan* et sa femme, qu'ils avoient prêté et avancé audit feu *Josse Lezaire,* de la connaissance des comparans, de façon qui reste à partager entre eux pour 32.848 livres. Et après en avoir fait sur ce pied sept parts les plus égales que possible a été, ils reconnurent en avoir fait le partage et division en la forme, manière et conditions suivantes :

Premier, par le présent partage compétra et appartiendra auxdits Allard *Messean* et son épouse, toute une maison, etc. (Le surplus omis pour longueur).

Et auxdits Denis et Anne-Marie-Joseph *Lezaire,* épouse dudit George *Delebecque,* leur compétra et appartiendra pour chacun la moitié et pour par eux en faire subdivision quand bon leur semblera, les parties cy après déclarées. Savoir tout un lieu manoir amasé de maison manable, chambre, grange, portes, étables, fournil et autres édifices, contenant, parmi jardin aucqué et planté d'arbres fruitiers et montans, cinq cents ou environ, situé à Roubaix, tenu en cotterie de la seignerie du Pire, occupé par Jean-Baptiste *Vanreux*, aboutant de bise à la piésente, icelle comprise, allante du chemin du Pire à la ferme de Beaurepaire, de midi au chemin du Pire, de couchant à l'héritage de Jean-Baptiste *Jovenel*, et d'Ecosse aux terres du s^r *Cardon du Rotoy*, à cause de sa femme. Item, leur appartiendra comme dessus, huit cens ou environ de labeur situés, tenus et occupés comme la partie précédente, aboutissans de bise aux terres des enfans Pierre *Mullier*, et partie à cause d'une happe aux terres de Denis *Dupire*, de midi, partie audit *Dupire* et partie au rieu coulant à Trois Ponts, de couchant à Jean-Baptiste *Fauquart*, à cause de sa femme, et d'Ecosse au jardin de ces derniers, une piésente entre deux comprise. Item, leur appartiendra comme dessus sept cens ou environ de labeur, situés audit Herzeau, tenus en cotterie de Messieurs de Saint-Pierre à Gand et de Saint-Martin à Tournay, aboutissant de bise à la piésente comprise, allante de l'église au moulin d'Herzeau, de midi aux terres de Louis *Hurseluin*, de couchant, partie aux deux cens ci-après, et partie à Jean-François *Quiévron*, ainsi que du côté de Nord. Plus leur appartiendra, comme dit est, deux cens ou environ de labeur situés audit Herzeau et tenus en cotterie dudit lieu, aboutissans de bise à la piésente précédente, de midi à la terre de la veuve Gaspard *Delanglois*, de couchant aux terres de l'occupation du fermier de la ferme de Drumez, et du nord audit *Quiévron*. Finallement leur appartiendra pour chacun la moitié et indivis comme dessus, deux cens ou environ aussi de labeur, situés et tenus en cotterie que dessus, occupés par Jean-Baptiste *Coulon*, ainsi que deux parties précédentes, aboutissant de bise aux terres de ladite baronnie, de midi audit *Quiévron*, de couchant à Pierre *Lecoutre*, de nord au chemin conduisant de Luingne audit Herzeau.

Au moyen desquelles assignations ils sont peu partagés de 85 livres 2 s. 6 d. 2 septièmes, qu'ils recevront desdits *Messean* et sa femme, parmi quoi ils seront pleinement satisfaits de leurs parts ès dits biens.

Pour, par les comparans partagés, leurs hoirs ou ayant cause, de chacun leur part et assignat ci-dessus, et soit qu'il ait p'us ou moins de continence d'héritage qu'est ci-dessus spécifié, qui restera au profit ou à la perte de chacune part ou assignat, et ainsi que le tout gist, s'extend et comprend, est édifié, aucqué et planté et séparé, à l'appaisement et connoissance des parties, sans rien réserver ni excepter que ce qui appartient aux occupeurs, en jouir, user et disposer depuis ce jour d'huy en avant, propriétairement et à toujours, comme de leur chose propre et vrai bien, à charge des rentes seigneuriales, foncières, sous rentes, passages et écoulements, vues et issues d'eaux, droit de moituriétés de murailles, pignons et autrement que chacune part peut devoir d'ancienneté et est chargée par le présent acte, les arrérages desquelles rentes et reconnoissances s'acquitteront jusque et compris le jour de Saint-Remi dernier, à raison que lesdits partagés se sont réservés les rendages en commun jusques lors ; à charge aussi des baux et droits des occupeurs, pour autant qu'ils soient vallables et d'entretien ; conditionné expressément entre parties que pour ce qui regarde les maisons et héritages assignés ci-dessus auxdits Jean-Baptiste et Jean-François *Lezaire*, aboutissans à la rue du Galon d'eau audit Roubaix, ils seront tenus de payer chacun an par moitié les rentes seigneurialles, tailles et vingtièmes ordinaires et extraordinaires. Comme aussi fut stipulé entre les parties que l'une ou l'autre d'icelles, leurs hoirs ou ayant cause, ne pourront à jamais planter aucuns bois montans à l'encontre de chacun leur part ou assignat ci-dessus, à quelque distance que ce puisse être, à péril que tel plantis sera jetté bas à la première réquisition de la partie intéressée et outre ce tenu à prétendre dommages et intérêts ; se réservant lesdits comparans partagés le pouvoir et faculté de changer et permuter des parts de l'un à l'autre, du tout ou en partie, pendant le terme et espace de douze ans, à compter du jour des présentes, sans être tenus à payer aucuns droits seigneuriaux, ni soumis à aucune œuvre de loy.

Le présent partage s'étant aussi fait par les parties comparantes sans qu'elles entendent en aucune façon, directement ni indirectement, contrevenir ni contredire à l'acte de disposition fait par ledit feu *Josse Lezaire,* passé devant Mᵉ *Piat,* l'un des notaires soussignés, présens témoins, le 14 novembre 1763, par rapport à la substitution y ordonnée pour ladite Constance-Joseph *Lezaire.*

A l'entretien, garantie, payement et exécution de tout ce que dessus, les parties comparantes, chacune respectivement, ont obligé leurs personnes et biens vers tous seigneurs et justices, et renoncé à toutes choses contraires, spécialement lesdites femmes à la loi du Sénat consult Vellean et à l'autentique si qua mulier, à elles expliqué et qu'elles ont déclaré de bien entendre.

Ainsi fait et passé audit Roubaix, l'an 1766, le 12 de novembre, par devant les notaires royaux des résidences de Wattrelos et Roubaix soussignés, après qu'il fut dit que lesdits Judocus *Vanderaghe* et Constance *Lezaire,* son épouse, et George *Delebecque* et Anne-Marie-Joseph *Lezaire,* aussi sa femme, furent absens à la passassion de l'acte, qu'ils le ratifieront ci-après et le signeront.

Etoient signés : J.-B. *Lezaire.* — J. F. *Lezaire.* — D. J. *Lezaire.* — A. *Messian.* — Pélagie J. *Lezaire.*—J. D. *Desbarbieux.*—Cath. J. *Lezaire.* — J. J. *Piat.* — C. A. *Lelong.*

Les jour, mois et an que dessus, et par devant les mêmes notaires, sont comparus lesdits *Vanderaeghe* et sa femme, George *Delebecque* et sa femme, lesquels, lesdites femmes de leurs maris duement autorisées, ont déclaré, après lecture de l'acte ci-dessus, d'accepter chacun leurs assignats et parts, et de l'approuver et confirmer en tout son contenu, sous les promesses, obligations et renonciations avant dites.

Etoient signés : G. *Delebecq.* — Anne-Marie *Lezaire.* — Judocus *Vanderhaeghe.* — Constance *Lezaire.* — J. J. *Piat.* — C. A. *Lelong.*

22.

27 JANVIER 1763

Contrat de mariage de Denis-Joseph Lezaire et de Marie-Catherine Dillies

Sont comparus Denis-Joseph *Lezaire,* fils de Josse, et de défunte Marie-Catherine *Mullier,* assisté de son dit père, de Jean-Baptiste et Jean-François *Lezaire,* ses frères, d'Isidor *Vanderhaeghen,* et de George *de le Becque,* ses beaux-frères, demeurant à Roubaix, d'une part ;

Marie-Catherine *Dillies,* fille de Pierre et de Marie-Catherine *Wicquart,* accompagnée de ses dits père et mère, du sieur Germain *Dillies,* lieutenant de Quesnoy, son oncle, de Pierre-Joseph *Dillies,* son frère, demeurant audit Quesnoy, et de Jean-Martin *Chuffart,* son beau-frère, d'autre part ;

Lesquels Denis-Joseph *Lezaire* et Marie-Catherine *Dillies* ont déclaré que traité de mariage étoit mu et pourparlé entre eux, qui se fera et solennisera en face de notre mère la Sainte Eglise, si elle y consent, mais auparavant aucun lien conjugal et avant le conclure, sont convenus des dons, ports, retours et conditions de ce futur mariage ainsi que s'ensuit :

Premier, quant au port en ce mariage de la part dudit futur mariant, son dit père à ces fins comparant a promis de lui payer et fournir en avancement de ce dit mariage, sitôt icelui parfait et consommé, la somme de 1500 florins. Outre ce, ledit futur mariant a déclaré qu'il avait 500 florins provenant de ses épargnes, que son père lui fait donnation sans qu'il soit tenu les rapporter en la masse commune, venant à recœuillir sa portion et part d'hérédité, duquel port laditte future mariante s'en tient pour appaisée.

Et quant à celui de la future mariante, ses dit père et mère, celle-ci deuement authorisée de sondit mary comparant comme dessus, ont promis solidairement l'un pour l'autre et un seul pour le tout, sans division ni discussion de droit, payer et fournir en avancement de cedit mariage, sitôt iceluy parfait et consommé, en argent clair, la somme de 2000 pareils florins, duquel port ledit futur mariant s'en tient pour appaisé.

Arrivant la dissolution du présent mariage par le prédécès du futur mariant, soit que dudit mariage il y ait enfant vivant, apparant à naître ou non, à chacun desdits cas, la future mariante survivante aura droit de s'immiscer ou renoncer aux biens et dettes de son futur mari. Dans le cas de renonciation, elle aura et remportera tous ses habillemens, linges, bagues et joyaux servans et destinés à servir à ses chef et corps, son droit de veuve coutumier prescrit par la coutume de la salle et bailliage de Lille, quoique la maison mortuaire arrive ailleurs, toutes donations, successions et hoiries qu'à elle eschéront constant ce mariage, ou leur valeur et remplacement en cas d'aliénation, et pour son port de mariage, droits préfixes et amendement conditionnel, la somme de 3.000 florins une fois, le tout librement et franchement et exempt d'aucunes dettes, obsecques et funérailles de la maison mortuaire, sauf celles dues à l'occasion desdites donnations, successions et hoiries qu'elle sera tenue supporter. Et dans le cas d'acceptation de la communauté elle aura et remportera d'avant part tous les habillemens, linges, bagues et joyaux servans ou destinés servir à sesdits chef et corps, son droit de veuve coutumier comme dessus, la moitié de tous acquets tant féodaux qu'autres, et au surplus tous les autres droits et avantages attribués à pareille veuve immiscée. Et pour se délibérer sur le parti qu'elle voudra prendre de renoncer ou de s'immiscer, et en prenant l'un elle se privera de l'autre, elle aura le terme et espace de quarante jours, même trois mois en cas de maladie, à compter du jour que le trépas de son futur mari lui sera venu à sa connaissance, pendant lequel tems elle, sa famille et domestiques, pourront rester en la maison mortuaire, vivre des biens y étant, continuer son commerce ou profession, vendre, acheter, agir, négocier et faire les affaires de ladite maison mortuaire, sans pour ce estre réputée veuve immiscée, non plus à l'égard des héritiers que créanciers de son dit futur mari. Et le cas contraire arrivant par la mort de ladite future mariante, sans dudit mariage y avoir enfant vivant, audit cas le futur mariant survivant sera obligé de rendre et restituer aux parents et héritiers de sadite future épouse, ou au profit de qui elle aura disposé, pour quoi faire il l'authorise dès à présent comme pour lors, tant en son absence qu'en sa présence, la somme de 1333 florins, plus toutes donations, successions et hoiries, qui lui seront advenues constant ledit mariage, ou la valeur et remplacement en cas d'aliénation, avec la moitié de tous acquets tant féodaux qu'autres, qui pourront être faits pendant cedit mariage, le tout sans charge d'aucunes dettes, obsecques et funérailles de la préterminée, sauf de celles venues à l'occasion desdites donations, successions et hoiries qui les suivront, au moyen de quoy le surplus des biens de la communauté conjugale appartiendra en pleine propriété au futur mariant survivant, à charge de par luy payer le surplus des dettes, obsecques et funérailles de ladite maison mortuaire. Rien ne sera néantmoins réputé pour acquets ni retraicts dans aucun des cas cy dessus, que les ports, donations, successions et hoiries respectives, ou leur valeur et remplacement en cas d'aliénation, ne soient retrouvés et remplacés.

Fut conditionné et accordé, au cas de non enfant vivant ou apparant à naître, que le survivant desdits futurs conjoints aura droit de jouir viagèrement, sa vie durante (ou tant et si long tems qu'il ne se convole en secondes noces, auquel cas il se privera du viager), des biens d'achats raportans fruicts que pourront avoir faits lesdits futurs mariants pendant leur conjonction, nonobstant la stipulation ci-dessus au contraire.

Fut en outre conditionné et accordé, au cas de non enfant vivant comme dessus, que ledit survivant sera tenu de rendre aux parens et héritiers du premier mourant d'eux deux, les habillemens, linges, bagues et joyaux qui auront servi ou destiné servir aux chef et corps du premier mourant. Et pour ce qu'il regarde la restitution du mobiliaire que devra faire ledit survivant au cas de non enfant vivant, il fut aussi convenu et accordé que ledit survivant aura un an à compter du jour du décès du premier mourant, et ce aux héritiers ou donataires dudit premier mourant. Bien entendu que ces derniers pourront réclamer et jouir sitôt des biens immobiliaires patrimoniaux que délaissera ledit premier mourant, le tout au cas de non enfant vivant comme dessus.

Et arrivant que la future mariante vienne à survivre son futur mary, soit qu'elle fut veuve immiscée ou renoncée, avec enfant vivant ou non, il lui sera permis, si bon à elle semble, d'être seule censière et continuer l'exploitation de l'occupation dont son futur mari terminera occupeur à l'exclusion des parens et héritiers de sondit futur mary.

Ce fait, ledit Josse *Lezaire,* père du futur mariant, a déclaré que comme il s'étoit déporté en faveur de sondit fils de l'occupation qu'il exploitoit, dont prisée et estimation s'est faite par les experts *Piat* et *Lelong,* arrestée le 25 octobre dernier, que les parties déclarèrent respectivement d'y accéder pour chacun ce qui les concerne, et voulant bien ledit Josse *Lezaire,* en considération du présent mariage, accorder du temps pour par lesdits futurs marians payer et fournir l'importance de ce qu'il lui est dû, le tout relativement à laditte prisée, iceluy *Lezaire* consent par cette que l'importance d'icelle prisée soit payée en quatre paiemens égaux, dont le premier écherra au 27 janvier prochain 1764, de façon que le dernier payement sera dû et exigible à pareil jour 27 janvier 1767 ; ce qui a été accepté et promis par lesdits futurs marians. Néantmoins sur l'importance de la susdite priserie, il restera confus audit Josse *Lezaire* les 1500 florins pour le port de mariage promis à sondit fils futur mariant ; reconnaissant aussi le même Josse *Lezaire* avoir reçu de sondit fils futur mariant 500 florins à compte du premier payement des prisées ci-dessus, dont quittance par cette.

Pour l'entretient, garantie, payement et exécution de tout ce que dessus, les parties contractantes, chacune en leur égard, ont obligé leurs personnes et biens vers tous seigneurs et justices, et renoncé à choses contraires.

Fait et passé à Lille le 27 de janvier 1763, pardevant le notaire royal y résident, présens M. Pierre *Lelong,* greffier de Quesnoy, et Charles-Adrien *Lelong,* son fils, greffier de Roubaix, témoins à ce requis, après que laditte mère de la future mariante a renoncé à la loi du senatus consulte Vellean et à l'authentique si qua mulier à elle expliqué et qu'elle a déclaré bien entendre. Et ont signé.

23.

27 SEPTEMBRE 1757

Cession du bail de la cense de la Digue du Pré, par Josse Lezaire au profit de Denis-Joseph Lezaire, son fils

Pardevant ledit notaire, présens les témoins ci-après nommés, est recomparu ledit Josse *Lezaire,* lequel a déclaré de céder et transporter irrévocablement à Denis-Joseph *Lezaire,* son fils, icy présent et acceptant, le parfait du bail ci devant repris, aux rendages, charges, clauses et conditions y stipulées, commençant à en jouir, quant aux terres à labeur au Saint-Rémy prochain de cet an 1757, et pour les manoir, jardins et prairies, au mars ensuivant. A laquelle cession et transport de bail le sieur Denis-Joseph *de Madre,* bailly de Roubaix, icy présent, y a consenti. De suite, ledit Josse *Lezaire* a encore déclaré de se constituer caution solidaire dudit Denis-Joseph *Lezaire,* son fils, pour les rendage, charges, clauses, devis et conditions dudit bail, à l'entretien duquel les comparans ont obligé tels biens que de droit, renonçans à toutes choses contraires.

Fait et passé audit Roubaix, le 27 septembre 1757, présent Jean-François *Devernay,* praticien, et Jean *Decresme,* sergent, demeurans tous deux audit Roubaix, témoins à ce requis ; après qu'il a été convenu entre lesdits *Lezaire* père et fils que le pot de vin stipulé dans le bail sera par eux payé à prorata de la jouissance d'un chacun, c'est-à-dire que ledit *Lezaire* père en sera à un neuvième et *Lezaire* fils à huit neuvièmes.

Etoient signés : Josse *Lezaire.* — Denis-Joseph *Lezaire.* — *Demadre.* — J. F. *Devernay.* — J. *Decresme.* — P. J. *Castel, notaire.*

(A la suite de l'acte n° 19.)

24 - 25.

17 JUILLET — 30 AOUT 1794

Certificats ecclésiastiques pour l'abbé Louis-François-Joseph Lezaire

Ego infrascriptus presbiter, sacræ facultatis Parisiensis baccalaureus theologus, in juribus tum canonico tum civili licentiatus, ecclesiæ cathedralis Tornacencis canonicus, necnon etiam Tornacensis diæceseos, sede vacante, vicarius generalis, testor omnibus quorum interesse poterit, Ludovicum-Franciscum-Josephum *Lezaire,* diæcesis Tornacensis presbiterum, in parochia sancti Leodegarii a duobus annis vices vicarii agentem, mullum ex iis quæ apud Gallos hactenus expetita fuerunt juramentis præstitisse, integris moribus sanaque doctrina commendabilem, catholicæ fidei sanctæque romanæ Ecclesiæ fortiter dictis et factis adhæsisse, mihique dignum videri quem benevolentia et auxiliis adjuvent ii omnes ad quos divertere cogetur. In quorum fidem subscripsi, Coloniæ, anno Domini millesimo septuagentesimo nonagesimo quarto, die vero decima septima julii. — *Gallouin,* canonicus et vicarius generalis Tornacensis.

Ego infrascriptus presbyter, ecclesiasticus quondam Tornacensis, jam vero consistorii Pragensis secretarius, omnibus quorum interest attestor R. Ludovicum-Franciscum-Josephum *Lezaire.* retroscriptum, a duobus circiter annis in parochia Sancti Leodegarii, diæcesis Tornacensis, in Flandria austriaca, uno ab urbe Tornacensi milliari, vices vicarii laudabiliter obivisse, omniumque ob qualitates retroscriptas, auxilio et benevolentia dignum esse. Insuper venerabilem Dominum *Gallouin,* qui testimoniales ab alia parte signavit, vere talem esse qualem sese exhibet, eidemque signaturæ fidem indubiam esse adhibendam. Pragæ, die 30 augusti 1794. *Carpentier,* secret. consistorii Pragensis.

26.

17 JUILLET - 9 AOUT 1794

Celebret accordé à l'abbé Louis-François-Joseph Lezaire

Joannes Philippus *de Horngoldschmidt,* J. U. D., reverendissimi et serenissimi archiepiscopi et principis electoris Coloniensis, Domini nostri clementissimi, D. Maximiliani Francisci, archiducis Austriæ, etc., etc., in spiritualibus per civitatem et archidiæcesim Coloniensem vicarius generalis et consiliarius ecclesiasticus intimus, metropolitanæ electoralis ecclesiæ Coloniensis et equestris collegiatæ in Wimpsen canonicus capitularis, etc., etc. Ut R. D. Ludovicus-Franciscus-Josephus *Lezaire,* vicarius, de Roubaix, diæcesis Tornacensis, per archidiæcesim Coloniensem S. Missæ sacrificium celebrare possit et valeat, dummodo habitum et tonsuram deferat ordini suo sacerdotali congruentes, et de cætero observet leges archidiæcesanas, harum serie licentiam et facultatem ad tempus commorationis in hac archidiæcesi duntaxat duraturas, eidem concedimus et impertimur. Datum in vicariatu generali Coloniæ, 17 julii 1794. — Ex mandato, *Leinen,* protonotarius in spiritualibus.

Conceditur licentia celebrandi missam in transitu per archidiocesim Moguntinam superiorem ad octo dies suprascripto V. Domino Ludovico Francisco Josepho *Lezaire,* vicario, de Roubaix, dioceseos Tornacensis. Die prima Augusti 1794. *Wagner,* secret. in spiritualibus.

Conceditur similiter licentia celebrandi missam in transitu per diæcesim Bambergensem suprascripto R. D. Ludovico Francisco Josepho *Lezaire,* vicario, de Roubaix, diæcesis Tornacensis, ita tamen ut in uno loco ultra duos vel tres dies non commoretur. Bambergæ, die 9ᵃ augusti 1794. *De Wurtzburg,* vic. generalis.

27.

4 NOVEMBRE 1802

Vente des biens de l'émigré Florimond Lezaire

L'an onze de la République française, une et indivisible, le treize du mois de brumaire, à dix heures du matin, nous, préfet du département du Nord, nous sommes transporté dans la salle des ventes dudit département où étant, il a été annoncé qu'il allait être procédé en exécution de la loi du 26 vendémiaire an 7ᵐᵉ, à l'adjudication définitive au plus offrant et dernier enchérisseur des biens ci-après désignés, indiqués par l'affiche n° 40 art. 4073 dont il a été donné lecture ; laquelle affiche a été bien et dûment publiée et apposée dans les lieux prescrits par la loi, suivant les certificats du maire de la commune de Roubaix.

Lesquels biens consistent en 68 ares 95 centiares de terre situés à Roubaix, provenant de l'émigré *Lezaire*, vendus, d'après la déchéance prononcée par la loi du 11 frimaire an 8, à la folle enchère de *Fréville*, qui s'en était rendu acquéreur le 27 thermidor an 7, et dont les abouts et tenants sont désignés dans le premier procès-verbal d'adjudication, formant un seul lot d'estimation qui a été porté à la somme de 2530 francs.

Nous, préfet du Nord, avons ouvert les enchères, conformément à l'article premier de la loi du 26 vendémiaire an VII, sur la hauteur de huit fois le revenu du domaine, montant à la somme de 2.530 francs. **Et** attendu le défaut d'amateurs, les enchères se sont ouvertes sur 450 fr. Et de suite nous avons fait allumer un premier feu pendant la durée duquel il a été offert par le citoyen *Blangeard*, 450 fr. Et après... feux différens, ayant été allumé un... feu qui s'est éteint sans qu'il ait été fait aucune enchère, nous avons adjugé au citoyen Augustin *Delattre*, domicilié à Douay, comme dernier enchérisseur pour lui ou son command, les biens désignés en l'affiche et au procès-verbal pour le prix et somme de 800 francs, aux clauses, charges et conditions portées par ledit procès-verbal et prescrites par les lois que ledit citoyen *Delattre* a déclaré bien connoître et a signé avec nous.

Fait à Douai, les jour, mois et an que dessus. Signé : *Delattre*.

Ledit jour est comparu le citoyen *Delattre*, adjudicataire, lequel a déclaré pour command de la présente adjudication, le citoyen Eloi-François-Joseph *Claro* aîné, négociant à Douay, laquelle déclaration a été acceptée par le citoyen Charles *Claro*, son frère; et ont en conséquence lesdits comparans signé avec nous.

Signé : *Delattre*. — Ch. *Claro*. — En l'absence du préfet, le conseiller de préfecture : *E. Desmoutier*.

28

La cense de la Cour d'Espierres

Aux renseignements fournis par la généalogie qui précède et par les deux actes qui vont suivre, des notes communiquées par notre excellent collègue de la Société d'études, M. le baron Armand del Fosse et d'Espierres, nous permettent d'ajouter la série des censiers depuis le début du XVIIme siècle jusqu'au moment où les Lezaire entrèrent en bail.

9 novembre 1633. Bail de la ferme et du moulin à Josse de le Rue et Joséphine ou Jacqueline Le Poultre, sa femme en secondes noces. Cette dernière est dite veuve dans un acte du 2 mars 1657.

31 janvier 1671. Bail de la cense et cour d'Espierres à Nicolas de le Rue, fils de Josse, et à Charlotte de le Rue, sa femme, qui l'exploitaient déjà depuis quelque temps.

25 décembre 1690 et 15 septembre 1699. Baux à Charlotte de le Rue, veuve de Nicolas de le Rue.

12 décembre 1711. Bail à Josse de le Rue, fils de feu Nicolas.

G. R.

8.

19 mai 1719. Bail au même Josse de le Rue et à Angélique Gahide, sa femme. Bail renouvelé le 18 novembre 1730 et le 14 mars 1740.

6 décembre 1764. Bail à Josse de le Rue, fils de Josse et d'Angélique Gahide, et à Marie-Louise Bourgeois, sa femme.

5 juillet 1776. Bail à Marie-Louise Bourgeois, veuve de Josse de le Rue. Renouvelé en 1785.

21 juillet 1791. Cession du bail par la même à son gendre, Jean-Baptiste Lezaire, époux d'Amélie-Joseph de le Rue.

<hr>

29

29 NOVEMBRE 1785

Bail de la cense de la Cour d'Espierres

Par devant Jacques-Ferdinand-Joseph Prévost, notaire royal, résident à Estaimbourg, soussigné, comparut noble dame Madame Thérèse-Charlotte-Ghislaine de Sourdeau, baronne douairière d'Espierres, etc., laquelle a déclaré d'avoir accordé en bail et louage à Marie-Louise Bourgois, veuve immiscée de Josse Delrue, demeurante audit Espierres, ici présente et acceptante, la maison, cense, manoir, lieu et héritage nommé la basse cour dudit Espierres, contenant, parmi jardinage, prez, pâtures, aulnois et terres labourables, y compris le fief de Terquis, le nombre de 47 bonniers ou environ, en plusieurs pièces, èsquelles ne sont compris trois bonniers de terre à labour, pris en une pièce de neuf bonniers, que ladite dame bailleresse retient par les mains, le tout comme la prendresse l'a occupé jusqu'à présent et dont des tenans, abouts et grandeur elle se tient contente, sans les spécifier ni livrer par mesure, quoiqu'on dit d'avoir trois bonniers moins ; pour en jouir par ladite prendresse le terme de neuf ans consécutifs, à commencer à entrer en jouissance au jour de Noël prochain, parmi payant et rendant par chacun an la somme de 1.500 florins courant ce jour d'huy en la ville de Tournay, selon les édits de Sa Majesté l'empereur et roy, 600 jarbées, 8 rasières d'avoine et 6 rasières de bled blauzé et froment ; dont la première année escheoira à faire et payer à pareil jour de Noël 1786, pour par ladite prendresse ses hoirs ou ayans cause en jouir ainsi que dit est et ainsi continuer d'an en an lesdits neuf ans durant. Par dessus lequel rendage et sans diminution d'icelui, ladite prendresse payera toutes tailles, gabelles, aides, subsides, dixièmes, quinzièmes, vingtièmes, contributions et autres impositions tant ordinaires qu'extraordinaires à mettre durant le cours de ce bail, quoi qu'autrement seroit ordonné par les placards et octrois auxquels elle déroge dès maintenant et pour lors. Sera ladite prendresse tenue d'entretenir tous chemins, cours d'eau, planches, appuielles, piedsentes, relever frettes et fossés si avant que lesdits héritages y soient soumis, labourer, fumer et cultiver lesdites terres comme celles voisines, sans les desroyer ni refroisser du moins les trois dernières années de ce bail. Et ensuite de ce, sera obligée, après la dépouille de l'année pénultième, laisser les éteules pour le moins de quatorze bonniers, sans pouvoir de là en avant rien dépouiller ni lever. Et sera tenue de rendre au moins de mai ensuivant dix bonniers de gheschère, sans pour ce rien pouvoir prétendre. Et s'il avenoit durant ladite tenue que les édifices viendroient à être brulés ou ruinés par foudre du ciel, guerre ou autrement, ladite dame bailleresse ne sera obligée de les rédifier, mais demeurera quitte en prenant ladite cense avec les dépendances entre ses mains, après la moisson d'aoust levée et les rendages de la même année payés, sans autres intérêts ; et au cas que la prendresse voulut tenir et occuper la ferme en tel état qu'elle sera lors, elle le pourra faire, sinon elle pourra quitter et sera païée des labours qui seront lors trouvés faits, au dire d'experts. Ne pourra ladite prendresse rendre ladite ferme ou partie d'icelle à d'autres sans la permission de ladite dame bailleresse, à peine de privation du présent bail. Sera encore icelle prendresse obligée, en quittant la ferme à l'expiration de ce bail au terme de Noël, d'accommoder le nouveau fermier venant labourer les éteules et autres terres, d'une bonne étable et ce qui en dépend pour les fourrages requis pour la nourriture de ses chevaux, pour quoi elle s'oblige de se déporter audit jour de Noël, après le dernier aoust levé ; aura cependant l'option de demeurer dans ladite cense et occuper partie des édifices contre le nouveau fermier jusqu'au premier jour de mai ensuivant ledit Noël, afin qu'elle puisse nourrir ses bestiaux et affienter les fourrages et estrains, lesquels fiens et étrains elle devra laisser en ladite cense au profit de ladite dame bailleresse, et ne pourra aussi rien vendre ni aliéner. Sera de plus ladite prendresse obligée d'entretenir les édifices de ladite ferme de couvertures, placage et soulages exteins de pluie et de soleil, pour en fin de cense les laisser en bon état, et, au regard du moulin, d'entretenir l'harnas travaillant, pour à sa sortie le laisser de la valeur et suivant la prisée qui en a été faite. Ne pourra ladite prendresse faire épincher les arbres montans que par gens que ladite dame bailleresse lui indiquera pour suivre ses ordres ; et s'il convenoit faire aucun ouvrage pour la commodité de la prendresse et que celle-ci y demeure, elle sera obligée de faire les courouwées nécessaires avec ses chevaux, chariots, benniaux et autrement, sans en pouvoir rien prétendre. A été conditionné que ladite prendresse sera tenue en fin de cense de laisser les rejets de tous les arbres, halots et bois montans, un tiers de coupe et dépouille, et les deux autres tiers de quel âge qu'ils soient seront à son profit, pour en être satisfait à la fin dudit bail au dire d'expert. Sera encore ladite prendresse obligée de faire annuellement quatre courouwées avec ses chevaux et chariots pour le service de ladite dame bailleresse, qui se réserve le pouvoir de faire abattre et planter tels arbres que bon lui semblera, sans que pour ce la prendresse puisse prétendre aucun intérêt. Et au regard des pertes que ladite prendresse pourra souffrir pendant le présent bail pour foudre du ciel, guerre ou autrement, il lui sera fait modération raisonnable au dire de gens à ce connoissans, à charge néanmoins de faire avertir ladite dame bailleresse quinze jours après le dégat ou perte arrivé. La prendresse sera en outre obligée de moudre gratis et sans pouvoir tirer aucune mouture tous les bleds et autres grains qui seront consommés au château d'Espierres. Et la dame bailleresse se réserve de pouvoir tirer de ladite ferme quelques bonniers de terre sans être tenue à aucun intérêt ; mais en ce cas le rendage sera diminué à proportion. Promettant ladite dame le présent bail tenir, entretenir et garantir, et la prendresse païer ses rendages aux échéances, fournir et satisfaire aux clauses et conditions ci-dessus, sous l'obligation de ses biens présens et futurs, renonçante à toutes choses contraires. S'obligeant en outre la prendresse de payer à ladite dame la somme de 500 florins une fois pour toute à six mois de date de cette. Fait et passé au château d'Espierres, le 29 novembre 1785, présens Jean-Thomas Prévost et Magloire-Joseph Niffle, demeurans à Estaimbourg, témoins requis. — Etoient signés : la baronne douairière d'Espierres. — Marie-Louise Bourgois, veuve de Josse Delrue. — J.-Th. Prévost. — M. J. Niffle et J. F. J. Prévost, notaire, avec son paragraphe.

(Archives de M. A. del Fosse et d'Espierres.)

30.

29 JUILLET 1791

Cession de bail de la cense de la Cour d'Espierres à J.-B. Lezaire

Par devant Jacques-Ferdinand-Joseph Prévost, notaire résidant à Estaimbourg, soussigné, est comparue Marie-Louise *Bourgois,* veuve de Josse *Delrue,* demeurant à Espierres, laquelle a déclaré d'avoir vendu et cédé au profit de Jean-Baptiste-Joseph *Lezaire,* son gendre, fermier demeurant audit Espierres, et Amélie-Joseph *Delrue,* son épouse, de lui duement et agréablement autorisée à l'effet cy après, icy présent et acceptant, tous ses meubles de ménagerie, étains, chandrelats, litteries, bois, pailles, fourrages, chevaux, chariots, charrues, herses et autres ustensiles d'agriculture, toutes les avêtures tant coupées que croissantes sur les lieux et terres de l'occupation de la cour d'Espierres, ainsi que les rejets, labours, fumures et autres droits de censiers, ainsi que le droit et parfait de bail du moulin, marché et ferme de la cour d'Espierres et généralement tous les meubles et effets qui sont en ladite ferme, rien réservé ni excepté, sauf ses habillements et linges, coffre, garde-robe et sa chambre meublée, le blé, colzat et lin des dépouilles antérieures à celle-cy, et la toile pour battre colzat ; pour par les acceptans, leurs hoirs ou ayant cause, jouir et disposer des meubles, bestiaux, droits de bail et autres ci-dessus cédés, dont ils sont en possession depuis le mois de mai, dès ce jour d'huy en avant, à charge d'entretenir les conditions des baux à l'indemnité de la cédante, de payer les rendages, tailles et charges de l'année courante, et móyennant la somme de 25.000 livres courant ce jour d'huy à Tournai, de laquelle les acceptans retiendront 3.000 livres pour port de mariage de ladite *Delrue* stipulé par contrat du 14 janvier dernier, et à l'égard des 22.000 livres restant ; ils les payeront à la cédante à sa réquisition. A l'entretien, payement et exécution de ce que dessus les comparans ont respectivement obligé leurs biens présens et futurs, renonçant à toutes choses contraires. Fait et passé à Espierres, présens Pierre-François *Lezy* et Ferdinand-Joseph *Hespel,* gendres de la cédante, demeurans à Saint-Léger et Pecq, témoins requis, le 29 juillet 1791.

(Archives de M. A. del Fosse et d'Espierres.)

31.

19 AOUT 1886

Fête jubilaire de M. Lezaire, curé de Barry

COMMUNE DE BARRY

19 août 1886

GRANDE FÊTE JUBILAIRE

offerte à M. LEZAIRE, depuis 50 ans curé à Barry

1836-1886

par le Conseil communal aidé du concours de bienveillants amis.

ORDRE DE LA FÊTE :

18 août. — Dans l'après-dîner le son des cloches et le canon annonceront la fête.

19 août. — 10 heures. — Formation et sortie du cortège.

10 heures 1/2. — Discours de M. le Bourgemestre, arrivée en cortège à l'Eglise.

11 heures. — Messe solennelle célébrée par le Jubilaire, pendant laquelle aura lieu un sermon de circonstance prêché par M. le chanoine *Derie,* doyen de Leuze.

1 heure 1/2. — Banquet offert à M. *Lezaire* par le Conseil communal, parents et amis. (La musique se fera entendre pendant le banquet).

5 heures. — Concert sur la place par les musiques de Barry et de Pipaix.

6 heures. — Ascension de trois magnifiques ballons.

8 heures 1/2. — Grand feu d'artifice tiré par M. *Ricard,* artificier du Roi.

Vu et approuvé par nous, bourgmestre et échevins de la commune de Barry, comme programme de Fêtes communales.

Echevins :	Le Bourgmestre :
J. *Wattecamps.* — *V. de Saint Martin*	J. *Locman.*

Conseillers :

J. *Boudailliez.* — *F. Delory.* — *A. Delangre.* — *C. Deneubourg.*

Nous reproduisons ci-dessous le compte-rendu de ces fêtes, donné par la SEMAINE RELIGIEUSE DU DIOCÈSE DE TOURNAI, *du 28 août 1886.*

Le 19 août 1886, le village de Barry a été le théâtre d'une fête à la fois religieuse et communale, offerte par les habitants au vénéré M. Louis *Lezaire,* curé de la paroisse depuis 50 ans.

L'initiative de cette fête est due au bourgmestre de la commune aidé de son conseil. L'organisation en avait été confiée par leur soin à MM. le Baron Amédée *de Séjournet de Ramégnies* et Xavier *del Fosse et d'Espierres.*

Tous s'étaient unis pour réaliser une solennité dont le souvenir aimable ne s'affaçât pas de la mémoire de ceux qui en ont été les témoins heureux.

Dès la veille, le drapeau papal avait été arboré au clocher de l'église et tandis que tous, riches et pauvres, contribuaient à l'ornementation des rues, le son des cloches et le canon annonçaient au loin la solennité du lendemain.

Enfin, le jour tant désiré est arrivé. De grand matin chacun met la dernière main, qui à l'ornement d'une façade, qui à l'arc de triomphe élevé pour le passage du cortège.

A 10 heures 1/2 le cortège se met en marche entre des haies de verdure et de fleurs, sous les arcs de triomphe nombreux dessinés et exécutés avec le meilleur goût ; malheureusement le temps s'est couvert et la pluie doit, jusqu'à deux heures, mettre un obstacle à la réussite complète de cette partie de la fête.

Les enfants de chœur ouvrent la marche, suivis des enfants de l'école portant des pennons aux couleurs de Barry. L'œil est surtout frappé par un groupe charmant de petites filles enrubannées et vêtues de blanc, les unes portant de riches bouquets, d'autres la traditionnelle houlette. Nos félicitations à l'organisatrice de cette partie du cortège. Voici les musiciens : ils animent le cortège en exécutant leurs plus beaux motifs. Enfin, les jeunes personnes de la paroisse, vêtues aux couleurs de la Vierge, sont groupées autour d'un énorme bouquet. Suivent M. le marquis *G. de la Boessière-Thiennes,* M. le Bourgmestre *Locman,* et le conseil communal et un nombre considérable d'ecclésiastiques, de parents et d'amis.

Au presbytère, M. le Curé est revêtu d'un ornement en drap d'or offert, en cette occasion, par M. le baron *G. del Fosse et d'Espierres.*

Il est entouré de ses jeunes parents entrés dans les ordres et de jeunes prêtres originaires de la commune.

M. le Bourgmestre prend la parole au nom du village entier et exprime, en termes extrêmement heureux, les sentiments de reconnaissance et de respectueux amour qui animent toute la commune. Après que le respectable magistrat a ainsi rendu hommage aux vertus du jubilaire et payé le tribut de reconnaissance au bon Curé qui a rendu tant de services à la population de Barry, de chaque groupe se détache un interprète venant exprimer à M. le Curé les sentiments débordant de tous les cœurs.

L'église est ornée avec goût, avec luxe, et de riches tentures lui donnent un aspect magnifique.

Arrivé dans le chœur, M. le Curé répond avec émotion aux discours qui lui ont été prononcés, rapportant à la divine Providence le bien qu'il a pu faire.

Après l'Evangile, M. le Doyen monte en chaire et retrace les titres nombreux du vénérable curé à la reconnaissance de tous dans l'allocution suivante :

« MES TRÈS CHERS FRÈRES,

Le 13 septembre 1836, un prêtre dans toute la force et la vigueur de l'âge (il n'avait que 30 ans), arrivait à Barry pour en être le pasteur et le curé. Je fais appel au souvenir des vieillards de cette paroisse : ils l'ont vu arriver ici plein de zèle et d'ardeur pour le salut des âmes, et gagnant en peu de temps tous les cœurs de ses paroissiens par la simplicité de ses manières, par cette bonhomie charmante que donne la vertu et qui est comme la fleur de la charité chrétienne. — Eh bien, mes frères, ce prêtre qui mettait le pied pour la première fois dans cette paroisse il y a un demi-siècle, le voilà : c'est le héros de la fête d'aujourd'hui, c'est le prêtre vénérable qui est monté tout à l'heure à l'autel pour remercier Dieu et lui offrir le sacrifice de la reconnaissance.

Les fêtes du genre de celle-ci sont bien rares ; les jubilaires comme notre cher curé de Barry sont des privilégiés de la divine Providence. Il n'est donc pas étonnant que la joie règne aujourd'hui dans toute sa paroisse, et que je sois ici pour célébrer, en quelque sorte, ce magnifique triomphe sur les changements de la vicissitude de toute vie humaine. Mais cette fête, comme toutes les fêtes de notre sainte religion, renferme une grande leçon et cette leçon je veux l'exposer devant vous. Qui que nous soyons, auditeurs pauvres ou riches, auditeurs prêtres ou laïques, nous pouvons en profiter pour le salut de notre âme.

Je vous demande, mes frères, quelle vie a menée ici pendant 50 ans M. le curé de Barry ? En apparence une vie bien simple, la vie du prêtre de campagne ; en réalité une vie remplie de bonnes œuvres, consacrée toute entière à la gloire de Dieu et au bien spirituel des ouailles qui lui étaient confiées.

Voici la journée du prêtre, et vous dire une de ses journées, c'est vous les dire toutes : A cette heure matinale où les travaux manuels commencent pour les paroissiens, le prêtre, après avoir offert à Dieu son cœur, ses pensées et ses actions, le prêtre fait dans la solitude de l'église, en présence des saints autels, une méditation sur les vérités de l'Evangile ; il célèbre ensuite le Saint-Sacrifice de la Messe, et puis son temps se partage entre la prière, l'étude et les soins que réclament les différentes catégories de ses paroissiens : enfants à instruire, malades à visiter et à administrer... Le soir venu, que dira le monde de ce prêtre ? Il dira qu'il n'a rien fait. La foi dit par ma bouche : il s'est occupé à l'affaire la plus importante qu'il soit ici-bas, au témoignage de Jésus-Christ lui-même : *unum necessarium*, et je puis ajouter que, tout en soignant premièrement et principalement les âmes, il a contribué pour une large part au bonheur temporel de ses paroissiens. Oui, mes frères, c'est par le ministère du Curé que s'accomplit à la lettre la belle promesse de Notre-Seigneur : cherchez d'abord le royaume de Dieu et sa justice, et tout le reste vous sera donné par surcroît.

Examinons brièvement et un à un tous ces bienfaits que nous devons **au bon pasteur.**

La vie de l'âme, à qui la devez-vous ? à votre curé ! Dans les premiers jours de votre existence ici-bas, il a versé sur votre front l'eau du baptême, et votre âme a été régénérée. Vous avez grandi, vous avez appris les vérités de notre foi si simples et si grandes en même temps, **et un** jour vous avez été jugés dignes de vous asseoir pour la première fois à la Table Sainte ; vous étiez heureux de manger le pain des Anges, et votre curé, ce jour-là, partageait votre bonheur. Vous a-t-il abandonnés ensuite ? A-t-il cru qu'il ne devait plus s'occuper de votre âme ? Oh ! non ! son regard plein de sollicitude vous a suivis dans le chemin de la vie ; il **vous a vu** tomber dans ce chemin parfois si glissant et si dangereux, et il vous a relevés par le sacrement de pénitence. Il vous a dit : *sursum corda!* N'oubliez pas votre âme, fuyez le péché, *declina a malo,* pratiquez la vertu, *fac bonum,* et quand viendra votre dernière heure, il sera là pour vous fortifier dans le combat suprême et vous introduire dans le Paradis. Voyez ce prêtre, depuis 50 ans il a franchi le seuil de toutes vos demeures pour administrer vos chers moribonds. Que d'âmes sont allées au Ciel par son ministère auprès des **mourants!** N'eût-il fait que cela, il faudrait aujourd'hui lui tresser des **couronnes!**

Mais il a d'autres titres à votre reconnaissance. Il a fait quelque **chose** aussi pour la vie matérielle de ses paroissiens. Cette vie est quelquefois bien pénible. Il faut être né à la campagne, il faut y avoir vécu pour apprécier tout ce qu'il y a de courage et d'énergie dans l'homme des champs. Cet homme n'a pas devant lui une machine qui marche à son gré et qui ne demande pas une grande dépense de forces physiques ; du matin au soir il est occupé à un rude labeur, et c'est de lui qu'on peut dire en vérité qu'il mange son pain à la sueur de son front. Quelquefois Dieu éprouve ce vaillant campagnard par des malheurs terribles : en un instant il voit toutes ses espérances ruinées, soit par l'orage, soit par la grêle, soit par la gelée. Mais il y a au milieu de ces infatigables travailleurs de la campagne, il y a un homme de Dieu, il y a un curé. Quand il s'en va dans les chemins ou dans les sentiers de sa paroisse tout en récitant son bréviaire, il a un mot affectueux, le mot du cœur, pour tous ceux qu'il rencontre ; il a surtout les paroles de consolation et d'encouragement qui adoucissent les peines de la vie, qui mettent un baume sur les souffrances, qui rappellent la vie future avec ses récompenses ineffables... Dites-moi, mes frères, n'est-ce pas là le portrait vivant du bon curé que vous acclamez aujourd'hui dans le cinquantième anniversaire de son pastorat à Barry ?

Que n'a-t-il pas fait enfin pour conserver au milieu de vous la vie de famille d'abord et ensuite cet esprit de fraternité chrétienne qui doit exister entre tous et que des insensés voudraient remplacer par une fraternité révolutionnaire s'abritant sous un drapeau rouge? A ces nombreuses générations d'enfants qui ont grandi sous son œil paternel il a recommandé l'obéissance et la soumission, vertus bien rares aujourd'hui, et cependant vertus nécessaires; aux parents il a recommandé la vigilance, il leur a dit : oh ! ne perdez jamais de vue ces chers enfants que Dieu vous a confiés et sachez bien que vous rendrez compte de leur âme devant le tribunal de Dieu ! Aux riches il a prêché la charité, aux pauvres la résignation. Et tout cela il l'a fait avec simplicité, avec une certaine originalité d'expression, avec cette bonne humeur qui est dans son caractère, et qui donne à sa vieillesse je ne sais quel charme particulier. Supposez que le rêve des impies se réalise, supposez qu'il n'y ait plus de clocher, et qu'il n'y ait plus de prêtre à l'ombre du sanctuaire pour rappeler au monde les vertus sociales, quelle existence terrible pour les individus, et comme la société périrait bientôt dans une lutte fratricide ! Oh ! bénissez ce prêtre qui passe, c'est le continuateur de la mission de Jésus-Christ ! Il apporte la paix aux hommes de bonne volonté ! *Pax hominibus bonæ voluntatis !*

Et maintenant, mes frères, ce n'est pas moi qui vais, en terminant cette instruction, couronner notre bien-aimé jubilaire. Paroissiens de Barry, c'est le Saint-Esprit lui-même qui dépose sur le front de votre curé le plus beau de tous les diadèmes en disant : la vieillesse est une couronne d'honneur, lorsqu'elle se trouve dans la voie de la justice : *corona dignitatis senectus quæ in viis justitiæ reperitur* (Prov. XVI, 31). Cette couronne, vénérable jubilaire, portez-la longtemps encore, pour le bonheur de vos paroissiens, de votre famille et de vos nombreux amis. Ainsi soit-il.»

Le *Te Deum* chanté avec enthousiasme par les prêtres assemblés, termine la cérémonie religieuse. Le cortège se reforme et conduit M. le Curé ainsi que les nombreux invités à la salle préparée pour le banquet.

A l'heure des toasts, le révérend Doyen de Leuze se lève et propose la santé du digne jubilaire, du prêtre qui a passé 50 ans de sa vie sacerdotale au milieu de cette bonne commune de Barry. Cette vie, dit-il, comprend deux pages à laquelle Dieu ajoutera la troisième. La première bien longue est remplie par un ministère de 50 ans. La deuxième **page** s'écrit à l'heure présente, elle renferme l'histoire de cette belle fête. La troisième page, c'est l'avenir, vieillesse heureuse du pasteur au milieu de ses chers enfants de Barry.

Monsieur *Looman* offre alors, au nom de la commune, un magnifique portrait au jubilaire ; il est surmonté de ce chronogramme :

HAC DIE PASTORI ANNIS PRAECINCTO
VNDIQVE TRIBVVNTVR LAVDES

Monsieur le Marquis *de la Boessière-Thiennes* regrette de ne pouvoir offrir à l'heure même une croix promise d'ailleurs et bien méritée.

Le Révérend Père *Delhaye,* de la Compagnie de Jésus, prend la parole au nom des ecclésiastiques de Barry et remercie Monsieur le Curé des bontés qu'il a toujours eues pour eux.

Monsieur le Curé trouve, dans sa réponse, un mot agréable pour tous; il remercie ceux qui ont réjoui son cœur dans cette solennité.

L'excellente musique de Pipaix est venue au complet se joindre à la fanfare de Barry et la soirée s'est agrémentée d'un magnifique concert. L'ascension réussie de trois ballons entretient la joie et l'entrain. La fête s'est terminée par un magnifique feu d'artifice.

32.

24 JUIN 1894

Décès de M. Louis Lezaire, curé de Barry

La commune de Barry vient d'être bien éprouvée par la mort de son vénéré pasteur, *M. Lezaire*, décédé dimanche dernier.

Né à Espierres, le 21 février 1806, d'une famille très considérée de cette commune, M. Louis *Lezaire* se vit, presque aussitôt son ordination, nommé curé de Barry : c'était le 28 juin 1836. Il fut vraiment le pasteur des temps anciens, un vrai patriarche dans sa paroisse. Son ministère de 58 ans n'a été marqué par aucun trait saillant ; le bien qu'il faisait il le faisait sans bruit, sans faste. Bien souvent, par une simple allusion, il obtenait de ses paroissiens ce qu'il en désirait ; peu prodigue de grands discours, son bon cœur faisait son éloquence.

La charité de M. *Lezaire* était proverbiale ; il n'avait rien à lui, à tel point qu'un jour qu'on lui avait dérobé le peu d'argenteries que sa générosité lui avait laissé, il n'aurait pas voulu rechercher le coupable, trouvant qu'elles seraient aussi utiles au voleur qu'à lui-même ; et c'était bien du fond du cœur qu'il le disait.

Sa simplicité et sa bonté lui attirèrent aussi l'affection de tous les habitants. Jamais, pour quelque motif que ce soit, il n'aurait voulu faire le moindre déplaisir à aucun de ses paroissiens, qu'il appelait tous « ses enfants ». Aussi tenait-il à rester en dehors de toutes les discussions qui s'élevaient autour de lui.

Ces dernières années, son grand âge avait mis obstacle à son ministère; les habitants de cette commune se rappelleront toujours les adieux qu'alors qu'il se sentait décliner, il leur fit du haut de la chaire de vérité, dont il descendit en pleurant, au milieu des larmes de tous les assistants. Mais Barry aimait encore à voir se promener, jusqu'à la veille de sa mort, son « vieux curé », adressant paternellement la parole à l'un et à l'autre ; aussi la population a-t-elle été très affectée en apprenant que la mort venait en quelques heures de lui enlever son ami et son père.

(*Courrier de l'Escaut*, jeudi 28 juin 1894).

33.

28 JUIN 1894

Discours prononcé aux funérailles de M. Louis Lezaire, curé de Barry

Beati mites, quoniam possidebunt terram.

MES CHERS FRÈRES,

Il y a un peu plus de vingt ans, nouvellement arrivé dans nos environs, j'étais venu à Barry pour saluer Monsieur le Curé. A quelques jets de pierre d'ici je demandai la route à une vieille femme tout occupée à sarcler les bords de son champ. Vous allez voir notre Curé, me dit-elle. — Oui, répondis-je ; il y a longtemps que Monsieur le Curé est ici ? — Oh ! oui, reprit-elle, il y a bien longtemps ; c'est un si bon homme !

Appelé à dire de mon mieux et avec toute la simplicité qui convient à mon sujet, quelques mots d'éloge à la mémoire de Monsieur *Lezaire,* je me suis rappelé cette parole du peuple, qui en dit plus que de longs discours : « C'est un si bon homme ! »

La bonté, c'était bien la vertu dominante du bon pasteur que vous avez perdu, chers paroissiens de Barry ! Bien qu'il ait possédé à un haut degré toutes les qualités de l'intelligence et du cœur, il vous serait difficile, comme à moi, d'admirer en lui autre chose que la bonté. C'est que la vraie bonté est le résultat et comme la quintessence de toutes les qualités de l'âme. Le poète a dit que d'une seule vertu Dieu fit le cœur des saints, comme d'un seul saphir la coupole des cieux. C'est la vertu qui nous rapproche le plus de Dieu qui est bon, qui gouverne le monde avec bonté, faisant luire son soleil sur les méchants comme sur les bons, qui veut qu'on l'appelle bon et qui n'use jamais, si je puis parler ainsi, de toutes ses autres perfections divines que pour faire éclater sa bonté !

Les saints étaient bons ; on était attiré vers eux, on ne les quittait qu'à regret, emportant toujours de leur société un agréable et utile souvenir, comme on emporte toujours quelque chaleur du voisinage d'un bon feu.

La piété sincère avait développé la bonté native de Monsieur *Lezaire.* Dieu en avait fait comme le type du bon pasteur, attaché corps et âme à son troupeau, ne pensant qu'à son troupeau, ne vivant que pour lui et ne songeant même pas qu'il pouvait y avoir au monde des ouailles plus dignes d'être aimées que les siennes, un plus beau village que son Barry !

Monsieur Louis-Auguste *Lezaire* naquit à Espierres le 21 février 1806; il fut ordonné prêtre en 1832. Après avoir passé deux ans à Mourcourt et deux ans à Frasnes, en qualité de vicaire, il arrivait à Barry en juillet 1836. Il y a de de cela 58 ans ; bien peu s'en souviennent.

C'est à lui, après Dieu, que vous devez presque tous la grâce du baptême ; c'est lui qui vous a instruits dans la religion, qui vous a fait faire votre première communion, qui a béni vos mariages ; c'est ce même prêtre que vous avez vu tant de fois au lit de mort de vos chers parents, de vos petits enfants ; qui a connu vos peines, vos misères, qui a été de vos joies et de vos tristesses avec cette bonne simplicité qui captive et qui attache !

Aussi, Monsieur le Curé faisait partie de votre famille, il était entré dans votre vie. Vous saviez qu'il vous aimait, qu'il n'avait jamais songé un seul instant à vous quitter, heureux et fier qu'il était d'être votre curé et ne souhaitant aucun autre honneur en ce monde.

Vous saviez apprécier cet attachement, chers paroissiens de Barry, vous saviez profiter de toutes les circonstances pour témoigner à votre pasteur votre affectueuse estime. Nous n'oublierons jamais avec quel enthousiasme et quel touchant unisson vous avez un jour donné libre cours à votre respectueuse affection. C'était au cinquantième anniversaire de Monsieur *Lezaire* comme curé de Barry, il y a huit ans. Tout le village était pavoisé ; pas une maison qui n'eût ses drapeaux, ses lanternes vénitiennes ou ses verres de couleur préparés pour le soir. Un étranger se serait demandé quel roi allait passer par ici !

La voix des cloches se mêlait à celles du canon et des fanfares joyeuses. Le cortège, formé d'un nombreux clergé, des autorités de la commune et des enfants vêtus de blanc, sortait de la cure. Le bon pasteur en fermait la marche, entouré de tout son peuple, qui le regardait avec le même intérêt qui, cinquante ans auparavant, attirait sur sa personne les regards curieux d'une autre génération. Comme il était beau sous la chasub'e de drap d'or que vous lui aviez offerte !

Fête inoubliable ! Soyez bénis, chers habitants de Barry, pour cette marque éclatante d'affection que vous avez donnée à votre bon pasteur, et dont le souvenir fut la consolation de sa vieillesse, comme il restera la gloire de votre village et le témoin de votre attachement à la Religion !

Aujourd'hui, c'est une autre fête, funèbre hélas ! Vos belles cloches sonnent encore, mais c'est pour dire à toute la contrée que le bon vieux curé de Barry est mort. Vous vous êtes encore endimanchés, mais la tristesse est peinte sur vos visages. Vous pleurez ! Eh bien ! oui, vous avez raison ! Ces pleurs sont les joyaux de la couronne du bon pasteur et ces pleurs vous honorent. Ceux qui rendent hommage à la vertu sont bien près de la pratiquer s'ils ne le font pas encore.

En arrivant parmi vous, nous avons été touché d'apprendre que vous allez élever un monument sur la tombe de votre curé. Que Dieu bénisse ce généreux projet; que le pauvre comme le riche donne son obole pour honorer le saint prêtre qui a toujours tout donné et qui meurt pauvre.

La bonté avait fait naître et grandir dans le cœur de Monsieur *Lezaire* un zèle ardent pour le salut des âmes. Vous n'oublierez jamais ces instructions familières dépourvues de tous les vains ornements de l'éloquence humaine, où il laissait déborder son cœur de prêtre. Comme il était bon de l'entendre parler à sa façon du bon Dieu, de la Sainte Vierge qu'il aimait tant, de la pratique des vertus chrétiennes. Ce n'était peut-être pas en chaire cependant qu'il prêchait le plus. Le bon pasteur prêche partout et toujours. Il prêchait dans vos maisons, le long des chemins et des sentiers. Il avait une parole d'encouragement pour celui-ci, un reproche paternel pour cet autre, au besoin une réprimande sévère, mais toujours pleine de charité.

Comme il devait être bon pour le pauvre pêcheur au tribunal de la pénitence ! Aussi, dans toutes les paroisses des environs, où il allait rendre service au temps pascal et aux adorations, c'était à qui s'adressait au curé de Barry ! Et vous, ses chers paroissiens, qui aviez placé en lui depuis toujours votre confiance filiale, vous pourriez nous dire quelque chose de sa bonté toute paternelle, de ses bons conseils, de ses pressantes remontrances. Dites-moi, n'était-il pas vraiment le ministre du Dieu de bonté qui accueillait favorablement le pêcheur et qui avait encore des paroles pleines de douceur pour les plus égarés !

Le bon prêtre que nous pleurons voulait rendre à Dieu ce que Dieu lui avait donné. Estimant à sa valeur la grâce du sacerdoce, le bonheur de travailler au bien des âmes, il voulait laisser des prêtres après lui, imitant encore ici pour sa part l'exemple du divin Pasteur qui choisissait ses apôtres et les envoyait prêcher ce qu'il leur avait lui-même enseigné. Il entourait d'une affection toute particulière les jeunes gens de sa paroisse qui donnaient signe de vocation ecclésiastique. Sa maison était la leur ; et là, au coin du feu, il se faisait un plaisir de leur enseigner les premiers éléments de la langue latine, en attendant de se dévouer davantage pour eux et de mettre au service de leur avenir toutes ses ressources et tout son cœur. Le Seigneur a béni ses efforts et ses sacrifices. Vous avez été bien accueilli au tribunal de Dieu, cher et bon pasteur, car vous avez doublé et triplé les talents que vous aviez reçus ! Vos chers prêtres, vos chers enfants, et tous les succès de leur apostolat vous font aujourd'hui une couronne d'honneur !

Tel fut Monsieur le curé *Lezaire*. Il n'est mort, semble-t-il, que parce que tout homme doit mourir ! Dieu l'avait doué d'une santé robuste qu'il a consacrée entièrement à votre service jusque dans une extrême vieillesse. Il n'a renoncé au bon combat que quand il n'a plus eu la force de porter les armes ; mais alors encore, et jusqu'aux derniers jours, il n'a plus rien fait que de prier pour vous au fond de sa retraite, souriant aux travaux de son cher fils dans le sacerdoce, heureux de voir que vous aviez ouvert tout votre cœur à ce jeune et vigoureux prêtre, héritier de sa mission et de ses vertus.

Monsieur le curé de Barry expirait dimanche, jour du Seigneur, vers trois heures de l'après-midi, plein d'années et de mérites. Il s'est éteint doucement, comme un flambeau, ou plutôt il s'est endormi comme s'endort l'homme qui a bien fait, sans inquiétudes et sans regrets. Ainsi, le pasteur des montagnes qui a conduit ses brebis tout le jour, au coucher du soleil, s'endort, la houlette à la main, en contemplant son troupeau bien aimé.

Sa vie s'écoula comme un beau jour d'automne, égale et tranquille, sans éclat, mais sans orages et sans tempêtes ! Un de ces beaux jours qui réjouissent la nature, font mûrir les fruits et laissent flotter dans la brume légère du soir, je ne sais quel parfum de calme et de paix !

Chers paroissiens de Barry, vous continuerez à témoigner votre affection à votre bon curé. Vous prierez pour ce mort qui a tant prié pour vos morts ; vous ne laisserez pas languir celui qui a tant soulagé les autres par ses aumônes, par ses bons conseils et par ses prières.

Je finis. La vie du bon pasteur est un enseignement : elle vous prêche l'amour de Dieu, la paix avec vos semblables, l'amour du devoir. Sa mort nous répète que la vie est fugitive, que tôt au tard nous devons partir pour l'autre monde ; que tout est vanité, hormis aimer Dieu qui est bon et être bon pour l'amour de Dieu.

Cher curé de Barry, au revoir ! Au revoir au nom de vos chers enfants de ce village que vous avez tant aimés, au nom de votre famille dont vous êtes la gloire et l'honneur, au nom de vos chers collègues. Votre douce et sympathique physionomie ne s'effacera pas du souvenir de vos confrères. Vous étiez notre modèle ; nous nous efforcerons de vous imiter. Priez pour nous, afin que nous puissions servir Dieu comme vous l'avez fait, et comme vous, lui gagner tous les cœurs par la toute puissance de la bonté. *Beati mites quoniam possidebunt terram !*

34.

L'Espierre à Wattrelos

Plusieurs fiefs portaient ce nom à Wattrelos : la Grande Espierre, la Petite Espierre, une autre Petite Espierre et enfin l'Espierre. C'est de ce dernier fief qu'il s'agit ici.

L'Espierre était tenue de la seigneurie de Wattrelos en justice de vicomte, à 10 livres de relief et 20 sols de cambrelage. Elle comprenait, en 1603, alors qu'elle appartenait à Pierre du Hamel, laboureur à Roubaix, 3 bonniers 5 cents de terre, tenant au cours d'eau de l'Espierre et à la Planche des Bédards ; mais, en 1718, elle ne contenait plus que 10 cents de terre. Pierre de Bisschop, dont elle constituait le fief principal, en avait détaché 2 bonniers 9 cents pour les affecter à la dotation de l'hospice des Vieux-Hommes.

Après les de Bisschop, l'Espierre appartint aux familles Le Febvre, Percout, Schérer de Scherbourg.

35.

10 SEPTEMBRE 1676

Fondation de l'hospice des Vieux-Hommes, à Wattrelos

Le 10 septembre 1676, par devant Jean Lepers, lieutenant bailly, Abraham Desremaux, Jacques Dujardin, Jacques Duquesne, Jean Lepoutre, Louis Debisschop, Jean Desremaux et Nicolas Liagre, hommes de fief et eschevins de Wattrelos.

Comparurent en leurs personnes Pierre *de Bisschop,* fils de feu Pierre, greffier et receveur du village de Wattrelos, et Marie-Anne *Lezaire,* sa compagne, icelle pour ce faire bien et deuement autorisée de son dit mari, lesquels comparans ont déclaré comme ils font par cette : Considérant que le bon Dieu les a pourvus libérallement des biens temporels en ce monde, et désirant d'une partie d'iceux user et disposer à la plus grande gloire et honneur de Dieu et salut de leurs âmes et de leurs enfans, ils ont fondé comme ils fondent par cette, perpétuellement et à tous jours, par le moyen des biens ici après spécifiés, l'entretien de quatre vielx hommes et de quatre vielx filles ou veuves, lesquels tiendront leur résidence dans les dites maisons ci-après déclarées ; lesquels pauvres seront admis à chacun une qu'il en viendra à mourir par l'un de nos enfans que nous dénommerons icy après par nostre testament ou autrement, et après sa mort, par son fils aisné et, à faute d'iceluy, son frère descendant après lui, et de de là à son fils, et ainsi de père au fils du surnom *Bisschop* à tousjours et tant qu'il y aura descendant de nostre génération, et à faute du surnom de *Bisschop,* à condition que premier et avant tout seront admis ceux qui

nous sont parens, tant du surnom *Bisschop* que *Lezaire*, en cas de pau-
vreté, et qui le demanderont ; après eux les pauvres de Wattrelos et de là
indifféramment des autres lieux, principalement ceux qui auront bien
vescu, en la crainte de Dieu, en bon chrétien catholique, du travail de
leur corps. Et avant faire ladite admission, pour le regard de ceux qui
ne nous seront point parens, notre dit fils et successeurs seront obligés de
prendre avis aux R. pasteur, premier échevin et greffier dudit Wattrelos,
afin d'avoir meilleure connoissance et admettre ceux qui le méritent et
ont plus besoin. Ne seront admis des personnes affligées du mal caducq,
escroelles, blessés ou autre mal incurable.

Ceux qui seront admis à ladite fondation, après le jour de leur admission, ne pourront disposer d'aucuns biens ; mais si par succession leur en
advenoit soit en meubles ou immeubles, au jour de leur trespas demeureront au profit de la dite fondation. Et advenant qu'à ceux estant admis,
jouissant et vivant des biens de ladite fondation, advenoit aucun bien par
don, succession ou hoirie, et que par ce moyen ils auroient assez pour
vivre, en tel cas ils pourront prendre à eux lesdits biens et sortir de la
ditte fondation, en payant et restituant au proffit d'icelle à l'advenant
de septante deux florins par an à proportion du terme qu'ils y auront
esté nourry ; ou bien à leur choix laisser les dits biens au profit de la
ditte fondation.

Item des biens ici après déclarés sera entretenu un prestre de boire
et de manger seulement ; le surplus de son entretien lui devra estre furny
d'ailleurs. Lequel prestre devra estre capable et admis par notre dit fils ou
ses successeurs, comme icy devant, et estre pour le fait des pauvres et
avec le même conseil des R. pasteur, premier échevin et greffier, en
qualité de serviteur gagé icy après déclaré. Lequel prestre aura sa
demeure dans un quartier de la maison tenant au chemin, à savoir les
deux places tenant ensemble contre la chymentière vers Lille jusques à
l'entrefend de la porte d'entrée de la ditte maison. Lequel boire et manger
le dit prestre devra prendre en commun avec les dits pauvres admis à
la ditte fondation à une table ; pour lequelle nourriture l'on achétera
annuellement un bœuf, un porcq gras pour la provision de chair salée,
et chacune semaine hors de caresme un quartier de mouton ou veau avec
un potage, le tout selon la saison ; la bonne bière au dîner et au souper.

Le cas advenant que les biens après déclarés ne fussent suffisants
pour entretenir les dits pauvres et prestre en la manière sus ditte, soit
par guerre, destruction de maisons, ou autrement, l'intention est que
l'entretien des pauvres sera toujours préféré et au lieu de l'entretien d'un
prestre poudront notre dit fils ou ses frères successeurs faire décharger les
charges après déclarées par un pasteur ou autre prestre voisin.

Si notre dit fils ou ses successeurs, après conseil desdits sieurs pasteur,
premier échevin et greffier, trouveroit à propos de changer le boire et
manger du dit prestre pour des raisons mouvantes, soit par quelque
mécontentement ou excès de dépenses, il le poudra faire en lui payant au
lieu dudit boire et manger douze florins par mois ; en tel cas ledit prestre
poudra jouir pour son usance propre de la cave et grenier desous et descur
si avant que s'extend son département icy devant spécifié avec la quat-

trième partie du jardin à prendre devant sa demeure du loing de la chimetière ; le quel prestre sera admis par notre dit fils ou ses successeurs pour la déservitude des charges icy après déclarées pour le terme d'un an seullement et ainsi le continuer s'il le trouve à propos par le conseil sus dit.

Sera le dit prestre obligé de dire la messe dans l'église de Watrelos trois fois par semaine, à savoir tous les jeudis à l'heure de dix heures une messe chantée à l'honneur du Vénérable adorable et très auguste Saint Sacrement de l'autel et après la ditte messe faire la procession avec ledit Vénérable autour de la chimetière ou dans l'église selon le temps et saison, le pseaume de *Miserere mei Deus, de profundis* et le *Te Deum laudamus,* afin d'implorer la grâce et miséricorde de messire Dieu et pardonner nos fautes et péchés commises contre Luy et le prochain, ceux de nos enfans, père et mère, frères et sœurs, parens et amis, afin que nous pourrions un jour conjointement d'un accord le louer et bénir dans les Cieux.

Dans laquelle messe et procession seront présents et assistants les pauvres admis à ladite fondation, les hommes durant ladite procession avec chacun un flambeau à la main, comme aussi les autres jours solennels, faisant semblable procession le R. Pasteur à sa volonté et discrétion, portant lui-mesme le Vénérable, et le sieur chapelain et desserviteur de la chapelle de Saint-Jean assistans à la procession profiteront à chacune fois qu'ils y seront ou l'un d'iceux, chacun trois patars qui sera payé par le receveur de ladite fondation. Tous les mercredis au soir et les jeudis avant ladite messe, le clercq sera tenu de batteler les cloches à l'honneur du Vénérable, duquel travail il sera ici après récompensé avec les autres devoirs qu'il fera en assistant à dire les autres messes et obits après déclarés.

Sera ledit prestre desserviteur tenu de chanter les deux autres messes par semaine dans ladite église, l'une le dimanche à l'heure due pour le service et commodité du peuple, et l'autre le jour de feste s'il y en a une, sinon tel autre jour à sa dévotion et commodité, le tout à nos dites intentions.

Par dessus lesquelles messes le dit prestre desserviteur sera tenu de chanter et célébrer tous les premiers vendredis du mois de l'an à tous jours dans ladite église un obit à quatre pseaumes pour le repos de nos âmes, celles de nos enfans, père et mère, frères et sœurs, parens et amis ; à chacun desquels obits sera distribué par le receveur de ladite fondation à douze pauvres familles dudit Wattrelos assistans audit obit et priant aux fins susdites, à chacun d'iceux un pain de froment de cinq patars ou bien la valeur en argent, portant ensemble trois florins par mois ; lesquelles familles seront dénommés par le sieur pasteur le dimanche avant ledit obit par l'advis du pauvriseur, qui trouveront estre le plus nécessaires ; et seront présens assistans auxdits obits les pauvres admis à la dite fondation. Et après ledit obit le prestre sera tenu de dire le pseaume *De profundis* sur nos tombeaux avec eau bénite.

Sera ledit prestre tenu, les jours nataux et solennels, en cas de besoin et étant requis du sieur pasteur, d'entendre les confessions et administrer le Saint Sacrement dans l'église ; et tous les jours, à l'heure du dîner ou souper, faire une petite remonstrance par forme d'instruction aux pauvres admis à ladite fondation, tirant à la perfection intérieure, à l'amour et gloire de Dieu et salut de leurs âmes, avec le psaume *De profundis* après les grâces au dîner et au souper, et au soir, avant coucher, les litanies de la Sainte Vierge.

Les pauvres admis à la dite fondation seront tenus de faire possible afin de leur disposer, tous les premiers dimanches du mois et festes de la Vierge, à leur confesser et communier, afin par ce moyen acquérir plus grande grâce et faveur du bon Dieu, en son service, gloire et honneur ; entendre la messe tous les jours, et les dimanches et festes assister à la grande messe, s'ils n'ont empêchement légitime. Comme aussi seront les dits pauvres admis à la dite fondation tenus de leur faire employer journellement à un petit travail chacun selon sa capacité et puissance et qu'il est accoutumé, sans estre oisif, le tout au profit de la ditte fondation, la quelle leur fournira point seulement boire et manger, mais les habits, linges et généralement ce qui leur sera nécessaire pour leur entretien. Et par dessus à ceux qui s'appliqueront au travail leur donner une pièce d'argent par semaine ou par mois à proportion d'un tiers du gain qu'ils auront fait et ce pour en disposer à leur volonté et bon plaisir. Et après le trépas de chacun d'iceux, sera dit et célébré un service pour leurs âmes, comme l'on fait ordinairement aux pauvres, à la charge de la ditte fondation.

Sera la ditte fondation tenue de payer annuellement au clercq paroissial de Wattrelos pour les sallaires d'avoir assisté à dire et chanter les messes, les processions et les obits, battelé les cloches comme est cy devant spécifié, la somme de trente livres parisis au veille du Noël ; et en cas que le dit clercq ait faute de satisfaire à l'une ou l'autre des choses dessus dittes lui sera diminué à proportion.

Comme sera aussi la ditte fondation tenue de furnir annuellement au terme de Noël à l'église de Wattrelos en récompense du pain, vin, luminaire et ornement livrés pour faire les dittes messes et obits, la somme de......... *(en blanc).*

Et pour survenir et satisfaire à toutes les choses avant dites nous avons donné et donnons par ces présentes par don d'entrevif et irrévocable sans rappel et en la meilleure forme que donner se peut, héritages, rentes, argent et meubles icy après déclarés, pour en jouir prestement par la ditte fondation de ce jourd'huy en avant, héritablement et à tousjours, réservant seulement l'usufruit et revenu du bien donné nos deux vies durant, pour durant icelle payer et distribuer nous-mêmes comme trouverons convenir sans estre subjets ou obligés à aucun compte ou reliqua ; et après les trépas de nous deux, notre dit fils et après lui ses successeurs appréhendront tous les dits biens au profit de la ditte fondation et les gouverneront comme un bon père de famille, avec zèle de la gloire de Dieu et charité du prochain et intention pieuse comme nous avons fait la ditte fondation.

Pour la quelle gouverne recette et payement des dits biens notre dit fils et ses successeurs profiteront le vingt-cinquième denier de la portée qu'ils auront reçu et en cas que notre dit fils ou ses successeurs n'auroient désir de gouverner, recevoir et payer les dits biens ils poudront mettre une autre personne capable et solvable pour faire les dits devoirs, par l'intervention et conseil des dits sieur pasteur, premier eschevin et greffier, lequel profitera des mêmes émollumens du 25ᵉ denier de sa recette, au lieu de notre fils. Lequel notre dit fils, ses successeurs ou commis, seront tenus de rendre compte et reliqua des dits biens et revenus toùs les deux ans une fois, le jour des Innocens, et ce pardevant notre dit fils ou ses successeurs, et les sieurs pasteur, premier échevin et greffier et chapelain, dans la maison de la fondation et prendront les dits auditeurs leur salaire raisonnable, ou au lieu de ce seront traités à la ditte maison d'un plat de rôti et boully, de la bierre, avec chacun une pinte de vin, et les pauvres chacun une demi-pinte, et pour lors traiteront et pourvoieront les sieurs pasteur, desserviteur et receveur comme ici devant est déclaré.

Sera notre dit fils ou ses successeurs obligé de prendre bien soin des biens donnés à la dite fondation et rendre les terres en cense au plus offrant pour six ou neuf ans, avec cautions, selon stil ordinaire. Et si aucune des rentes données viendroient à estre rachetées, feront tous devoirs possibles pour faire remploier au plus grand profit et assurance que faire se poudra, et ce par conseil et intervention desdits sieurs pasteur, premier eschevin et greffier.

Premier : deux maisons batties de bricques et couvertes d'ardoise, sur un cent et demi d'héritage ou environ, enclos de murailles, servant de jardin, tenant vers midi au chemin, vers Ecosse au jardin de Messieurs de Saint-Bavon, vers Lille à la chimentière, chargés de rentes seigneuriales de deux chapons vaillables X s.; de laquelle partie il y a une petite portion qui est fief.

Item deux bonniers neuf cens de fief à labour, partie du fief de l'Espierre qu'avons acquis des hoirs Marie d'Hallewin et qui est déclarée par l'acte de déshéritance estre au profit de ladite fondation, en diverses pièces, savoir : quatorze cens tenans au chemin proche du Primpont vers midi et vers Lille à la veuve Claude Lebrun et aux dix cens suivans. Item dix cens tenans aux quatorze cens ci-dessus et aux six cens ensuivant. Item onze cens tenans vers Lille à l'Espierre, faisant le déserve de Wattrelos et Roubaix, et aux dix cens dessus dits et aux cinq cens de terre cottière à nous appartenans. Item six cens tenans ausdits cinq cens et à la susdite Espierre, faisant les quattre parties ensemble les deux boniers neuf cens. Réservant à notre profit les autres dix cens de fief qui est le reste du fief de l'Espierre, tenant à la planche des Bédards et à la terre des église et pauvres, pour les retenir en fief avec les rentes seigneuriales dues par les terres dépendantes dudit fief de Lespierre.

Item autres six cens de terre à labour tenus de la seigneurie de Wattrelos qu'avons acquit desdits hoirs, tenant vers midi au chemin menant du moulin au Primpont, oost et noordt à messieurs de Saint-Bavon, west à notre héritage, chargés de rente seigneuriale d'un havot d'avaine tournaisis et un quart de gline.

Item cinq cens de terre cottière tenus dudit fief de l'Espierre, que avons acquis desdits hoirs Marie d'Hallewin, tenans vers midi aux six cens de fief dessus dits, vers Escosse à la terre de la veuve Philippe du Retz, vers oost au jardin Guillaume Cottegnie et vers Lille à l'Espierre.

Item un bonnier cinq cens ou environ de terre gisant à Rimbaurieu en deux pièces tenant ensemble estant à happe, tenant, avec le debout vers oost le chemin menant du gibet à Courtray, à l'héritage des hoirs Thomas Lebrun, vers midi les hoirs Jean d'Hombre, west et noordt au rieu, chargés de rente seigneuriale de deux havots deux quarels avoine tournaisis, huitième d'une gline et une obole.

Item deux cens de terrage à prendre en quatre cens contre Pierre et François Desreumaux, gisans proche du chemin de l'Avelin, tenant de trois sens à Messieurs de Saint-Bavon et vers midy à Charles Desreumaux; doivent rentes seigneuriales les dits deux cens venant par achat de Gille Desreumaux.

Item un bonnier dix grandes verges de terrage venant par achat dudit Gille Desreumaux, tenant vers oost au fief de Longuecourt, weest et zuyt à Pierre Lechaine, noord au chemin de Longuecourt ; doit de rente six deniers.

Item neuf cens de terre à disme, venant par achat de M. de Bats, haboutant oost à Catherine Lebrun, avec le bonnier Rogier, zuyt les hoirs Jean Parent, noord à la terre des Bons Enfans de Tournay ; doit trois deniers.

Item douze cens de terrage venant dudit de Bats ; doit denier obole.

Item un bonnier de vieux prez à labour nommé le prez Arnould le Roy par achat dudit de Bats et de Jean Desreumaux, tenant aux dits douze cens et à la terre des Bons Enfans à Tournay, vers midy à l'Espierre, entre Watrelos et Leers, à l'héritage de la veuve Jean Duhamel ; doit de rente deux havots et sixième quarel avoine tournaisis, trois havots un quarel et huitième de quarel avoine de Courtray, deux tiers, quart et seizième de gline.

Item neuf cens trois quarterons terrage gisant vers Lobel, venant par achat de Jean Hespel et autres, haboutant oost et zuyt au jardin et terres à labeur de la veuve Claude Lebrun, noord au fief des hoirs Jean Lampart, weest Jacques Groullon ; doit un sol six deniers.

Item six cens et demy de terrage pris en vingt deux cens contre les enfants Charles Desreumaux et la veuve Claude Lebrun, tenant noordt au chemin d'Audenaerde ; et doit un sol et deux deniers.

Item neuf cens de terrage, oost Messieurs de Saint-Bavon, zuyt à Cornille Duquesnoy, west au chemin menant du touquet des hases au Paradis, noordt à Pierre Deldicque, estant à happe ; et doit dix deniers.

Item onze cens de terrage gisant au Courouble, tenans oost et noordt à Rogier Liagre, weest au chemin menant de la vieille plache au travers ; doit onze deniers.

Item huit cens de terrage venant par achat de Jean Lefebvre, oost et zuyt à Nicolas Liagre, west au chemin menant de la vieille plache au travers ; doit huit deniers.

Item dix huit cens et demi de terre, sçavoir onze cens et demi à disme et sept cens de terrage, gisans vers Wynhout, oost la terre Jean Lefebvre, zuyt et west aux terres en suivant, noord à la terre Jacques Delcroix ; doit cinq quarels et les deux tiers d'un de froment Courtray, et sept deniers.

Item sept cens quattre grands verges, vieux jardin à labour, tenant oost aux dix-huit cens et demi, zuyt à Jacques Lefebvre, west la veuve Pierre d'Halluwin, noordt Jacques Delcroix ; doit deux havots deux tiers et douzième de froment Courtray, le quart d'un chapon, un havot et le sixième d'un quarel avaine Tournaisis.

Item six cens de terrage gisant comme dessus, oost à l'Espierre, contre Mouscron, zuyt et west aux hoirs Philippe Delbecq ; doit six denièrs.

Item cinq cens et demi de terrage gisans comme dessus, oost aux hoirs Philippe Delbecq, zuyt à la terre des hoirs Bas et aux terres dessus ; doit cinq deniers.

Item sept cens de terrage gisant comme dessus, tenant oost et zuyt les hoirs Jean Lefebvre, weest et noord les hoirs George Delcroix ; doit quattorze deniers obole.

Item vingt cens de terrage tenant du levant et du midy aux terres des hoirs Augustin Lefebvre, à la piedsente passant dessus du lez de bise allant du Winhout à Mouscron, vers Lille aux terres de Monsieur Jacques Imbert et d'Ecosse à la terre et fief des veuve et hoirs sieur Pierre Corbis ; lesquelles doivent disme à Messieurs de Saint-Bavon et terrage au fief de Winhout.

Item donnons comme dessus une rente héritière de 75 livres par an au rachat de 1200 livres à la charge de Charles Desreumaux, fils d'Adrien, créée en cette court avec rapport d'héritage en date du 13 mars 1674.

Item autre rente de 75 livres par an au rachat de 1200 livres à la charge de Godefroy Van Cottem, chyrugien, et Barbara Brigytte Vincq, sa femme, créée à Lille par devant le magistrat de la ditte ville, 13 d'avril 1676 et reconnue avec rapport d'héritage pardevant le magistrat de Mouscron le 28 d'avril 1676.

Item autre rente héritière de 50 livres par an au rachat de 800 livres parisis, prise en plus grande rente deue par le village de Luingne, obligé avec ceux de Mouscron, Herzeaux et autres ; en la quelle rente appartient semblable 50 livres par an au rachat de 800 livres aux pauvres de Wattrelos et que paye ledit village d'Herseaux, laquelle est créée au bailliage de Lille le 19 septembre 1576. Les cinquante livres dues par le village de Luingne à nous par transport des hoirs de Jacques Lebrun.

Item autre rente de 75 livres par an, au rachat de 1200 livres parisis, y obligés Pierre Delcroix et Marie Parent, sa femme, et Jacques Dujardin, caution, créée en cette cour en date du 16 de mars 1660, à nous par transport de Lambert Vanrenst.

Item autre rente due par Jacques Lebrun, fils de Gilles, de 37 l. 10 s. par an, au rachat de 600 l., créée au bailliage de Lille en date du 1er avril 1643 et passée de nouveau pardevant les gens de loi de Wattrelos avec rapport d'héritage le 3 août 1649, à nous par transport de Gilles Lebrun.

Item autre rente due par Jean Dorpe et Antoinette Matton, sa femme, et autres, de 25 l. par an au rachat de 400 l., créée pardevant les gens de loi d'Estaimpuis le 3 de février 1661.

Item autre rente due par Antoinette Mazure, veuve de Pierre Paul, Jean Paul, Étienne Lampe et Isabeau Paul, sa femme, et autres, portant 50 l., créée audit Estaimpuis le 2 de mars 1661.

Item autre rente à la charge de Jacques Dupont audit Estaimpuis, de 31 l. 5 s. par an, au rachat de 500 l., créée au tabellion de Tournay le 19 novembre 1661, avec main assise.

Item autre rente de 50 livres par an au rachat de 800 livres, à la charge de Jean Reynard, sa femme et autres, créée à Wattrelos le 28 avril 1665.

Item autre rente de 37 l. 10 s. par an au rachat de 600 livres à la charge de Catherine et Marguerite Bataille, sœurs, filles d'Antoine, créée à Wattrelos le 20 avril 1665.

Item par dessus tout ce que dessus la somme de 9.000 livres parisis argent comptant que nous obligeons d'employer en rente héritière au denier dix-huit ou vingt, ou bien en fond d'héritage au profit de la ditte fondation ; pour payement de la quelle somme de 9.000 livres et employ d'icelles obligeons nos personnes et biens, ceux de nos hoirs et successeurs, estant notre intention que tous les meubles que l'on trouvera croissant sur les fonds ici devant seront aussi donnés comme l'estrain, rejet et labeur des terres que nous occupons nous-mêmes que l'on trouvera estre sur les distes terres au jour de notre trépas, réservant seulement les droits de censiers de ceux qui seront en ferme et louage demeurant cependant l'année courante des censes et rentes données au jour de notre trépas au profit de la ditte fondation.

Et afin que la ditte fondation porte son plain et entier effet les dits Pierre *de Bisschop* et Marie-Anne *Lezaire,* sa femme, comparants, ont rapporté et hostigé par ram et baston en main de moy, lieutenant bailly, dudit Wattrelos, ici après nommé, en présence des hommes de fief et eschevins, tous les dits fiefs et terres, héritages, maisons, rentes et autres meubles ici devant spécifiés, et s'en sont déshérités, dévestys et dessaisys au profit de la dite fondation, consentant que Jean Desflines et Antoine Duleu, tous deux admis par nous à la dite fondation et au nom d'icelle en soient adhérités pour en jouir, eux et leurs successeurs admis en la manière susdite, héritablement et à toujours, avec les charges y mentionnées. Suivant quoi, moi, lieutenant bailli, en présence desdits hommes de fief et eschevins, j'ai transporté de mes mains en mains desdits Deflines et Antoine Duleu tous les biens et héritages dessus mentionnés, et les ai adhérité, vesty et saisy par ram et baston, pour en jouir, eux et leurs successeurs admis comme dit est, héritablement et à tous jours, aux charges susdites.

Ce fut ainsi fait et bien et deuement passé à loi audit Wattrelos, soubs la conjure de Jean *Lepers,* lieutenant bailli, Abraham *Derreumaux,* Jacques *Dujardin,* Jacques *Duquesne,* Jean *Le Poutre,* Louis *Debisschop,* Jean *Desreumaux* et Nicolas *Liagre,* hommes de fief et eschevins, les jour, mois et an que dessus.

Amortissement par l'évêque de Gand

A Monseigneur l'Illustrissime et Révérendissime Evêque de Gand,

Supplie et remontre en toute humilité Pierre *de Bischop,* bailly et receveur de Vostre Seigneurie Illustrissime au village de Wattrelos, que par acte passé par devant les gens de loy dudit Wattrelos le 10 septembre 1676, par les moiens des biens y mentionnés, il a assuré la demeure et nourriture d'un troisième prestre au dit lieu, pour par icelui dans l'église du même lieu décharger les obits et messes déclarés par icelle fondation, ensemble assister le sieur pasteur les jours nataux et solennels dans la ditte église, administrer les sacremens pour le bien et commodité du peuple, comme aussi pour l'entretien de huit viels hommes ; et comme les dits biens et terres sont dépendant de la jurisdiction dudit Wattrelos, le suppliant se retire vers Vostre Sgrie Illustrissime, priant très humblement estre servi de consentement pour autant que lui touche à la ditte fondation, moyennant telle reconnaissance annuelle pour le droit d'indemnité que Vostre Sgrie Illustrissime trouvera convenir, eu égard que Sa Majesté très chrétienne at amorti les dits biens. Quoi faisant, etc.

Apostille. — Nous consentons à l'amortisation des maisons et terres ici mentionnées à condition que la fondation payera annuellement à l'Evesque pour son droit d'indemnité la somme de douze escallins par an, de la quelle somme nostre bailly et receveur répondra annuellement dans ses comptes.

Fait à Gand, le sixième de juin mil six cent huittante deux. — Albert, évêque de Gand.

(Archives de l'Hospice de Wattrelos).

36.

6 AOUT 1696

Testament de Pierre de Bisschop et de Marie-Anne Lezaire

In nomine Domini. Comparurent en personnes le sr Pierre *de Bissecop,* bailly et recepveur de la terre et sr¹⁰ de Wattrelos et autres lieux, et dam¹¹ᵉ Marie-Anne *Lezaire,* sa femme, de luy deuement autorisée qu'elle a déclaré d'avoir pour aggréable à l'effet des ordonnance, disposition et donation ci après. Lesquels considérans qu'il n'est rien plus certain que la mort et moins certain que l'heure d'icelle et désirans ne mourir intestat, ont fait et font par ces présentes leur testament conjonctif et ordonnance de dernière volonté en la forme et manière suivante.

Premièrement ont recommandé leurs âmes à Dieu, à la glorieuse Vierge Marie, à leur ange gardien, à leurs bons patrons et tous les saints et saintes de Paradis, prians la divine bonté de les recevoir à miséricorde quand elles sortiront de leurs corps, eslisant leur sépulture dans l'église dudit Wattrelos.

Et voulant disposer des choses nécessaires pour leur salut ensemble des biens temporels qu'il a pleu à Dieu leur souverain seigneur leur prester en ce monde, voulant et ordonnant que la fondation des Vieux Hommes faicte par eux et passée à loy dudit Wattrelos, le 10 septembre 1676, sortira son plein et entier effet avec le changement des rentes héritières et deux tiers de la cense de le Bourde audit Wattrelos et autres biens qu'ils y ont adjoints du depuis. En conséquence veulent et ordonnent que les arrérages des cense et terres qui seront eschus au trespas du dernier mourant d'eux, demeureront au profit de ladite fondation, voulant de mesme et ordonnant qu'après le trépas du dernier mourant, que leur fils Jacobus succède à l'administration des biens de ladite fondation, ensemble à la nomination du prebtre et desdits vieux hommes en la forme et manière portée par ladite fondation.

Qu'à leur fils Bavon comme aisné appertiendra et jouira hors part de dix cens de terre à labeur, fief nommé de Lespière, ou la plance est dessus, avecq les dépendances dudit fief et les rentes seigneurialles dudit fief dont le surplus du gros esclissé du consentement du roy et du seigneur et comme tel amorty appartient à la dite fondation avecq le petit fief ou la maison de ladite fondation est bastie et amortie comme dessus.

Que le dernier vivant d'eux demeurera jouissant des biens délaissés par le premier terminé, sy longtemps que le dernier vivant demeure vefve libre, comme estans biens acquis ; et comme durant beaucoup d'années ils ont eu des entremises et affaires de MM. les révérends prévot, doyen, chapitre et chanoines de l'exempte église cathédrale de S. Bavon à Gand, et que par le laps de temps pourroient avoir quelque chose qui leur appartienne et dont iceux testateurs n'ont présentement aucune cognoissance et autre raison mouvante, leur sera payé au jour du trespas du premier desdits comparans la somme de 1000 fl. une fois avec une pièche de vin clairet vaillable 100 fl.

Item à Mgr le très révérend prélat de l'abbaye de S. Pierre les Gand sera payé pareille somme et furni pareille pièche de vin pour les raisons que dessus.

Et considérant qu'ils ne sçauroient avoir trop d'honneur, respect et vénération pour le S. Sacrement de l'Eucharistie et désirans de pourvoir autant qu'ils peuvent de leur part à ce que lors qu'on va porter le viatique aux malades le prêtre soit accompagné de quelques personnes de plus que l'ordinaire, ont ordonné que dès maintenant et poursuivamment après leur trespas à perpétuité, il sera pourveu d'un homme revestu de surplis ainsi que le prestre portant un flambeau ou au lieu de ce une grande lanterne avec deux chandelles allumées, qui suivra jusque dans la maison du malade en quel endroit que ce puisse estre de la paroisse dudit Wattrelos et tant de nuit que de jour, retournera ensuite jusque à l'église, de manière que ce sera une troisième personne avecq le prestre portant le viatique et le clercq remplissant son devoir à l'ordinaire sans aucun divertissement, en telle sorte que la personne pourvue de cette charge et rétribution debvra se trouver chaque fois à léglise sur l'advertance du prebtre, clercq ou autre, sous peine de pour chaque défaut payer trois pattars aux pauvres dudit Wattrelos, à l'entretien de quoy ils ont affecté leur maison et demeure sur la place avecq un bonnier de jardin et enclos en telle manière que celui de leurs héritiers à qui ladite maison et héritage sera en partage se trouvera chargé de pourvoir à la fondation que dessus.

Déclarant en outre d'avoir donné leur fille Marie, religieuse en l'abbaye de Peteghem, pour survenir à ses menues nécessités une rente héritière de six livres de gros par an au rachapt de 96 livres de gros, deue par les enfans pupilles de sieur François Reullens au village de Matere, pour en jouir des cours et arrerages sa vie durante, et après son trespas demeurera au profit de ladite abbaye à charge de par iceluy faire dire un obit avec commendasses chacun an à perpétuité au jour du trespas desdits comparans et de donner à chacune religieuse demi pinte de vin par an après ledit obit pour le salut des âmes desdits testateurs et de leurs enfans, parens et amis, et de plus ont donné audit abbaye 60 fl. pour récréation après le service qu'ils auront fait pour les âmes desdits comparans.

Et comme ils ont par ci-devant donné à leur fille Brigitte, religieuse au couvent des Ursulines de Tournay, par acte passé par devant Abraham Rocq Guelton, notaire royal résident audit Tournay, le 27 octobre 1689, une rente héritière de 42 fl. 10 p. par an au rachat de 850 fl., deue par Florent Dillies en son vivant greffier d'Evergnies et autres, créée au tabellion de Tournai le 18 avril 1676 et main assize pour en jouir au jour de leur trespas avecq trois années de cours et celle courante, et après le trespas de ladite Brigite, religieuse, par le couvent desdites Ursulines en cours et capital héritablement à charge d'un obit annuel à trois leçons et commendasses en livrant à toutes les religieuses à tousjours chacun une pinte de vin au jour dudit obit, ce qu'ils ont confirmé par ces présentes.

En outre veulent et ordonnent à leurdits héritiers de fournir et payer annuellement à frère Honoré *Bissecop,* religieux augustin à Tournai, chacun an 120 fl. sa vie durante pour survenir à ses menues nécessités et par dessus ce soit furny aux révérends pères dudit couvent la somme de 200 fl. une fois à charge de chanter un service pour les âmes desdits comparants et 50 messes à l'autel privilégié de leur église.

Sy ont donné à l'hospital de Ste Elisabeth à Roubaix la somme de 100 fl. à charge de dire un service pour leurs âmes et 50 messes ; et pareille somme de 100 fl. à l'hospital des religieuses de Tourcoing pour et à charge des service et messes que dessus.

Sy ordonnent estre furni aux révérends pères Recolects dudit Tourcoing la somme de 100 fl. aussi au jour de leur trépas, à charge de chanter un service et de dire 50 messes à l'autel privilégié dans leur église et d'icelle somme donner à chacun religieux une pinte de vin au jour dudit service. Item semblablement aux révérends pères capucins de la ville de Lille et autant à ceux du couvent de Menin aux charges et conditions avant dites.

Item ordonnent un service estre fait dans l'église de Neukercke pour le salut de leurs âmes, dans laquelle église leurs père et mère, frère et sœurs sont enterrés ; et au jour dudit service les parens plus prochains seront advertis afin de s'y trouver sy bon leur samble : à quel effet sera payé à Christian Veegat ou à sa femme, leur sœur, la somme de 100 fl. pour payer le sieur pasteur et clercq, faire une récréation ledit jour aux parens qui auront venu et auront assisté audit service et le surplus s'il en y at le distribuer aux pauvres.

Et comme feue Anne *Baert,* vesve de Pierre *de Bissecop,* leurs bons père et mère, a fondé deux obits dans ladite église de Neukercke, tant pour son âme que celle de sondit feu mary et de celles de ses enfants, iceux testateurs désirent qu'elles soient faictes et accomplies suivant leur forme et teneur, mesme la fondation de la cène au jour du jeudy saint, et ce à perpétuité et à tousjours. Et si pour cet effet le revenu desdites fondations ne se trouve suffisant, veulent et ordonnent iceux testateurs à leurs héritiers d'y suppléer et satisfaire avant d'entrer en partage de leurs biens.

Item pour certaine raison à eux cognue ont donné hors part, ainsi que donnent par ces présentes à Pierre François Ignace *de Baert,* fils de feu Pierre, leur petit neveu, une rente héritière de 16 patacons par an, à eulx due par Georges de Wilde et Suzanne de Grise sa femme, demeurans à Menin, au rachat de 256 patacons, créée pardevant le magistrat d'icelle ville le 17 mai 1687, pour en jouir depuis la dernière eschéance du trépas du dernier mourant d'eux, tant en cours que capital, à tousjours, à charge et condition que ledit Pierre François sera tenu payer annuellement, à commencer depuis la jouissance, au révérend père Libertus van Menne, autrement dit Gobert, capucin vicaire audit Menin, sa vie durante, six patacons par an.

Et comme iceux testateurs ont été longues années conjoincts et qu'ils ont fait leurs prières dans l'église dudit Wattrelos là où ils ont receu la bénédiction du bon Dieu, en faveur de laquelle église ils ont donné une rente héritière de 50 fl. par an, due par le seigneur de Lucin, créée pardevant la loi de Nortausque (?) au (en blanc) de janvier 1696 hypotéquée sur une censse de 18 bonniers gisante à Dottignies, à charge d'un obit pour leurs âmes chacun an avec commendasse et trois leçons au jour anniversaire du premier mourant et à la fin dudit obit le psaume de de profundis sur leurs tombeaux qui seront dans ladite église auprès des tombes et sépultures de feu le s^r Jean de Bissecop leur oncle vivant bailly et receveur dudit Wattrelos et à charge de par ladite église ou ses ministres de furnir chacun an au jour dudit obit à 12 pauvres y adsistans et quy seront dénommés au prosne par le s^r pasteur le dimanche auparavant, à chacun 6 pattars, pour lequel obit ledit s^r pasteur aura pour sa rétribution 24 pattars, le clercq 12 p. et les deux chapelains y assistans chacun 6 patars, à charge aussi de par ladite église ou sesdits ministres faire recommander leur âme chacun dimanche de l'an à perpétuité aux prières du peuple assemblé en ladite église à la messe paroissiale.

Après ce présent leur testament accompli et les debtes des comparans qu'ils délaisseront au jour de leur trespas payées et deschargées, leurs enffans partageront également les biens qu'ils délaisseront de quelle nature et condition et où ils soient situés et gisans ; les enfans de feu leur fils Pierre et d'Anne leur fille en chocque et par représentation de leur père et mère terminés faisant ensamble avec Bavon, Jean, Jacobine, Ernestine et Elisabeth, sept têtes également sans exception ni préférence de sexe ni d'âge, en déduisant ou en rapportant en mont commun les sommes déjà reçeues et payées à la descharge dudit Bavon, de Jean et Pierre, ensuite des notices en tenues sur les livres dudit s^r testateur leur père et autres obligations, ensanble des avances qu'il a fait aux enffans dudit feu Pierre, son fils, pour leur entretien, lesquels enfans dudit feu Pierre seront tenus de furnir annuellement à Barbe Grondel leur mère pour ses nourriture et entretènement la somme de 100 fl. par an sa vie durante, à condition qu'elle ne pourra rien prétendre en la part desdits enfans, soit par leur décès ny autrement et qu'iceux seront héritiers l'un de l'autre à l'exclusion de leurdite mère, qu'ils ont dès à présent exclue et privée de toutes et quelconques les prétentions qu'elle pouroit avoir après le trespas desdits comparans et le décès de sesdits enfans, en vertu de quelque coutume, non plus sur les biens meubles que sur les héritages qui leur seront succédé et escheus de la part desdits testateurs.

Tout lequel leur présent testament ainsy fait ils veulent estre tenu, accompli et entretenu de point en point en la manière dite, sans par leurs enfans, héritiers ny ayans cause, y pouvoir contrevenir ny aller au contraire ; et sy quelque un de leurs dits enfans neveux ou niepces ou autre ayant cause attentoit d'y contredire soit par manquement de formalités de droit coustume ou placcart, ils les ont chargés devant Dieu du tort qu'ils feront à leurs bonnes intentions.

Ce fut ainsy faict et passé audit Wattrelos le 6 d'aoust 1696 pardevant moy Anthoine Floris Monier notaire royal résident à Roubaix, en présence de Robert Desbonnets, fils de feu Guillaume, vieil homme audit Wattrelos, et J.-B. de le Becque, fils de feu Nicolas, maître marissal audit Wattrelos, témoins pour ce requis et appelés.

Bisschop. — Marie-Anne *Le Zaire*. — Robert *des Bonnets*. — Jean-Baptiste *de le Becq*. — *Monier* 1696.

(Arch. départ. du Nord, Tabellion).

37.

3 JANVIER 1709

Testament de Jacques de Bisschop

In nomine Domini Amen.

Est comparu Jacques *de Bisschop*, s^r d'Armentières, fils de feu Pierre et d'encore vivante dam^lle Marie-Anne *Lezaire*, quoiqu'au lit malade, étant néanmoins de bons sens, mémoire et vif jugement, lequel considérant la fragilité qu'il n'y a rien de plus certain que la mort et incertain que l'heure d'icelle, déclare d'avoir fait son testament, disposition et ordonnance de dernière volonté en la forme que s'ensuit.

Primes il recommande son âme à Dieu, à la glorieuse Vierge Marie et à toute la cour céleste, priant d'intercéder pour son âme lorsqu'elle partira de son corps, élisant sa sépulture vis à vis de la chapelle des Trépassés dans l'église paroissiale de S. Maurice en cette ville où il ordonne estre célébré un service solennel avec 40 flambeaux et le reste des cierges à l'advenant, le corps présent si faire se peut, voulant qu'aux pauvres y assistants soient distribués 30 rasières de bled converties en pains.

Que cito son trépas soient déchargées 1000 messes de Requiem pour son âme à la rétribution de 10 patars chacune par tels prêtres et religieux que ses exécuteurs testamentaires trouveront à propos.

Qu'à son convoy assistent 2 pères récollets, 2 pères carmes chaussés, 2 pères augustins, 2 pères carmes déchaussés, 2 pères capucins, 2 pères dominicains, 2 pères minimes, lesquels célébreront chacun la messe pendant le service pour le repos de son âme, pardessus 2 messes par jour qui se diront pendant 3 semaines après son trespas.

Que lesdits flambeaux soient portés par 40 orphelins de la Grange de cette ville dits Bleuets, revêtus chacun de 6 quarts de drap gris et le porte croix de 2 aunes à la discrétion desdits exécuteurs.

Que sur son tombeau soit posée une pierre de marbre comme ses exécuteurs trouveront à propos, voulant aussi que la fondation de ses père et mère faite en la paroisse de Wattrelos soit augmentée de 4 lits sur le même pied que les autres lits de la même fondation.

Que le chapelain dudit Wattrelos et ses successeurs à toujours déchargent par chacune semaine une messe dans l'église dudit Wattrelos pour le repos de son âme, à la rétribution de 12 p. chacune, savoir tous les lundis de chaque semaine, comme aussi par mois à perpétuité un obit solennel par le curé dudit Wattrelos ; pour quoy effectuer il a légaté la somme de 70 fl. de rente annuelle et à perpétuité à commencer immédiatement après son trespas, auquel effet il a voulu que lesdits 70 fl. seront payés d'avance.

Si a donné et donne aux pauvres dudit Wattrelos la somme de 2.000 fl. une fois, qui seront employés en cours de rente héritière au profit des mêmes pauvres.

Donnant à l'église dudit Wattrelos une lampe d'argent qui sera pendue dans le chœur de la même église, valable 1.000 florins ; et par-dessus ce, la somme de 200 fl. pour survenir aux luminaires dans la même lampe ; pour quoi lesdits 200 fl. seront aussi employés en rente. Donnant pareils 200 fl. pour être employés en rente comme dessus pour survenir à ce que conviendra payer annuellement au clercq de Wattrelos pour entretenir cette lampe.

Si a voulu qu'il lui soit déchargé audit Wattrelos un service solennel selon sa qualité, avec distribution de 400 fl. aux pauvres y assistant.

Donnant au père Honoré *de Bisschop*, son frère, docteur en théologie, la somme de 240 fl. de rente viagère par chacun an, pour survenir à ses alimens et autres nécessités, sans pouvoir estre appréhendé par qui que ce soit ; dont la première année eschéra et sera payée à la S. Jean ensuivant le trépas dudit comparant et ainsi d'an en an jusqu'à la mort naturelle dudit père Honoré.

Donnant à Namur, commis au Mont de piété, 100 fl. une fois, pour services rendus.

Donnant à Margo, servante du sieur Breckvelt, à Tillier, son valet, et à sa servante venue le jour d'hier, 25 fl. à chacun d'iceux.

Et à l'égard des biens et effets qu'il délaissera à son trespas, de quelle nature, condition, situation et exaction ils pourront être, après la décharge de ce que dessus et de ses debtes légitimes, il veut et ordonne qu'ils compètent, succèdent et appartiennent pour un 6ᵉ au sieur Jean *de Bisschop*, son frère, bailli d'Herzeaux, sauf le 12ᵉ cy après adminué ; à damoiselle Ernestine-Angélique *de Bisschop*, veuve du sieur Pierre *de Corby*, sa sœur, pour pareille 6ᵉ ; à damoiselle Elizabeth *de Bisschop*, veuve du sieur Pierre *Lefebvre*, sa sœur, pour autre 6ᵉ ; à messire Bavon *de Bisschop*, conseiller au Parlement de Tournay et à damoiselle Anne-Marie *de Bisschop*, ses neveu et nièce, enfans du sieur Bavon, et ce, à l'exclusion d'iceluy leur père, pour autre 6ᵉ ; au sieur Pierre, Pierre-Ignace-François, Jean-Baptiste *Debats* et damoiselle Marie-Anne-Françoise *Michelier*, frères et sœur, enfans de feu damoiselle Anne *de Bisschop*, qui fut sa sœur, pour semblable 6ᵉ ; à dame Marie-Barbe *de Bisschop*, femme au sieur de Beaupretz, et pour un 12ᵉ à damoiselle Marguerite *de Bisschop*, sœur à ladite dame de Beaupretz, enfans de feu Pierre, qui fut frère du sieur comparant, ou aux enfans de tous les susnommés par représentation en cas de prédécès, le tout également, leur en faisant, et à chacun d'eux, donation à cause de mort pour ses meubles, et donation d'entrevifs pour les immeubles et tels réputés, pour en jouir cito le trépas du sieur comparant en avant héritablement et à toujours, aux charges ci-dessus, et de payer les autres charges ausquelles lesdits biens peuvent être assujettis, et des baux des occupeurs, laquelle donation d'entrevifs a été acceptée par moi notaire stipulant au nom desdits donataires absents ; après que le sieur comparant a expressément voulu et ordonné que la somme de 1.700 fl. ou environ que lesdits sieur et dame de Beaupret lui doivent, leur sera imputée et diminuée sur la 6ᵉ part cy-dessus de ladite veuve de Beaupret, et que du surplus de la même part iceux sieur et dame de Beaupret n'en auront que la jouissance viagère, auquel effet les biens infructueux du même surplus seront employés en biens fructueux, sans qu'elle ni son mari les pourront vuider, charger ny autrement aliéner en façon que ce fut, pour après le trépas de ladite dame de Beaupret, compéter, succéder et appartenir aux enfans d'icelle dame, également, sans aucune préférence de sexe, d'âge ni autre avantage coutumier, à quoi le sieur comparant renonce, le tout à l'exclusion dudit sieur de Beaupret et des autres enfans qu'il pourroit avoir de mariage antérieur et subséquent.

Tout ce que dessus ledit sieur comparant a voulu estre entretenu, payé, furni et accompli, sans y être contrevenu en façon que ce fut, à péril que les contrevenans ou contrevenantes seront privés de tout ce qu'ils pourront prétendre dans la succession des biens du sieur comparant, soit en vertu de la présente disposition ou autres, au profit des entretenans ausquels, audit cas, il fait encore donnation d'entrevifs à l'égard des immeubles et à cause de mort pour les meubles et tels réputés que moi notaire stipulant ay encore accepté au nom d'iceux donnataires absens.

Et pour exécuter ses intentions, ensemble pour régler et finir toutes les affaires tant de son comptoir, receptes, qu'aultres, il a dénommé et dénomme ladite demoiselle Lefebvre, sa sœur, lui donnant tout pouvoir au cas pertinent, avec pouvoir de dénommer un adjoint ou un autre à sa place, comme elle trouvera convenir, dont ils seront payés raisonnablement, si ladite damoiselle n'aime mieux de se contenter de 800 fl. pour ses devoirs une fois. Déclarant ledit comparant que son intention est très expresse que ladite damoiselle Lefebvre, ses ajoints ou surrogés, ne pourront estre poursuivis à la fin de l'année après le trespas du sieur comparant pour la reddition des comptes ni autres affaires de sa maison mortuaire ; au contraire, il veut que ladite damoiselle *Lefebvre,* ses adjoins et surrogés, aient le temps tel qu'ils souhaiteront pour les mêmes comptes et affaires, par la raison que le sieur comparant est très bien persuadé qu'ils feront le tout à l'avantage de la maison mortuaire en tant qu'ils pourront. Renonçant à toutes autres choses au contraire et spécialement à la coutume disposant que donnations faites à enfans en puissance de père compétent audit père si appréhender veut, qu'il n'y a nuls demis lits, qu'on ne peut être aumonier et parchonnier et qu'en appréhendant l'un on se prive de l'autre.

Ainsy fait et passé à Lille le 31 de janvier 1709, par devant moi Jacques Hugo, notaire royal de la résidence dudit Lille, soussigné, ès présence de maître Jacques-François Coppin, pasteur de S. Maurice, et de Jean-Baptiste Pottier, clercq à moi, notaire, témoins à ce requis et appelés.

Bisschop. — *Copin,* p. de S. Maurice. — J.-B. *Pottier.* — *Hugo.*

(ARCH. DÉPART. DU NORD, TABELLION.)

Exécution du testament en faveur de l'hospice des Vieux-Hommes de Wattrelos

Wattrelos, le quatre may dix sept cent onze.

Comparant damoiselle Elisabeth *de Bisschop,* veuve immiscée du sieur Pierre *Lefebvre,* en qualité d'exécutrice du testament du feu Jacques *de Bisschop,* seigneur de Armentières et bailly de Wattrelos, son frère, déclara que son dit frère, par sa disposition passée à Lille, par devant maître Hugho, notaire, présents témoins, le 31 de janvier 1709, a ordonné la fondation de ses père et mère faite en la commune de Wattrelos, être augmentée de quatre lits sur le même pied des autres lits de la même fondation. Pour à quoy satisfaire, laditte damoiselle a cédé et transporté à laditte fondation des Vieux Hommes dudit Wattrelos, sept bonniers neuf cents d'héritages situés à Leers, tenus du marquisat d'Hem, occupés par Jaspart Doutreloine et Pierre Quivalet, au rendage annuel de 240 florins ; lequel héritage, ledit sieur *de Bisschop* avoit acquis dudit sieur Desfarvarques et sa compagne, haboutant sçavoir : cinq bonniers du levant au gros du fief de Wattines et de damoiselle de La Haye, de midy aux terres de la ditte dame de Wattines et la ditte damoiselle de La Haye, du tiers sens au chemin menant de Tournay à Menin et le moulin à tordre huille enclos entre deux.

Item deux bonniers aussi de labeur, haboutant de levant au chemin de Tournay à Menin, de midy aux terres de la ditte dame de Wattines et damoiselle de La Haye et la terre de M. le prince d'Epinoy, et finallement neuf cens aussi labour, haboutans de deux sens aux terres ci-dessus, de midi à l'issue de la cense des Wattines, et d'autre sens à la terre de la dite damoiselle de la Haye ; tenus iceux sept bonniers neuf cens du marquisat d'Hem et vers iceluy chargés de 2 s. 8 d. de rente seigneuriale par chacun an ; lequel bien est amorti à tous jours.

Item une maison bastie de briques, places, grange, porte, étables, située en la paroisse dudit Wattrelos, contenant, parmi jardin planté d'arbres fructiers et montans, cinq cens et demi d'héritage gisans audit Wattrelos et en tenus, haboutant du midi au chemin de la Chimentière et à l'église dudit lieu, à la croix de Saint-Liévin, du couchant à la maison et fondation des Vieux-Hommes dudit lieu et à la maison et jardin Fergalle, de septentrion à une pièce de terre après déclarée, et du levant au jardin et lieu manoir du sieur Philippe-Charles Lefebvre.

Item huit cens et demi de terre à labour ou environ gisans et tenus comme dessus, haboutant de midi audit jardin et à celui dudit sieur Lefebvre, du couchant au jardin de Messieurs de S. Bavon et à leurs prairies, un fossé entre parti entre deux, du levant à la ruelle des Prez ; ladite maison et héritage occupés présentement par la veuve Charles Leroy, au rendage de 72 fl. chacun an ; lequel lieu est amorti à toujours.

Item a cédé toute une lettre de rente héritière portant 25 florins par an, au rachat de 500 fl. en capital, par laquelle appert estre obligé Jean Delmaire, fils de feu Pierre, et Albert Desreumaux, demeurant audit Wattrelos, avec rapport et hostigement d'héritage, passée par devant les bailly, lieutenant et eschevins dudit Wattrelos, le 16 de septembre 1704, laquelle lettre ledit sieur *de Bisschop*, fondateur, a acquis par transport de damoiselle Margueritte *de Bisschop*, fille du sieur Pierre, sa nièce, passé par devant maître Jean-Jacques Laloeu, notaire, résidant à Lille, présents témoins, le 23 de mars 1706 ; de laquelle rente est entré en jouissance le 16 de septembre 1910.

Autre rente donnée de 22 florins et demi par an, au rachat de 450 fl. provenant de plus grande rente, par laquelle appert estre obligés Gilles Dubruille et Marie-Anne Florin, sa femme, avec rapport et hostigement d'héritage, passée à loy dudit Wattrelos le 29 de (*en blanc*) 1703, laquelle rente ledit sieur Jacques *de Bisschop*, fondateur, avoit acquis par transport de seigneur des Wasiers de Beauprez et de madame Marie-Barbe, sa femme, ses neveu et nièce, par devant maître Jean-Jacques Laloeu, notaire, résidant à Lille, présents témoins, le 23 de mars 1706 ; en laquelle rente est entré en jouissance le 29 de may 1706.

Finallement de trois cens et demi, un tiers de sept cens de terre ou environ, que la demoiselle Elisabeth *de Bisschop,* en ladite qualité d'exécutrice dudit testament de son feu frère, a acquis de Pierre Lepers, fils de Pierre, laboureur, demeurant audit Wattrelos, le 4 de mai 1711, au rendage de 20 livres parisis par an, de laquelle héritage ladite fondation entrera en jouissance à la Saint-Rémy 1710.

Autre rente donnée de 44 livres par an au rachat de 800 livres parisis, par laquelle appert estre obligé Onésiphore Clarisse, demeurant à Roubaix, au profit dudit sieur Jacques *de Bisschop*, avec rapport et hostigement d'héritage, passée par devant les bailly et juges cottiers de la seigneurie du Pisre, enclavée dans le marquisat de Roubaix, le 3 d'août 1701, de laquelle rente ladite fondation entre en jouissance le 3 d'aoust 1710.

Autre rente donnée par ledit Jacques *de Bisschop*, fondateur, portant 24 livres parisis par an, au rachat de 400 livres parisis en capital, à charge et y obligés présentement Jacques des Barbieux et Péronne Devernay, sa femme, passée à loy, avec rapport et hostigement d'héritage, le 19 de décembre 1673, de laquelle rente ladite fondation entrera en jouissance le 19 octobre 1710.

Pour desdits biens et rentes jouir propriétairement et à toujours par la maison des Vieux-Hommes dudit Wattrelos, pour l'augmentation des quatre lits fondés par ledit feu Jacques *de Bisschop*, seigneur d'Armentières, ladite damoiselle ayant à ces fins présenté aux bailly et eschevins dudit Wattrelos les titres de propriété et contrats de constitution desdites rentes, lesquels ont, moiennant ce, déchargé ladite exécutrice testamentaire de ladite fondation de quatre lits, et promis l'entretenir conformément au traité qui a esté fait par leurs prédécesseurs avec les père et mère dudit seigneur d'Armentières. Lesdits bailly et eschevins ayant reconnu que la damoiselle Marie-Anne *Lezaire*, veuve du sieur Pierre *de Bisschop*, mère dudit sieur d'Armentières, a nourri depuis la mort de son fils jusques à la Saint-Remy 1710, à ses frais, trois vieux hommes en la plache de quatre, le retranchement de l'un ayant été fait pour cause de guerres et fourragemens, de manière que ladite fondation jouira des revenus desdits biens cy-dessus marqués, savoir des maisons et héritages, à la Saint-Remy 1710, et quant aux échéances desdites rentes, chacune suivant leur échéance marquée dans les lettres de constitution, commençant le tout en 1710.

Le tout ainsi fait et passé audit Wattrelos les jour, mois et an que dessus, par devant Etienne Jonville, lieutenant bailly ; Nicolas Liagre, Philippe Hespel, Vaast Le Mahieu, Jean Lefebvre, François Segard, eschevins. — J. Bisschop, greffier.

(Archives de l'Hospice de Wattrelos.)

38.

La cense de Beaumont, à Hem

Le fief de Beaumont, à Hem, Croix et Roubaix, tenu de la Salle de Lille, comprenait un château et une cense de 30 bonniers de terre en une pièce tenant à la terre de la Fontaine près de Gourguemez. Après avoir appartenu à une famille du nom, Beaumont passa au XIVe siècle dans une branche cadette de la maison de Lannoy, qui le conserva jusque vers la fin du XVI° siècle ; une alliance le fit alors passer dans la maison d'Ongnies, mais une autre alliance le rendit à la maison de Lannoy. Vendue en 1685 à François-Daniel Le Comte, bailli de Roubaix, cette seigneurie passa plus tard à la famille Libert, originaire de Tourcoing et fixée à Lille. Cette famille ajouta à son nom celui de sa nouvelle seigneurie et s'appela Libert de Beaumont. Quant à la ferme, qui était « cense à moutons », elle fut longtemps exploitée, comme on le voit dans la généalogie, par divers membres de la famille Lezaire.

39.

12 SEPTEMBRE 1690

Réception de Marguerite Lezaire comme novice de l'hôpital Sainte-Elisabeth de Roubaix

Comparurent en personnes sœur Thérèse Destombes, dame prieuze ; sœur Marguerite de Hallewin, sœur Michelle du Jardin, sœur Anthonnette de Blondel et sœur Marie-Florence Van Ohenacre, toutes religieuses plus discrètes de l'hospital Sainte-Elisabeth, à Roubaix, d'une part ; Marguerite-Jeanne de Lespierre, vesve de Nautifort Lezaire, demeurante à Hem, d'autre part. Lesquelles comparantes déclarèrent que pour faire parvenir Marguerite Le Zaire, fille dudit feu Nautifort et de ladite seconde comparante, à l'habit de religion qu'elle prétend audit hospital, recognurent avoir accordé en la manière qui sensuit. Sçavoir que moïennant la cession de 24 cens de terre fief, gisans audit Roubaix, tenus du marquisat d'Hem, haboutans au chemin qui maisne des Trois-Ponts au Prinpont, d'autre à l'héritage de Monsieur Fromé de deux sens et d'autre à l'héritage Pierre Prouvost, appartenans à la seconde comparante ; et par-dessus ce, la somme de 300 florins que le sieur Pierre de Biscop, bailly de Wattrelos, icy aussy présent et comparant, a promis de payer comptant au jour de la profession d'icelle Marguerite Lezaire ; ensemble de descharger lesdits 24 cens de l'hypothèque qu'il at acquis sur iceux par mise de fait de la Gouvernance de Lille pour notable somme ; comme aussy de les descharger d'une rente héritière deue à Pierre Desmadrille, procureur à Lille, ayant droit par transport, portante 600 florins en capital, que ledit sieur de Bisschop s'oblige de reprendre par transport ou du moins de faire le remboursement, icelle veuve en conséquence obligée d'en créer rente au proufit dudit sieur de Bissecop pour son indemnité, et moïennant aussi par icelluy sieur de Bissecop livrer au jour de ladite profession une demie pièche de vin telle qu'il en voudra avoir honneur ; icelles dame prieure et religieuses ont promis et se sont obligées de recevoir ladite Marguerite Lezaire à profession, si avant qu'elle s'en rende capable, sans autres frais et despens et en deschargée en oultre ladite seconde comparante d'une rente héritière de 1.000 florins en capital par elle deue audit hospital avec les cours quy en sont escheus, obligeans iceux comparans à tout ce que dessus leurs corps et biens vers tous sieurs et justices, renonchans à touttes choses au contraire. Ce fut ainsy fait et passé audit Roubaix le XII de septembre XVIᶜ nonante, par devant moy, Anthoine-Floris Monier, notaire y résident, en présence de Jacques Piat, sergeant dudit Wattrelos, et Bruno de la Salle, valet manouvrier audit hospital, témoins pour ce requis et appellez, et soubsigné desdits comparans et témoins, sauf de ladite sœur Marguerite, qui n'a peu signer par son incommodité de main.

(ARCHIVES HOSPITALIÈRES DE ROUBAIX.)

40.

28 OCTOBRE 1691

Dot de sœur Marguerite Lezaire, religieuse de l'hôpital Sainte-Elisabeth de Roubaix

A tous ceulx quy ces présentes lettres voirront ou oirront, Nicolas du Toit, lieutenant à haut et puissant seigneur messire François-Guillebert de Gand, marquis de Hem, baron de Sailly, seigneur de Sus-Saint-Léger, Forest, Le Rive, Mauberbus, Le Vigne, les Anguilles, etc., ledit lieutenant en toutte ladite terre et marquisat de Hem, appendances et deppendances d'icelluy suffisamment commis et estably, salut. Sçavoir fay que par devant moy, lieutenant dessus nommé, ès présences des hommes de fief servans audict marquisat, tels que Nicolas Mullier, Pierre du Forest, Jean de le Porte, Michiel de le Rue et André du Vellier, est comparu Michiel Mazurel, sergeant dudit Hem, en qualité de procureur espécial de Margueritte-Jeanne de Lespierre, veuve d'Onéziphore Lezaire, demeurante à Hem, fondé de procuration insérée dans l'acte de cession et transport qu'il nous a monstré et mis ès mains, deument grossoyé, duquel en auroit esté fait lecture par le greffier de ceste cour et contenoit dont de mot à autre la teneur s'ensuit.

A tous ceulx qui ces présentes lettres verront, Philippe Blauart, tabellion estabil par le Roy, etc., salut. Scavoir faisons que par devant Antoine-Floris Monier, nottaire résident à Roubaix, ès présence de Pierre Delesalle, manouvrier de l'hospital de Sainte-Elisabeth, à Roubaix, et Philippe Mullier, couvreur de paille, demeurant à Hem, tesmoins requis et appellez, comparut en sa personne Margueritte-Jeanne de Lespiere, veuve d'Onézyphore Lezaire, demeurante à Hem, laquelle, en conséquence de certain accord fait entre elle et la dame prieure de l'hospital de Sainte-Elisabeth, à Roubaix, pour la dòtte de Marguerite Lezaire, sa fille, à présent novice audit hospital, ledit accord passé par devant moy, nottaire, présens témoins, le 12 septembre 1690, lequel demeurera en sa force et vigueur, recognut avoir cédé et par ces présentes cède et transporte au proufit dudit hospital, sœur Thérèse des Tombes, prieure, ici présente et acceptante, vingt-quatre cens de terre à labeur, fief tenu du marquisat dudit lieu, gisans audit Roubaix, haboutans au chemin qui maisne des Trois Ponts au Prinpont, tenans à l'héritage de Monsieur Fromez de deux sens, et d'autre à l'héritage de Pierre Prouvost à cause de sa femme, et ce en exécution dudit acte d'accord, pour lequel transport ladite dame prieure est convenue avec Monsieur le Marquis dudit Hem ; et pour icelluy faire sortir son plain et entier effect, icelle comparante at faict et dénommé ses procureurs de Jacques Dupont et de Michiel Mazurel, sergeant dudit Hem, ausquels et à chacun d'eux elle a donné pouvoir d'en son nom comparoir par devant les s^{rs} bailly et hommes de fiefs dudit marquisat de Hem, et illecq se déshériter, devestir et dessaisir desdits 24 cens de fief au proufit dudit hospital, et de consentir l'adhéritement, possession et saisine réelle en estre faicte et bailliée audict hospital, pour en jouir depuis le jour de Saint Remy 1690, en avant, héritablement et à tousjours, comme de son propre bien et vray acquest, promettant icelle comparante avoir et tenir le tout pour agréable, ferme et stable à tousjours, soubz l'obligation de ses personne et biens vers tous seigneurs et justices, renonchante à touttes choses au contraire. En tesmoin de quoy nous avons à la relation desdits nottaire et tesmoins signé et scellé ces présentes du scel ordinaire ; quy furent faites et passées audit Roubaix le 22 octobre 1691. Estoit signé P. Blauart avecq paraphe ; sy appendoit le seel ordinaire imprimé sur cire verde.

Et pour effectuer ledit acte de transport cy dessus, icelluy Michiel Mazurel, en sa dite qualité de procureur, pour et au nom de la ditte Marguerite-Jeanne de Lespierre, sa constituante s'est déshérité, desvesty et dessaisy desdits vingt quattre cens d'héritage fief par ram et par baston ès mains de moy lieutenant, présens lesdits hommes de fief, bien deuement et par loy, consentant que l'adhéritement, possession et saisine réelle en soit faite et baillée audit hospital de Sainte Elisabeth in forma. Et prestement est aussy comparu haut et puissant seigneur messire François Guillebert de Gand, marquis dudit Hem, lequel, après avoir confessé d'avoir eu et receu le dixiesme denier du prix de l'estimation dudit fief de sœur Thérèse des Tombes, prieure dudit hospital, aussy comparante, de quoy il luy en passe quittance par ceste, et moyennant de par ledit hospital payer annuellement de ce jour en avant au dit seigneur Marquis ou ses hoirs, tant et si long temps que ledit hospital jouira dudit héritage, seullement la somme de sept livres dix sols Flandres de rente fonssière, à avoir cours de ce jour d'huy, ainsi que laditte sœur Théresse Destombes s'est obligée par ceste pour et au nom dudit hospital, ledit seigneur Marquis at accordé comme il fait par ceste l'admortissement dudit fief le commuant en cotterie, à charge de ladite rente annuelle et fonssière, en quoy lesdits vingt-quatre cens de terre seront et demeureront chargés tant et si long temps qu'ils appertiendront audit hospital, comme est dit ci devant. Et en cas que ledit hospital viendroit à s'en dépouiller par vente donnation ou aultrement, dès lors ladite rente sera esteinte et annullée, et tiendra ledit héritage la même nature de fief comme auparavant, avec les mêmes charges de relief, servitudes et autres droits dont il est chargé comme fief. Suivant lequel accord, après que ladite dame prieure eut promis païer tous autres droits pour ce deus, je, lieutenant susdit, portay, transportay et mis de ma main ès mains de ladite dame prieure par ram et par baston, présens lesdits hommes de fief, tous lesdits vingt quatre cens de terre de fief commués en cotterie comme dit est, et d'iceux luy en ay donné l'adhéritement, possession et saisine réelle, fonssière et propriétaire, pour par ledit hospital de Sainte Elisabeth en jouir héritablement et à tousjours aux charges et conditions de ladite rente annuelle et fonssière et aultres cy dessus déclarées vers et au prouffit dudit Marquisat de Hem, ayant à cet effet tous les debvoirs et sollempnitez de loy en tel cas requises esté faites, gardées et observées, selon le stil et usage de ce dit marquisat, sur quoy lesdits hommes de fiefs, de moy lieutenant semoncés et conjurés, dirent et respondirent que les devoirs de déshéritance et adhéritance cy dessus avoient esté et estoient sy bien et deuement faits, gardés et observés qu'il povoit et debvoit suffire à loy. En tesmoin de quoy, nous lieutenant et hommes de fiefs susnommés avons à ces présentes mis et appendu chacun nostre seel ordinaire et fait signer icelles du seing manuel de nostre greffier. Qui furent faites et passées à loy, le 25 d'octobre 1691. — Tesmoin : Deleva, greffier, par ordonnance.

(Archives hospitalières de Roubaix).

41.

20 JUIN-18 NOVEMBRE 1797

Partage de succession entre les enfants de Jean Lezaire et de Marie-Angélique d'Hallewin, et les enfants de Gabriel Pollet et de ladite d'Hallewin.

L'an cinquième de la République française une et indivisible, le deux messidor, 20 juin 1797, vieux stil, et jours suivants, je soussigné Philippe Joseph Piat, notaire public, arpenteur et expert priseur juré, résidant à Roubaix, dénommé de main commune par Jean-Baptiste *Lezaire*, fermier à Croix, Marie-Elisabeth *Lezaire*, épouse de Noël-François *Crespel*, cultivateur à Mouvaux, Angélique *Lezaire*, épouse de Philippe *Delos*, cultivateur à Wambrechies, Rosalie-Joseph *Lezaire*, épouse de Pierre-Joseph *Delebecq*, fabricant à Croix, Constance-Joseph *Lezaire*, épouse d'Augustin *Courrier*, laboureur à Leers, et Augustine-Joseph *Lezaire*, jeune fille demeurant à Croix, lesdits *Lezaire*, frères et sœurs germains, enfans des feus Jean *Lezaire* et Marie-Angélique *D'Haluin* ; par Alexandrine-Joseph *Pollet*, fille majeure ; et par Gabriel-Joseph *Pollet*, en qualité de père et tuteur légitime représentant Séraphine-Joseph *Pollet*, sa fille mineure, icelles *Pollet*, sœurs, enfans dudit Gabriel *Pollet* et de défunte Marie-Angélique *D'Haluin*, sœurs utérines desdits *Lezaire*, qui ont droit de deux huitièmes dans la moitié des biens d'acquisitions faites en conjonction par Jean *Lezaire* et ladite Marie-Angélique *D'Halluin*, leur mère commune ; à effet de faire prisée et estimation des biens patrimoniaux dudit Jean *Lezaire* et des acquisitions qu'il a faites pendant sa conjonction pour être lesdits biens patrimoniaux, ainsi que la moitié et six huitièmes dans l'autre moitié des acquisitions, partagés entre lesdits six enfants dudit Jean *Lezaire* et les deux autres huitièmes dans cette moitié desdits biens d'acquisition partagés entre lesdites Alexandrine-Joseph et Séraphine-Joseph *Pollet*, enfans de seconde noce de ladite Angélique *D'Haluin*, me suis en conséquence transporté sur les lieux ; après examen fait des édifices, bois et fonds de terres, je les ai trouvés valoir ce qui suit :

Biens patrimoniaux de Jean *Lezaire* : à Wattrelos, 6158 l. 10 s. de France ; à Roubaix, 2.150 l. ; à Croix, 10.562 l. 10 s. — Biens d'acquisition ; à Croix, 6.166 l. — Total : 25.037 l.

Il revient aux enfans dudit *Lezaire*, la totalité des biens patrimoniaux portant 18.871 l. ; plus la moitié des acquisitions portant 3.083 l. ; et les 6/8 dans l'autre moitié, portant 2.312 l. 5 s. ; et il revient aux susdites *Pollet* les deux derniers huitièmes portant 710 l. 15 s.

Suit le projet des lots et leur répartition par tirage au sort.

Ainsi fait et passé à Roubaix le 28 brumaire an sixième républicain, 18 novembre 1797, vieux style.

42.

Le Moulin de la Mottelette, à Leers

La plus ancienne construction de Leers, après l'église, le Moulin de la Mottelette, ne sera plus bientôt qu'un souvenir. Quelques jours suffiront pour jeter à terre le vieux moulin qui, depuis plusieurs siècles, se dressait à l'entrée du village, au sommet de la côte de la Mottelette.

Il aurait pu durer longtemps encore, car il était solidement bâti, le vieux moulin, mais les nouvelles constructions édifiées au dépôt des Tramways, lui enlevaient le vent de France, comme disent les meuniers, de sorte qu'il ne pouvait plus rendre grand service, ce qui décida le dernier exploitant, M. Hollebeke, à l'abandonner.

Dans sa remarquable histoire de la commune, l'érudit curé de Leers, M. l'abbé Montenuis, décrit le fief du Moulin en ces termes :

« Le Moulin, à Leers, tenu de Cysoing, à justice de vicomte à 10 livres de relief et à 20 sous de cambrelage, comprenait 26 bonniers d'héritage, séparés des terres de la cense de la Bourde par l'Espierre, allant de Grimonpont à Hermaupont et tenant à la cense de Quevaucamp.

» Au XVᵉ siècle, Jean Abbonnel, dit le Gros, conseiller au grand Conseil de Bourgogne, receveur général des finances et contrôleur général de l'hôtel du Duc, puis maître des comptes à Lille, anobli le 8 mai 1433, était seigneur de Wasnes à Toufflers, du Pré et du Moulin.

» Sa fille, Philippote Abbonnel, porta ces seigneuries à son mari, Antoine de Lannoy, seigneur de la Motterie, arrière-petit-fils de Guilbert de Lannoy.

» Antoine de Lannoy et Philippote Abbonnel eurent un fils, Antoine, deuxième du nom, seigneur de la Motterie, de Wasnes et du Moulin, qui épousa Jacquline du Bois de Hove, fille de Léger du Bois, seigneur de Hove et de Jeanne de Sailly. De cette union naquit Louis de Lannoy, seigneur de la Motterie, de Wasnes et du Moulin, marié à Michelle d'Oignies, fille de Jacques, seigneur d'Estrées, bailli d'Aire. Leurs enfants furent : Jacques, seigneur de la Motterie ; Claude, seigneur du Moulin, et Marie de Lannoy.

» Claude de Lannoy, seigneur du Moulin et des Plantis à Leers, de l'Estocquois, etc., fut armé chevalier à Lille, par l'archiduc Albert, le 7 février 1600. Il avait épousé Hélène de Bonnières, dame de Loos et des Fresnes, fille de Jacques de Bonnières, seigneur des Fresnes.

» Leur fille, Hélène de Lannoy, dame de Loos, des Fresnes, du Moulin et des Plantis, fut mariée, en 1608, à Jean-Baptiste de Thiennes, baron de Montigny. Jean-Baptiste de Thiennes, leur fils, auteur de la branche des seigneurs du Moulin, mourut en 1716, âgé de plus de cent ans. Il avait épousé Marie de Thiennes, sa cousine. Leur fils, Félix-François, seigneur et comte de Loos, seigneur du Moulin et des Fresnes, épousa Philippine de Thiennes, qui lui donna Gaétan, comte de Thiennes, de Loos et seigneur du Moulin. Celui-ci épousa Louise de Thiennes, sa parente. Louis-Gaétan-Philippe-Guislain de Thiennes figure parmi la noblesse du baillage de Lille qui prit part à l'élection des députés aux Etats généraux de 1789.

» A la fin du XVIIIᵉ siècle, le moulin et la ferme qui en dépendait appartenaient à la famille de Courcelle, dont le dernier représentant épousa Marie-Anne Salembier, puis Augustine Lezaire. Il les vendit en 1860 à son cousin Henri Lezaire aux héritiers duquels les terres de ce fief passèrent en 1894 ».

(Journal de Roubaix, 31 janvier 1909).

43.

Quevaucamp à Leers

Quevaucamp était tenu de Cysoing à dix livres de relief et à justice de vicomte. Il comprenait 9 bonniers et 3 quartiers tenant à la piedsente menant à la cense du Coulombier, des rentes dues par 18 hôtes et tenants, et une gerbe et demie de ce que l'on dépouillait, en août, sur un quartier de terre.

Ce fief appartint successivement aux Le Febvre, aux de Marchenelles, aux Pally, aux Griboval, aux Franquet, aux Bruneau et aux Théry de Gricourt.

Quant à la ferme, elle fut exploitée en 1714 par Jacques de le Rue ; en 1723 par Thomas Braquaval et Marie-Barbe Dillies, sa femme. En 1750, à la mort de Thomas Braquaval, la cense passa à son gendre, Pierre Salembier, puis au fils de celui-ci, Louis-Joseph, époux de Catherine Béghin, et à leurs enfants et petits-enfants. En 1893, elle est devenue briqueterie.

44.

Tableau des administrateurs du district de Lille

MM. Pierre-François MALINGIÉ, maire d'Armentières. — 177 voix. (1)
  Pierre-Augustin SERRURIER, maire de Templeuve-en-Pévele. — 130 voix.
  Philippe-Joseph DESURMONT, maire de Tourcoing. — 127 voix.
  François CHOMBART, maire de Marquillies. — 125 voix.
  Pierre-François LEZAIRE, maire de Roncq. — 112 voix.

---

(1) Le nombre des suffrages obtenus est inscrit à la main en marges de l'affiche imprimée.

MM. Jean-Baptiste-Joseph DE MUISSART, de Lille. — 113 voix.
   Edouard VANŒNACKER, de Lille. — 114 voix.
   Liévin-Joseph DEFRENNE-DERVAUX, négociant à Roubaix. — 112 voix.
   Louis-François BRUNEL, fermier à Avelin. — 104 voix.
   Vincent CORDONNIER, fermier à Hem. — 80 voix.
   Alexandre-Magloire DESMONS, d'Haubourdin. — 77 voix.
   Christian-Etienne-Norbert FIÉVET DE CHAUMONT, avocat et conseiller
      du Roi au bailliage de Lille. — 77 voix.

Procureur-syndic : M. MALUS, commissaire ordonnateur des guerres et procureur du Roi honoraire au Bureau des Finances de Lille. — 164 voix.

Secrétaire-greffier : M. COUVREUR, avocat et notaire à Lille.

45.

5 OCTOBRE 1840

Eloge funèbre de M. Onésiphore Lezaire

Lezaire, Henri-Onésiphore, naquit à Neuville-en-Ferrain, en 1761, de parents honorables et jouissant d'une considération bien méritée. Après avoir achevé avec distinction ses cours de philosophie et de théologie au collège d'Anchin, à Douai, il se prépara, par des études sérieuses, à la carrière du notariat, et en 1789 il fut nommé notaire à la résidence de Cysoing.

Alors s'ouvrit cette époque de sang où le torrent révolutionnaire déborda partout et exerça sa fureur sur toute la surface de la France. Cysoing eut aussi ses clubistes et ses démolisseurs ; son antique abbaye tomba sous le marteau de la Révolution. Là, comme ailleurs, les honnêtes gens furent inquiétés et obligés de se cacher. M. Lezaire, à qui il suffisait pour être proscrit d'avoir eu un frère chanoine à l'abbaye dont nous venons de parler, ne se vit pas en sûreté parmi les siens et émigra avec toute sa famille. Il traversa une partie de l'Allemagne au milieu d'embarras et de privations de toute espèce, et attendit en Westphalie la chute de Robespierre. L'année qui suivit l'époque du 9 thermidor le rendit à son pays et à ses anciennes fonctions.

Ici commence la carrière administrative de M. Lezaire. Après avoir exercé pendant plusieurs années les fonctions de juge de paix de son canton, dont Templeuve était alors le chef-lieu, et y avoir trouvé souvent l'occasion de faire remarquer son esprit conciliant, plein de modération et de sagesse, il fut nommé, vers 1800, maire de Cysoing, et occupa ce poste jusqu'en 1830. Il fit partie du Conseil d'arrondissement de Lille, où ses lumières et son mérite avaient marqué sa place. On ne saurait mieux le caractériser comme administrateur qu'en disant de lui ce que Lucain disait de César : « Il croyait n'avoir rien fait s'il restait quelque chose à faire. » Il est impossible en effet de donner une plus haute idée de son activité et de son dévouement aux intérêts publics qu'il avait mission de défendre. Il serait trop long d'énumérer ici tous les actes importants qui signalèrent son administration. Contentons-nous de citer, en passant, la translation du chef-lieu de canton à Cysoing, la restauration de son ancienne église et la construction de l'hôtel de ville de cette commune.

Comme notaire, nul ne comprit mieux que M. Lezaire la sainteté de sa mission, et ne montra dans l'exercice de ses fonctions plus de probité et de délicatesse. Il ne connut point l'intrigue et poussa la loyauté jusqu'au scrupule. Il fut pendant cinquante et un ans l'honneur du notariat et l'exemple de ses confrères. C'est de lui surtout qu'on peut dire qu'il se montra le défenseur du faible, l'appui de la veuve, et le tuteur et le père de l'orphelin. Nous pourrions citer un grand nombre de traits de justice, de générosité, de désintéressement qui ont honoré sa vie. Nous laisserons ce soin aux personnes dont ses bienfaits ont assuré le bien-être et la fortune. D'ailleurs, n'oublions pas qu'il faisait le bien pour l'amour du bien même, et qu'on ne saurait mieux appliquer qu'à lui ces paroles d'un auteur ancien : « Il ne voulait point paraître juste, généreux, mais l'être effectivement. »

A la droiture de la conscience, à la noblesse des sentiments, M. Lezaire joignait un esprit solide et réfléchi, un caractère égal, modéré, beaucoup de tolérance et de modestie, un grand fond de simplicité et de bonté, et mille autres qualités précieuses dont l'ensemble formait en lui une harmonie qui se réflétait sur son visage ouvert, bienveillant et doux. On ne pouvait le voir sans être pénétré de respect ; on ne pouvait le connaître sans l'aimer.

Faut-il s'étonner après cela que la perte d'un tel homme ait été regardée comme une calamité dans le canton et dans la commune de Cysoing, ait trouvé sa famille inconsolable, enfin, ait réuni autour de sa tombe une foule immense de personnes de toutes les conditions, ainsi que les citoyens les plus honorables, les plus honnêtes gens du pays, jaloux de rendre à sa mémoire un pieux et solennel hommage ?

M. Lezaire est décédé à Cysoing, le 5 octobre 1840, à l'âge de soixante-dix-neuf ans.

(Annuaire statistique du département du Nord, 1841).

46.

La Boutillerie à Wattrelos

La Boutillerie, distincte d'un autre fief appelé la Bouteillerie et situé également à Wattrelos, était tenue de la seigneurie de Wattrelos à dix livres de relief et 20 sols de cambrelage ; elle comprenait deux bonniers de terre, au chemin de la Croix-Saint-Liévin vers Dottignies, des rentes sur 3 bonniers 466 verges et un dîmeron de 9 gerbes du cent sur 25 cents de terre. Elle avait eu pour seigneur Pierre de Corbie, époux d'Ernestine-Angélique de Bisschop, citée plus haut.

La cense du même nom se trouvait non loin de là, mais ne semble pas avoir constitué une dépendance de cette seigneurie. D'après le R. P. Pruvost, elle appartenait autrefois aux jésuites de Courtrai.

47.

Beaurepaire à Roubaix

Beaurepaire, beau refuge, belle retraite ; seigneurie vicomtière tenue de la seigneurie de Croix et située au coin du chemin menant de Fourquencroix à Lannoy, au chemin du Pisre et aux terres de la cense de Wassegnies. Des 24 bonniers qu'elle contenait, 4 furent éclichés et devaient 8 deniers par an au seigneur de Croix et 9 livres 12 sous à la Table des pauvres de Croix. De la seigneurie de Beaurepaire relevaient le fief de Garsignies, à Roubaix, et un fief de 9 bonniers devant la cense de Maufait.

Beaurepaire avait donné son nom à une ancienne famille de Roubaix dont on trouve des représentants aux XIIIe et XIVe siècles.

Cette seigneurie appartint ensuite aux Duras, aux d'Ongnies, aux Imbert, aux de Surmont et aux de Corbie.

En 1520, le censier de Beaurepaire était Willaume Brugeois, qui fut tué peu de temps après dans une rixe. En 1674, M. Imbert, seigneur de Beaurepaire, occupait lui-même la cense. Celle-ci passa, en 1689, à Jean de Lannoy, qui fut plusieurs fois échevin de 1694 à 1728. Pierre-François de Lannoy et Pierre de Lannoy, censiers de Beaurepaire, se succédèrent comme conseillers municipaux de 1800 à 1860. Le dernier censier fut Pierre-François de Lannoy.

La vieille cense a disparu, mais son nom a été conservé par le boulevard de Beaurepaire.

48.

Le Trichon à Roubaix

Le Trichon, riez, bois et hameau, est le berceau même de Roubaix ; c'est en effet sur les bords de ce ruisseau, descendant de la Maquellerie et se perdant dans les fossés du Château, que s'élevèrent les premières habitations composant la « villa » de Roubaix.

Plusieurs vieilles censes existaient autrefois dans ce quartier. On a connu la ferme Selosse qui a fait place à la rue Selosse, devenue plus tard la rue Soubise. Un peu plus loin se trouvaient les fermes Destombes, Watteau et Gadenne, et sur la place même du Trichon, la ferme Tiers, qui seule a subsisté, mais resserrée de toutes parts dans les habitations nombreuses qui se sont élevées autour d'elle.

49.

16 MARS 1822
Contrat de remplacement militaire
pour Héliodore Lezaire

Je soussigné Denis-Joseph *Lezaire*, fermier, domicilié à Roubaix, canton de Roubaix, département du Nord, déclare avoir convenu avec Jean Joseph *Bérau*, fils de défunt Joseph-Constant et d'encore vivante Félicité *Joosse*, cabaretier à « l'Aigle d'Or », rue Princesse, à Lille, pour remplacer mon fils Héliodore dans le sixième régiment des canonniers actuellement à La Fère, département de l'Aisne, pour le prix de vingt neuf cents francs, dont 900 fr. sera payé à sa mère en déduction de celle de 2.900, et ledit *Bérau* en délivrera quittance ; en conséquence ledit *Lezaire* restera redevable de deux mille francs, qu'il devra payer quand son fils sera libéré ; en cas de mort du remplaçant, sa mère en aura la jouissance, d'après un extrait mortuaire de son fils remplaçant et que mon fils soit libéré. Ledit *Bérau* Jean-Joseph s'engage de son côté de remplir fidèlement son devoir et de faire son service en lieu et place de Héliodore *Lezaire*, fils de Denis; se trouvant content et satisfait, il promet de ne rien toucher ni exiger tant qu'il sera incorporé dans ledit régiment, renonçant à toute chose contraire.

Félicité *Joosse*, mère audit *Bérau*, ici présente et aussi soussignée, déclare d'être contente et satisfaite du présent engagement de son fils pour ledit *Lezaire*, s'engage vers ledit *Lezaire* père de s'obliger de remettre lesdits 900 francs avancés par ledit *Lezaire*, avant que son fils soit libéré, pour cause de désertement, mort ou autrement, avant la libération dudit *Lezaire*, fils. Pour quoi, j'engage ma personne et biens pour sûreté dudit *Lezaire*.

Sur quoi nous signons le présent engagement en double expédition, dont l'une restera en main dudit *Lezaire* et l'autre entre les mains dudit *Bérau*. Les frais d'enregistrement, s'il y est nécessaire, sont à la charge dudit *Lezaire*, et rien de plus.

Ainsi fait et convenu entre nous, en présence de Noël *Cornu*, domicilié à Lille. A Lille, ce 16 mars 1822.

D. J. *Lezaire*. — J. J. *Béraux*. — F. *Joisse*. — *Cornu*. — J. F. *Lezaire*.

50.

22 JANVIER 1912

Allocution prononcée au mariage de M. Charles De le Rue avec Mlle Marie Lezaire, par M. le chanoine Th. Leuridan.

Mon cher Charles, Mademoiselle,

Je ne crois pas utile d'insister sur les importants devoirs du nouvel état de vie que vous allez embrasser. Ces devoirs, vous les connaissez ; vous les avez étudiés avec soin dans le silence et la méditation de la retraite que vous avez voulu faire en préparation à ce grand acte de votre vie.

Je veux donc simplement vous donner en quelque sorte un mot d'ordre, une pensée, une devise, que vous puissiez avoir toujours présente à l'esprit et qui soit comme la ligne directrice de votre vie.

Cette devise, je l'emprunte au psaume CXI que l'on chante à l'office des vêpres du dimanche : *Generatio rectorum benedicetur,* la race des justes sera bénie.

Cette devise, une main amie l'a inscrite sous l'autel de notre cher oratoire des Sept Douleurs de Notre-Dame et au pied du Calvaire voisin d'où le divin Maître étend les bras pour répandre sa paix et sa bénédiction sur la Closerie, sur ceux qui l'habitent et sur ceux qui y vont chercher leur repos.

Mais je la trouve inscrite mieux encore dans l'histoire cinq et six fois séculaire de vos deux familles. Toutes deux ont pris naissance dans le sol de Roubaix, si fécond en bonnes et nombreuses familles. L'une, la vôtre, mon cher Charles, se fixe plus spécialement dans le bourg et s'y livre à la manufacture ; la vôtre, Mademoiselle, s'adonne à l'agriculture et occupe, sur plusieurs points de la campagne roubaisienne, ces vieilles censes seigneuriales qui formaient au bourg une ceinture verdoyante et fertile.

L'une comme l'autre, dans l'industrie comme dans la culture, ont écrit cette devise, en lettres bien vivantes, par une succession non interrompue de générations de justes, chez lesquelles on rencontre la rectitude dans l'esprit et dans la doctrine, aussi bien que dans le cœur et dans les actes ; à tel point qu'en écrivant leur histoire, j'ai la conviction de pouvoir, sans craindre un démenti, lui donner comme épigraphe les mots du Psalmiste : *Generatio rectorum benedicetur.*

A la vérité, c'est donc moins une devise qu'un héritage, un patrimoine, un dépôt sacré que je vous confie à vous les aînés de la génération présente. Gardez avec un soin jaloux ces traditions séculaires que vous ont transmises intactes vos bons parents, et que vous avez l'absolu devoir de transmettre à votre tour, et dans leur intégrité, aux enfants que Dieu placera à votre foyer.

Soyez *droits* dans vos idées et dans votre foi, éloignant tout ce qui n'est pas la Vérité, ne pactisant jamais avec les nouveautés dangereuses et perfides de notre temps. Soyez *droits* dans vos actes et dans votre conscience, accomplissant pleinement vos devoirs, ne vous dérobant à aucun d'eux. Soyez *droits* dans votre cœur et dans votre communauté, vous portant l'un à l'autre une entière confiance, un attachement parfait. Soyez *droits,* en un mot, dans toute votre vie, et vous serez assurés de la bénédiction que Dieu promet aux âmes droites : *Generatio rectorum benedicetur.*

Tout à l'heure, votre bon frère Joseph offrira à votre intention le Saint-Sacrifice. Et tout à coup, il interrompra les Saints Mystères, il se tournera vers vous et vous appellera à l'autel. Auprès de lui, vous vous agenouillerez, vous, les nouveaux époux, et lui, le ministre de Dieu, de toute l'affection de son cœur, de toute la surnaturelle puissance de sa parole sacerdotale, il appellera sur vous les bénédictions du Ciel, par une de ces sublimes oraisons que seule possède notre liturgie catholique.

C'est à vous qu'il s'adressera spécialement, ma chère enfant ; il demandera à Dieu que le joug de votre mari soit un joug d'amour et de paix ; que vous-même vous vous rendiez aimable à lui comme Rachel, que vous soyez sage comme Rébecca, fidèle comme Sara, que vous obteniez une heureuse fécondité, et que l'un et l'autre vous parveniez à une bonne vieillesse.

Et nous tous, vos parents et vos amis, nous nous unirons aux prières sacrées de votre frère; comme lui nous demanderons au Dieu d'Abraham, d'Isaac et de Jacob, de demeurer avec vous, d'accomplir en vous sa bénédiction, afin que vous voyiez les enfants de vos enfants jusqu'à la troisième et la quatrième générations, que vous réalisiez ainsi parfaitement la devise que je désire être vôtre dès ce moment : *Generatio rectorum benedicetur.*

51

5 AVRIL 1614.

Contrat de Mariage de Martin Lezaire et de Marguerite de Laderrière

Comparut en personne Martin *Le Zaire*, filz de Noël, demeurant à Sailly, adsisté et accompagné dudit Noël, son père, Suzanne *de Beaucarne*, sa mère, Gilles et Pierre *Le Zaire*, ses frères, Jacques *Bataille* son oncle, Jehan *Meurice* et Estienne *Le Clercq*, ses beaux-frères, d'une part ; et Marguerite *de Laderière*, fille d'Andrieu, demeurant à Cobrieu-au-Bois, adsistée et accompaignée dudit Andrieu, son père, Anne *Le Secq*, sa mère, Nicolas et Anthoine *de Laderiere*, ses frères, Pierre *Du Biacq*, son beau-frère, d'aultre part, lesquels comparans déclarèrent et recongneulrent que traicté de mariage sestoît meu et pourparlé d'entre ledit Martin *Le Zaire* et ladicte Margueritte *de Laderière*, lequel à l'honneur de Dieu, se fera et sollempnisera en dedans quarante jours *(Suivent les clauses du contrat).* Faict, passé et stipulé à Tournay, au logis et taverne où est pour enseigne le Ban d'Or, pardevant moy Guillaume Braconnier, notaire apostolique et royal résident à Baissy le cincquiesme jour du mois d'apvril seize cens et quatorze, ès présence de Pierre Catellet, hoste..., et Jehan Marchand, charton demeurant audit Sailly, tesmoings ad ce requis, etc.

Ainsy soubzsigné sur l'original : Martin Le Zaire.

(Arch. départ. *Tabellion,* L. 5112, n° 67.)

52

Les Wez dits le Carnoy, à Templeuve-en-Dossemer

Ce fief, situé à Templeuve, au chemin de Finqueval, comprenait maison, motte, jardin, fossés, eaux, prés et terres à labour, et contenait en totalité 6 bonniers 14 cents, avec des rentes foncières et seigneuriales.

Au début du XVIIe siècle, il appartenait à Adolphe des Trompes, chevalier, fils de Jean et de Jeanne Colins, et époux d'Adrienne Gevarre, fille de Jean, seigneur de Wildre, et d'Esther Tacquet. Leur fils Jean-Gaspard des Trompes, créé chevalier en 1643, épousa Françoise-Louise Le François, dame de La Motte, mais mourut sans enfants. En 1728, le Carnoy appartenait à damoiselle Barbe de Lannoy.

53

3 MAI 1693

Testament de Jean Lezaire.

In nomine Dni. Amen. Je *Jean Lezaire,* fils de feu *Philippe,* jeune homme à marier et de libre condition, demeurant à Templeuve-en-Dossemez, étant en bon sens, mémoire et vif entendement, estans neanmoins couchant au lit malade, considérant qu'à nature humaine il n'y a rien de plus certain que la mort et rien de plus incertain que de sçavoir l'heure d'elle et ne désirans mourir intestat, ains disposer des biens qu'il a pleu à Dieu lui prester en ce monde, il fait son testament en la forme et manière suivante.

Premier je recommande mon âme à Dieu mon père créateur, à Jésus Christ mon Sauveur et au Saint-Esprit mon sanctificateur, les priant à l'intercession de la glorieuse Vierge Marie, des Saints et Saintes de la Cour céleste, vouloir recevoir mon âme en leur Saint Royaume, quand de mon corps elle partira. Lequel mon corps je laisse à la terre pour estre ensépulturé en la chimentière de l'église dudit Templeuve et en icelle église j'ordonne que soit célébréz mes service et funérailles et que soit distribuez aux pauvres estans présens, priant Dieu pour le repos de mon âme 30 pattars ; et de testament à icelle église je donne 40 pattars une fois.

Item je donne à la susdite église la somme de 150 l. flandres, à charge de par icelle faire dire et célébrer annuellement et à perpétuité pour le repos de mon âme et de celles de mes parens et amis trespassés un obit à neuf psalmes et neuf lechons à commandasse. Laquelle somme sera employée à cours de rente annuelle par les administrateurs des biens d'icelle église pour les cours d'icelle être employés scavoir pour les salaires du curé ayant célébré ledit obit luy sera payé annuellement 30 pattars, au clercq dudit Templeuve pour ses sallaires d'assister au susdit obit 15 pattars et au chapelain pour soy revestir audit obit luy sera aussi payé 15 pattars et le surplus sera distribué aux pauvres estans présens au susdit obit, priant Dieu pour l'âme de luy fondateur, après avoir déduit le prix et valleur des chires qui poudront se consommer pendant la célébration dudit obit.

Item je donne à *Marie-Marguerite Lezaire,* fille de *Pierre,* ma nièce et filleulle, pour les bons et aggréables services qu'elle m'a rendu jusques à ce jour et espérant qu'encore fera au temps advenir la somme de

100 florins une fois à prendre sur mes clers et apparans biens que je délaisseray au jour de mon trépas.

Sy donne à *Catherine-Jenne Lezaire*, ma niepce, fille dudit *Pierre*, la somme de 100 livres aussy Flandres, aussy pour les aggréables services qu'elle m'a faits.

Item je laisse et donne à *Philippe Desplancque* fils de *Josse* et de défuncte *Marguerite Lezaire*, mon neveu, demeurant à Sailly, la somme de cent livres pareilles. Sy luy laisse mon meilleur habit de drap et avec ce quatre de mes meilleures chemises à son choix.

Item je donne à *Jacques Lezaire*, demeurant à Blandain, mon cousin germain, trois autres chemises et ma mauvaise bayette recouvert de sacquin.

Item je donne à *Antoine du Bar*, demeurant au susdit Templeuve, ma bonne bayette rouge et avec ce deux de mes chemises.

Quant au surplus de mes autres linges et habits, j'ordonne qu'ils soient distribués aux pauvres dudit Templeuve à la discrétion de mon exécuteur cy après nommé.

Quant au surplus de tous mes biens que je délaisserai au jour de mon trespas, mes debtes bonnes et léalles payées et mon présent testament accompli, je les laisse et donne à *Marie Lezaire*, ma sœur, femme à *J.-B. Merlin*, demeurant à Toufflers; et à *Anne Lezaire*, femme à *Gilles Vander Meulle*, demeurant à Potte-Escanafle, et à *Pierre Lezaire*, demeurant à Hem, et *Charles Lezaire* demeurant à Lille, et aussi à *Michiel Lezaire*, mes frères, les instituans à cet effect mes héritiers universels à l'exclusion de *Pierre Lezaire*, mon frère, nonobstant coustumes stil et usance au contraire à quoy j'ai desrogé et renonché par cette. Dénommant pour exécuteur de mon présent testament la personne de Josse Merlin, greffier de Templeuve, lui donnant pour mémoire la somme de 12 livres Flandres. Retenant cependant le pouvoir de mon présent testament révocquer, changer ou diminuer du tout ou en partie, et sy autrement je ne le revocque, change ou diminue, je veulx et ordonne qu'il sorté son plein et entier effect selon sa forme et teneur, pour estre ma volonté dernière.

Ainsy fait et passé, testé et ordonné au dit Templeuve pardevant moy Josse Merlin, notaire royal y résident, le 5° jour de may 1693, ès présence de Monsieur Mre Mathieu Bave, chappelàin dudit Templeuve, et de M° Gabriel de Callonne, chirurgien audit lieu tesmoins à ce requis et appellez soussignés.

Jean Lezaire. — Gabriel de Calonne. — M. Bave. — J. Merlin 1693.

(Arch. départ., *Tabellion*, L. 8139, n° 23.)

54
16 FÉVRIER 1689

Contrat de mariage de Charles Lezaire et de Jeanne Saint-Léger

Comparant personnellement *Charles Lezaire*, fils de feu *Philippes*, jeusne homme à marier demeurant à Lhomme, assisté et accompagné de

Pierre et *Pierre Lezaire,* enfans dudit feu *Philippes,* ses frères, laboureurs demeurans sçavoir ledit Pierre premier à Saillyes et l'aultre à Hem, d'une part et *Je[a]nne de Saint-Léger,* fille non mariée de *Philippes* et de Péronne *de Linselle,* demeurante audit Lhomme, assisté et accompagné de Pierre, Toussaint et Marie Saint-Léger, ses frères et sœur, d'aultre part, lesquels comparans recognurent et déclarèrent que mariage est meu entre lesdits Charles Lezaire et ladite Je[a]nne Saint-Léger..., mais paravant aller plus avant a esté devisé et conditionné les ports, avanchemens conventionnelle et retours en la forme et manière que sera cy après déclarez *(Suivent les clauses).*

Ce fut ainsy fait et passé audit Lille le seize de febvrier seize cent quatre-vingt-nœuf, pardevant moy André Castel, notaire royal y résident soubsigné, ès présences de Jean-Jacques Le Clercq, fils de Jacques, hoste, et de Jacques Lefebvre, fils de feu Jacques, demeurans audit Lille, tesmoins ad ce requis et appellez. »

> (Signé) : Pierrre Le Zaire ; marque dudit Charles Lezaire ; marque de ladite Je[a]nne Saint-Léger ; Pierre Lezaire ; marques de Pierre, de Toussaint et de Marie Saint-Léger ; Jean-Jacques Le Clercq ; marque de Jacques Lefebvre, A. Castel, 1689.

> (Arch. départ., *Tabellion,* L. 426, n° 55.)

ADDITIONS

Pendant l'impression de cette généalogie nous sont parvenus plusieurs renseignements complémentaires, que nous donnons ci-dessous, avec l'indication précise de la page et de la ligne où ils doivent être ajoutés.

Page 6, ligne 34. — Les enfants DES TOMBES sont mentionnés dans plusieurs actes du Tabellion, aux Archives départementales du Nord. — Adrien, Marie-Anne et Marguerite, en 1685 (L. 9198, n° 47) ; Philippe, en 1693 (L. 8186, n° 96), et en 1700, avec ses sœurs Marie et Marguerite (L. 8193, n° 140). Leur mère, *Marguerite* LEZAIRE, vivait encore à cette dernière date.

Page 14, ligne 29. — *Marie* LEZAIRE, veuve de Jacques DELATTRE et de Jean DE HALLEWIN, vivait encore en 1681. Le 1ᵉʳ mars de cette année, elle fit une donation à Pierre DUFOREST, son gendre, marchand à Roubaix, fils de feu Jacques, et à Françoise *Delattre,* sa fille, demeurant à Willems, veuve de Bernard DUFOREST (Tabellion, L. 6187, n° 96 et L. 6393, n° 38.)

Page 15, ligne 16. — *Jacqueline* LEZAIRE, veuve en secondes noces de Michel BELINGHEM, se fixa à Bourghelles, de 1671 à 1682, puis à Wannehain, où on la trouve en 1690. (Tabellion, L. 6203, n° 11 ; L. 4173, n° 29 ; L. 6211, n° 39). Elle fit un premier testament, à Bourghelles, le 12 mai 1682 (Tabellion, L. 6214, n° 16). Ce testament nous apprend qu'elle avait cédé sa ferme de Bourghelles, au rendage de 2.000 livres, à son fils Jean-Baptiste *Ballenghien.* Dans un second testament daté de Wannehain, le 16 août 1690 (Tabellion, L. 6222, n° 49), elle demande à être inhumée à Wannehain « si le temps le permet à cause des présentes guerres » ; elle ordonne la distribution de deux rasières de blé converti en pain aux pauvres de Wannehain et à ceux de Sailly. Elle lègue ses biens patrimoniaux à son fils Allard et veut que le surplus soit partagé par tiers entre ledit Allard *Ballenghien,* les enfants de Jean-Baptiste *Ballenghien,* son fils, et de Jeanne *Bonnier,* et la fille de feu Jean *Ballenghien,* son fils.

Page 23, ligne 20. — *Françoise* LEZAIRE, veuve de Jean LE CAT, résidait à Croix en 1672 et 1675. A cette dernière date, elle louait des terres à son fils *Jean* et à sa femme, Yolande DESTOMBES (Tabellion, L. 9140, n° 36 et 9332, n° 9).

Page 24, ligne 19. — *Charles* LEZAIRE et Marie-Anne HEDDEBAUT se fixèrent à Dottignies vers 1659 ; Charles y mourut en 1694. Leurs enfants furent .

 cc. — VICTOIRE, qui épousa à Dottignies, en 1679, Pierre POTTIER.

 bb. — CHARLES.

 cc. — MARIE.

 dd. — JACQUES, baptisé à Dottignies le 5 septembre 1666 (p. : Antoine Heddebaut ; m. : Anna Lezaire).

 ec. — CATHERINE, baptisée à Dottignies le 25 août 1669 (p. : Jean Hcddebaut ; m. : Jeanne Lezaire).

 ff. — ARNOULD-CHARLES, baptisé à Dottignies le 28 août 1675 (p. : Arnou'd Maes ; m. : Maria Wibault), épousa Jacqueline OVERLÉ, et mourut veuf, à Wattrelos, le 29 mai 1743. Il eut au moins deux enfants :

  aaa. — JEAN, qui figure comme témoin à l'inhumation de son père.

  bbb. — MARIE-JACQUELINE, baptisée à Bailleul-Tournaisis le 30 mars 1708 (p. : Jacques Lezaire ; m. : Michelle Vasseur).

 gg. — MARIE-FRANÇOISE, épouse d'Arnould MAES.

 hh. — JEAN.

 ii. — MICHELLE.

Page 25, ligne 16. — *Yolente* LEZAIRE, veuve avant 1677, habitait Linselles à cette date et en 1687 (Tabellion, L. 2753, n° 21 ; L. 6773, n° 49).

Page 26, ligne 13. — Le partage de la succession de *Josse* LEZAIRE et de Marie DE HALLEWIN fut définitivement réglé par acte du 6 juillet 1671, pardevant le notaire de Roubaix, Antoine-Floris Monier (Tabellion, L. 8265, n° 44).

Page 26, ligne 20. — *Lamoral* LEZAIRE et Françoise MARISSAL, cités dans plusieurs actes, de 1663 à 1680 (Tabellion, Liasse 1060, n° 145 ; l. 671, n° 242 ; l. 9331, n° 66 ; l. 8007, n° 6190, n° 58) eurent un second fils, nommé *Jean*, cité de 1679 à 1696 (Tabellion, l. 975, n° 260 ; l. 3323, n° 36 ; l. 8818, n° 17).

Page 30, ligne 31. — *Marie* LEZAIRE veuve d'Etienne FRUICT, demeurait à Forest en 1691 ; elle avait deux fils et une fille (Tabellion, l. 3750, n° 55).

Page 31, ligne 9. — *Antoine-Floris* LEZAIRE est cité dans de nombreux actes du Tabellion, de 1671 à 1698, et notamment dans le partage des biens des *Delespaul*, situés à Tourcoing, en 1696. (Tabellion, l. 6408, n° 202).

Page 33, ligne 32. — *Jean-François* LEZAIRE fut reçu bourgeois de Lille par achat du 5 octobre 1770, « époux d'Anne-Marie-Constance-Joseph WACRENIER, de laquelle il n'a point d'enfant » (Arch. munic. de Lille, *Registre aux bourgeois,* n° 12, f° 104).

Page 50, ligne 2. — *Jean* LEZAIRE est cité comme marchand à Roubaix en 1671 et 1673 (Tabellion, l. 8267, n° 1 ; l. 9331, n° 43), comme rentier à Wattrelos de 1675 à 1685 (l 4915, n° 2 : l. 8276, n° 15 ; l. 8175, n° 39 ; l. 8176, n° 37 ; l. 8177, n° 73 ; l. 6395, n° 29 ; l. 9444, n° 35) comme rentier à Roubaix, dès 1686 (l. 6398, n° 13). Le 1er décembre 1687, il réglait la manière dont sa succession devait être partagée :

« Comparut en sa personne le sr *Jean Lezaire,* fils de feu *Jacques,* rentier demeurant à Roubaix, lequel comparant déclara qu'il est apparant à son trespas délaisser plusieurs biens tant meubles héritages cottiers que fiefs, il a voulu et ordonné, veut et ordonne par cette que touttes telles parts des biens fiefs lieux manoirs et héritages meubles telz reputés droix et actions qu'il délaissera à son trespas et qui avant cette sa disposition eussent deu escheoir aux sr Pierre *de Biscop,* bailly de Wattrelos, et dam^le Marie-Anne *Lezaire,* sa femme, à Nautifort *Lezaire,* à Jean *Lepers* et Martine *Lezaire,* sa femme, succèdent et appertiennent à tous leurs enffans tant fils que filles également sans préférence de sexe ni d'âge, faisant par ses neveux et nièce une teste en représentation de leurs père et mère, enffans dudit comparant, cela à l'exclusion de leurs dits père et mère qui n'en pourront aucunement disposer ni le vendre charger ni aliéner, faisant si avant que de besoing donnation d'entrevifs auxdits ses neveux et nièces, ce acceptant le notaire stipulant, entendant que ses dits neveux et nièces en quatre portions pour quatre teste y compris Jacques *Clarisse* et Marie *Lezaire,* sa femme, à l'égard desquels iceluy comparant à fait acte de disposition en particulier (le 5 avril 1680)... voulant pourtant iceluy comparant que sesdit neveux et nièces avant d'en venir à partage le ses biens soient obligés de décharger et acquicter toutes les debtes et obligations et spécialement les enffans de Jean *Lezaire* d'une obligation en forme de rente portant en capital 600 florins passée pardevant gens de loy dudit Wattrelos en laquelle icelluy comparant est obligé comme caution dudit *Lepers,* tant pour cours que capital. Item les enffans de Nautifort *Lezaire* une obligation de 1.300 florins en capital en forme de rente courante au denier seize en datte du 28 de décembre 1669 y obligé ledit comparant comme caution dudit Nautifort par acte dudit jour. Ce fut ainsy fait et passé audit Roubaix le 1er de décembre 1687, par devant nous Antoine-Floris et Adrien Monier, notaire résident audit lieu (Tabellion, l. 8281, n° 36).

Jean LEZAIRE vivait encore en février 1690 (Tabellion, l. 8183, n° 17), mais il mourut avant le 4 avril de cette même année (l. 8183, n° 1).

Page 53, ligne 28. — *Martine* LEZAIRE épousa Jean LEPERS ; les deux époux sont cités dans la disposition testamentaire de leur père, 1er décembre 1687.

Page 54, ligne 4. — En 1678, *Onésiphore* LEZAIRE est cité comme brasseur et laboureur à Croix ; il figure, en cette qualité, avec sa femme, Marguerite-Jeanne DE LESPIERRE, dans un acte du 19 octobre de cette année (Tabellion, l. 1380, n° 97).

Page 55, ligne 2. — Le contrat de mariage de *Jacques* LEZAIRE et de Péronne DE CALONNE fut passé devant le notaire Monier, le 23 décembre 1700 (Tabellion, l. 8193, n° 150).

G. R.   11

TABLE DES NOMS DE FAMILLES

Les noms en PETITES CAPITALES indiquent les alliances masculines avec les Lezaire. Exemple : BALZA-Lezaire.

Les noms en *italiques* indiquent les alliances féminines avec les Lezaire. Exemple : Lezaire-*Agache*.

Les noms en caractères ordinaires indiquent les parentés d'autres degrés.

TABLE DES NOMS DE LIEUX

PUBLICATIONS

DE LA

SOCIÉTÉ D'ÉTUDES

au 19 Mai 1914

I. — BULLETIN MENSUEL. — Dix-huit volumes in-octavo 5.935 pages, 1.414 gravures dont 824 armoiries et 22 ex-libris.

II. — MÉMOIRES. — Vingt volumes in-octavo, 9.007 pages, 574 gravures, dont 404 armoiries et 70 ex-libris (Tomes I à VI, *Cartulaire, documents et histoire de Saint-Pierre de Lille*, par Mgr. HAUTCŒUR. — Tome VII, *Les salons de Lille*, par M. L. LEFEBVRE. — Tomes VIII à XI, *Épigraphie de l'arrondissement de Lille*, par M. le Chanoine Th. LEURIDAN. — Tomes XII à XV, *Généalogies lilloises*, par M. DENIS DU PÉAGE. — Tomes XVI et XVII, *Histoire de la Sayetterie à Lille*, par M. Maurice VANHAECK. — Tomes XVIII et XIX, *Histoire de la Chirurgie à Lille*, par M. Edm. LECLAIR. — Tome XX, *Valenciennes au XVIIIᵉ siècle*, par M. le Chanoine J. LORIDAN).

III — RÉPERTOIRE BIBLIOGRAPHIQUE. — Il comprend actuellement 794 fiches contenant 5.393 mentions.

IV. — FÉDÉRATION D'ART et D'HISTOIRE RÉGIONALE. Ce bulletin comprend actuellement 96 numéros et 228 pages.

V. — ANNALES — Tome I, *Armorial des communes du département du Nord*, par M. le Chanoine Th. LEURIDAN (in-octavo, VIII-344 pages, 672 gravures, dont 662 armoiries). — Tome II et III, *Archives de la famille de Beaulaincourt*, par MM. R. RODIÈRE et Ch. DE LA CHARIE (in-octavo, VIII-1258 pages, 24 gravures, dont 1 ex-libris). — Tomes IV et V, *Tables de la série B des Archives du département du Nord*, par M. le Chanoine Th. LEURIDAN (in-octavo, XII-796 pages). — Tome VI, *Histoire de Wazemmes*, par M. l'abbé A. SALEMBIER (in-octavo, VIII-460 pages, 130 gravures, dont 55 armoiries) — Tome VII, *Le Clergé du Diocèse de Cambrai, 1802-1913*, par M. le Chanoine Em. MASURE (in-octavo, VIII-528 pages). — Tome VIII, *Histoire de Wavrin*, par M. A. MATHIAS (in-octavo, VIII-348 pages, 203 gravures, dont 182 armoiries). — Tome X, *Les Rues de Roubaix*, par M. le Chanoine Th. LEURIDAN, 1ᵉʳ volume (in-octavo, 334 pages, 240 gravures, dont 96 armoiries et 2 plans in plano).

Les tomes IX et XI sont en impression.

www.ingramcontent.com/pod-product-compliance
Ingram Content Group UK Ltd.
Pitfield, Milton Keynes, MK11 3LW, UK
UKHW022021170726
13837UKWH00001B/321